社会科学概论

陈志新 —— 编著

齐鲁书社
·济南·

图书在版编目（CIP）数据

社会科学概论 / 陈志新编著. -- 济南：齐鲁书社，2025.1. -- ISBN 978-7-5333-5042-0

Ⅰ.C

中国国家版本馆CIP数据核字第2024JP9896号

策划编辑　赵自环
责任编辑　孙本民
装帧设计　亓旭欣

社会科学概论
SHEHUI KEXUE GAILUN

陈志新　编著

主管单位	山东出版传媒股份有限公司
出版发行	齐鲁书社
社　　址	济南市市中区舜耕路517号
邮　　编	250003
网　　址	www.qlss.com.cn
电子邮箱	qilupress@126.com
营销中心	（0531）82098521　82098519　82098517
印　　刷	山东华立印务有限公司
开　　本	880mm×1230mm　1/32
印　　张	11.75
插　　页	1
字　　数	230千
版　　次	2025年1月第1版
印　　次	2025年1月第1次印刷
印　　数	1—3000
标准书号	ISBN 978-7-5333-5042-0
定　　价	78.00元

总 序

我生于1967年，1987年考上大学，学习图书馆学专业。在图书馆工作5年之后，我考上图书馆学分类法方向的研究生，再次工作已经31岁了，来到北京师范大学从事图书馆学专业的教学和科研工作。

2014年，我到北京师范大学珠海分校（今珠海校区）工作，2016年重回北京师范大学（北京校区），我却不能给大学生上课了。这如同农民不能下地种田，工人不能进厂做工，学生不能上学一样，我既震惊又茫然，竟一时无所适从。

2017年，我50岁，心里掂量着未来，便开始重新规划退休前的十年。我决定不再专注于自己陪伴了30年的图书馆学专业，不再局限于图书馆学专业教育和科研，打算从事基础和普及性的工作，服务更多数、更广泛的大学生和研究生，将心思和精力用于通识课（一些大学称为"博雅课"）的教学上来。

北京师范大学研究生院提倡方法论教学，我为此积极准备《社会科学研究方法引论》课程。研究方法课程，角度狭窄，将这个课程准备得差不多后，我马上又转移到包含一切社会科学的《社会科学概论》课程。大学生关心恋爱、婚姻、家庭，这也是属于年轻人即将要经历的重大事项啊。结合自己的婚恋、家庭和养儿育女经历，我也把这门课程准备好了。

一门《社会科学概论》课程，要把哲学、逻辑学、伦理学、美学、心理学、宗教学、社会学、人口学、管理学、民族学、人类学、政治学、法学、军事学、经济学、新闻与传播学、图书情报学、教育学、语言学、文学、艺术学、历史学等通通都讲一下；《社会科学研究方法引论》和《恋爱、婚姻、家庭》课程也涉及很多。三门课程，内容如此丰富，跨度如此之大，我事先又没有相关方面的基础和准备，只能通过阅读大量文献，将我认为适合课堂上给大学生讲述的内容，转录进我的讲稿里。所以，三本书里展示的几乎一切题目和问题，以及对几乎一切题目和问题的论述和阐述，完全不是我的智力劳动，更完全不是我的创新和创造，我只起到了一个蜜蜂的作用，采取百花，搬运蜜糖，转给学生。这些被我采摘过的文献，在每本书的最后，都被标注成参考文献，特别感谢各位前辈作者们！书目里列举的书籍，使用情况不一：有的书籍，能从中连续选出几十个问题；有的书籍，仅能选出一两个问题；有的书籍，虽然列举了，却完全没有从中直接选取任何东西，但或许在某种程度上影响了我的备课。

总 序

  我在备课中，每一门课程都要在几个月最多半年之后的时间里给学生讲出来，很匆忙。当时，我单纯为了讲课，根本没有出版的计划，完全不用考虑知识产权的问题，这样，备课引用其他著作的时候，也没有标注出处。正式讲课之后，才生出了出版的念头，再想回过头来认真标注材料的出处，已经不可能了。于是，我把讲课过程中产生的自我发挥和自我联想，穿插进已经采摘来的材料之中，尽量重新酿造一下：改动几处字词，调整一下语句，做一点评述，加入一点自己的理解。这些整理、发挥、补充、改变、润色，不可否认，有避免侵犯著作权的因素，但最终目的绝不是为了掩盖原始素材的真实来源，真实来源我不想掩盖也无法被掩盖。引用比较多、印象比较深的十几本书，我现在还能清晰地记忆，在正文中予以郑重说明，在文末参考书目列表中再次标注出来。另外，零散引用或者记忆不清的，只能列在整部书后面的参考书目里，并予以标注。"天不生仲尼，万古如长夜。"智慧师长贤达，浇灌鄙人小书，躬身叩首，万分感谢！

  除了大量摘录正式出版物，我还找出了1995—1998年在北京大学念书时候（主要是1996年）的听课笔记，一些内容亦被摘录进《社会科学概论》里，甚至也影响到《社会科学研究方法引论》和《恋爱、婚姻、家庭》两门课程的备课和写作。3年北大硕士研究生的学习，我有一半的时间用于养病，真正有效的学习时间才一年半。但是，在这一年半时间内，我的收获依然巨大。草蛇灰线，伏脉千里。那个时候，我除了完成图书馆学专业的学习，还大量选修了北大文史哲等各个学科的课程。没想到30年后，竟然还能派上用场啊！这部分笔记，我也列入参考书目之中，一些课程，没能留下老师的名字；我所记下的名字，也许亦有讹误。我的专业课老师，后来一直能见面，常来常往。旁听课的老师，在我从北大毕业之后，就很少见到了。感谢北大，感谢母校，我是您万千儿女之一，无限感激，无限荣耀！

2017年以来，我在《社会科学概论》《社会科学研究方法》和《恋爱、婚姻、家庭》三门通识博雅课程的准备时期，发生了持续三年的新冠疫情以及我家第三个孩子出生等牵扯时间和精力的诸多事情，我的备课和写作工作，时断时续，时快时慢。今天，三本书以"陈志新通识课"的形式统一出版，万分欣慰，万分感谢！

含纳整个社会科学的概论课程和概论书籍，不同于专门学科的原理课和概论课，不追求系统性，不追求面面俱到。系统性和面面俱到，既无可能又无必要。方法论方面以及婚恋家庭方面的课程素材和书籍素材，只能通过大量阅读的办法获得。被阅读书籍作者的综合水平远超于我的，阅读的时候，整本书持续震撼着我；水平一般的，一部分内容依然震撼着我；水平低于我的，我从头看到尾，毫无感觉，它们不能为我的讲义和因之加工的书籍增添任何素材。我应该继续按学科，坐在图书馆按类排列的书架边，老老实实，大量阅读，最好博览群书，把那些看后让我心灵一动、眼睛一亮的材料，把适宜讲课的部分用问题单元的形式摘

总　序

录过来，然后，再以学生的感觉和喜好为出发点，二次筛选出尽量能让学生惊讶、喜欢、有感觉、有启发的材料，献给课堂、献给书籍。以后，如果继续出版相关作品，我一定会注意详细标注材料的出处了。总之，活泼的、激动的、热血的、奔腾的知识，属于生活、属于学生、属于兴趣、属于激情。2027年，我将退休。如果我还能继续这个事情，该段话，写给自己；如果不能，则就写给您了！

北京师范大学：陈志新

2024年8月

前　言

社会科学包括马列主义和毛泽东思想、哲学、思维科学、逻辑学（论理学）、伦理学（道德哲学）、美学、心理学、人工智能（原理和路径）、宗教学、社会学、人口学、管理学、民族学、人类学、政治学、法学、军事学、经济学、新闻与传播学、信息管理学（图书馆、情报与文献学）、教育学、语言学、文学、艺术学、历史学和考古学26个学科门类。

本书逐一地予以概述讲解。

学好一本书，上好一门课。祝愿大学通识教育、博雅教育绽放奇光异彩！

目录

总　序 …………………………………… 001
前　言 …………………………………… 001

第一部分　序　论 ……………………… 001
第二部分　如何读书 …………………… 007
第三部分　学科分类 …………………… 019
　自然科学 ……………………………… 021
　马列主义和毛泽东思想等 …………… 026
　哲　学 ………………………………… 032
　思维科学 ……………………………… 109
　逻辑学（论理学）…………………… 112
　伦理学（道德哲学）………………… 112
　美　学 ………………………………… 117

心理学	166
人工智能	176
宗教学	189
社会学	211
人口学	225
管理学	227
民族学	234
人类学	236
政治学	238
法　学	244
军事学	248
经济学	260
新闻与传播学	276

目录

信息资源管理学（图书馆、情报与文献学）
································· 279

教育学 ································· 283

语言学 ································· 287

文　学 ································· 301

艺术学 ································· 316

历史学 ································· 317

考古学 ································· 336

第四部分　社会科学的一般问题················ 353

引用和参考的书籍、笔记·················· 358

书　籍 ································· 358

笔　记 ································· 361

第一部分

序 论

第一部分 序 论

一、社会科学不是社会科学学

社会科学学从综合和整体的角度研究整个社会科学，是社会科学研究者的整体反思。它探讨社会科学的整体性质、发展规律和研究方法，预测社会科学的发展趋势、未来模样和终极目标，力争找到新思想、新观点的生长点，力争掌握科学的研究方法，提高社会科学的科学性、实用性和价值性。

刚进入大学的同学们，以及对各个社会科学学科几乎没有任何阅读和钻研的高年级本科生乃至研究生们，如果没有社会科学基础，钻研和学习社会科学学既没必要也没有意义。本课程并不研究社会科学学，尽管书的最后又有这一部分的内容，但它不是我们的重点。

二、方法论基点

全球视角、人类学视角、心理学视角、社会学视角和历史学视角等，都可以成为观察社会问题、理解社会现象的方法论基点，也是各个社会科学子学科的专门方法论。

然而，以社会科学各个子学科为对象的社会科学概论课程，其方法论基点采取常识的视角，它用常识评判一切社会科学学科，用常识观察社会问题，用常识理解社会现象。

三、什么是社会科学

社会科学是对引导个人和团体行为的自然科学力量、哲学力量、宗教力量、伦理力量、美学力量、心理力量、社会力量、民族力量、管理力量、政治力量、法律力量、军事力量、经济力量、新闻力量、传播力量、教育力量、语言力量、文学力量、艺术力量、历史力量和考古力量的综合研究。

四、社会科学实验的特殊性

很多社会科学问题，常牵涉重大利益，牵涉整个社会，牵涉庞大的人群，难以通过实验的方法事先找到规律、对策和方法后，再稳妥地向全社会推广，以求得稳定可靠的社会效果。因此，社会领域的重大决策活动，显得极为重要；社会科学的重大理论结论，显得十分宝贵。

五、不容易找到社会科学的规律

首先，社会生活中最重要的事情，如满足、民主、幸福、自由、进步和文明等，无法真正加以测量；其次，社会极其复杂，在某一特定情境下，尽管可以发现导致此状况最重要的几个因素，但很难通常也不可能估计到和揭示出全部的因素；再次，每一种社会状况都存在人为因素。研究人本身就或多或少地存在问题，身在社会中的人没法排除自身的局限性。所以，在社会科学领域，很难找到放之四海而皆准的规律。

虽然说寻找社会科学的规律存在困难，但并不影响社会科学的真理性，不影响我们人类靠自己的能力能够找到规律，找到社会和人类的规律。中国共产党1921年7月23日在上海召开了第一次全国代表大会。我们回忆一下1921年的中国是什么样子？那种状态下，我们中国共产党的早期成立者，他们是不是头脑中已经找到一个真理了？认定一个规律了？答案是肯定的。所以，社会科学有其规律，社会科学亦是科学。1921年参加第一次全国党代会的13位代表，尤其是其中一直坚守中国共产主义事业的代表，他们的意志、思维、头脑中有非常强大的发现规律、掌握真理的能力，他们头脑中认定的东西那么正确、那么伟大、那么光荣……所以，自然科学是科学，社会科学更是科学。自然科学有规律，社会科学也有其规律，只是社会科学规律的表现形式和表现特征与自然科学相比，有些不同。

第二部分
如何读书

即便阅读很多非常专业甚至艰深的专业书籍和学科专著，也未必能形成社会科学的基本素养。想要拥有社会科学的基本素养，就必须做一些基础性的阅读活动，以下介绍的书籍，就大致属于这种范围的阅读书目。

一、中国儒道佛，六本能概括

《论语》一书的版本很多，这里独推中华书局杨伯峻的注译本。秦汉之人读春秋战国之书，已感不解，需要注释；今人则更加依赖古籍注释者的水平和见识，杨伯峻的《论语译注》，注解翔实得当，备受推崇。

《老子》一书除了看中华书局的原著本，更要看看高亨的注译本。高亨的《老子注译》（清华大学出版社出版），如同杨伯峻的《论语译注》一样，也非常好。对于学生而言，1956年由古籍出版社出版的《老子今译》，是《老子》的最佳译本。这是任继愈老先生在北大讲课时候，为方便学生们学习翻译出来的，其文字朴实明了。只可惜，除中华书局、清华大学出版社之外，市面上很难买到高亨和任继愈关于老子注释的书了。如果不去图书馆，只能通过购买旧书的方式来阅读了。

《庄子》看中华书局出版的即可，它属于"中华经典藏书系列"丛书之一。

佛教经典，很多出自佛祖释迦牟尼，或经后人记录佛祖言行的著作，此为佛经的一般情况。地道中国人讲的话，经后人记录传播下来并能够位列佛经的只有一部，这便是《坛经》，它短小精悍、扣人心弦，值得阅读。

上述，即为中国儒道佛之经典书目。

二、晋级再想读，外加文史哲

儒道佛虽讲外部交往，但大部分中国文化之儒道佛著作更侧重人的向内修为。《孙子兵法》则不然，它主要侧重人的外部性，是讲如何向外修为的书。孙子是敢战、能战、止战的胜利之神：面对肯定能战胜敌人的形势，筹划如何用最小的代价取胜；不能战胜的，就等待能战胜敌人的时刻，如果总也等不到那个时刻，便要创造能战胜敌人的条件和形势，然后与之战斗，总之，目的是要打胜仗。一部《孙子兵法》，一切力争主动，力争不战而屈人之兵，尽量让敌人主动打消挑衅己方的念头。一部《孙子兵法》，研究军事的、研究政治的人喜欢不足为奇，为什么许多商人也喜欢呢？因为《孙子兵法》乃算计之至、运筹之至也。

《曹操集》里的诗文很好，其中一部分是"孙子注"，我们从中可以看到集政治家、文学家与军事家于一身的一代枭雄——曹操，是如何理解《孙子兵法》的。

唐诗宋词，无人不知，无人不晓。看看诗词，就能知晓最远的远方的模样。

四大名著，亦包罗万象。值得每个人阅读。

关于上述书籍，我着重说一下读书的次序。古汉语与今天的书面语言差距甚大，我们今天的人，除了学中文、历史等专业的人之外，大都不具备顺畅阅读理解古汉语的能力。然而，中华民族的源头在古代，我们必须训练和掌握阅读古汉语的能力，才能领悟和掌握中华文明和中华智慧。书籍从过去发展而来，然而我们阅读的时候，却要倒着读。即最先阅读清朝的《红楼梦》，然后阅读明朝的《西游记》《三国演义》和《水浒传》。第三步阅读唐诗宋词，第四步阅读《曹操集》，第五步阅读《金刚经》《心经》《坛经》，第六步阅读《孙子兵法》，第七步阅读《论语》，最后阅读老庄。总之，读古书，要从新往旧读，这会使我们逐渐提高和掌握古汉语的阅读水平和能力。

三、经世致用，人间冷暖

总结生活经验，增列如下四本：《小窗幽记》《围炉夜话》《菜根谭》《幽梦影》。

四、读《毛泽东选集》

毛泽东是我党我军我国及全国各族人民的杰出领袖，他不仅是伟大的政治家、军事家、思想家，更是一位文学和艺术等方面造诣深厚的学者。好好阅读毛主席的著作，不仅能提高各个方面的修养和水平，更能够给我们展现一种高尚纯洁的世界观，还能教会我们一种方法论。

关于研究毛主席的著作包括《毛泽东选集》《毛泽东年谱（一八九三——一九四九）》三册和《毛泽东年谱（一九四九——一九七六）》六册等。

五、综合讲座系列书籍

为了便于领导干部更好地从历史文化中汲取营养，拓宽人文视野，认识和把握社会发展的规律，提高领导能力和执政水平，自 2002 年开始，中央国家机关工委、文化部、中国社会科学学院主办了"部级领导干部历史文化讲座"，内容涉及历史、文化、民族宗教、文学、政治、社会学、经济学等方面。

后来国家图书馆相应出版了一套书籍。这一套书便于读者在零散时间阅读，内容侧重点在人文科学。其中《部级领导干部历史文化讲座》（2008 年版）分史鉴卷（上下）、文化卷、资政卷、艺术卷共五册，由国家图书馆出版社出版。

六、现代巨匠，鲁迅一人

《鲁迅全集》共 18 册，由人民文学出版社出版。

七、零散时间，可以读诗

中外诗人的诗歌集，可供零散时间阅读。

八、俄罗斯文学

俄罗斯总把自己归入欧洲以及西方，但实际上其东方特色更浓，如吃苦、耐劳、隐忍、奋斗精神。普希金、屠格涅夫、奥斯托洛夫斯基、托尔斯泰、高尔基……文坛巨匠，灿若星河。托尔斯泰，出身贵族、抨击腐败，追求真理；高尔基，贫困志坚，毅力非凡，刺破苍穹。高尔基和托尔斯泰都是在我国享有威望的苏联作家。

不同于高尔基和托尔斯泰，陀思妥耶夫斯基与他作品里的人物没有距离，完全一体。设想一下，如果不是鲁迅写阿Q之愚，不是曹雪芹写红楼之梦，而是阿Q写阿Q，而是凤姐、宝玉、黛玉、晴雯写大观园的从繁花似锦到分崩离析、人亡幕落，阿Q和凤姐们将会把故事演绎得怎样的涕泗横流、肝胆欲裂和寸肠欲断！陀思妥耶夫斯基的作品，恰是如此！在他的作品里，雕刻欲望，描摹本能，那些难分是非对错和善恶美丑的欲望、那些超越真理、公理和伦理的本能，精致或任性地被徐徐铺染，无边无际，又高又深。

九、读史上瘾

二十四史里"前四史"——《史记》《汉书》《后汉书》《三国志》，最受重视。《资治通鉴》虽不在二十四史里，亦备受重视。

读《资治通鉴》时不超过三五页，就一定会出现震撼你心灵的内容，它撞击你的心脏，沸腾你的热血，让你身处其中。你身在现代，却被古代的人、事和其中的道理弄得如痴如醉。读史书上瘾，瘾便在此。《资治通鉴》的编者司马光，雍容风雅、一生荣华，而《史记》的作者司马迁就不同了，屈辱在身、愤懑满心，让《史记》别具一格，成就了"史家之绝唱，无韵之离骚"。《史记》里的每一个字，都能敲击灵魂；每一段文章，都有浓浓的东西汩汩倾泻。

十、唐宋诗文

唐宋元明清诸代都在持续整理经典文章，民国的高步瀛（1873—1940），进行了再汇总、再提炼，完成了《唐宋诗举要》（2册）和《唐宋文举要》（3册）两部著作。上海科学技术文献出版社出版的这两套书很好，简体横排，字大行疏，留白宽阔，纸张温润。

十一、东汉王充《论衡》

这也是应读之书，这本书闪耀着朴实且真实的道理。它是与《论语》《孟子》《老子》《庄子》等不一样的书，《论衡》成书于东汉，然而宋以后的人就逐渐忽略它了。

《论衡》的语言。因为东汉离春秋战国有较长的距离，它的语言要比经典的《论语》《孟子》《庄子》《老子》容易读一些，其文学色彩也较强。尤其《论衡》带有强烈的唯物主义观念，这是在古代书籍中比较缺乏的。

十二、大众哲学，重大智慧

艾思奇（1910—1966），原名李生萱，蒙古族。他于二十多岁时便写成了宣传马列主义的《大众哲学》，此书因其内容风靡一时。今天，依然有很多人对其书的观点、材料了然于胸，人们今天能还读、再读，大概因喜欢其形式、钦佩其作者。如同唐代诗人李白，其所言人情、山水，我们莫不熟悉，然而经李白之手之口形成诗作，我们就为之倾倒。《大众哲学》一书所讲的内容就在你身边，它摸得到、听得见、看得清。其语言赤诚、论述铿锵、逻辑严密、风格震撼，令人爱不释手、如痴如醉。

学习这本书，期望能给我们两个启发：第一，天下英雄出少年。艾思奇二十三四岁的年龄，就能做出这么伟大的事情，可谓少年英雄。第二，学习一种朴素的文风。我们现在写文章虽然不写八股文了，但动不动就弄一套模式化的东西。我们应该学习艾思奇，朴朴实实地思考，朴朴实实地写作，朴朴实实地讲话，朴朴实实地学习。

十三、文学

北大周先慎老师在《中国文学十五讲》中整理了许多中国文学著作，现收录如下：

1. 余冠英选注：《诗经选》，人民文学出版社 1956 年版。
2. 王秀梅译注：《诗经》，中华书局 2015 年版。
3. 朱熹集注，赵长征点校：《诗集传》，中华书局 2011 年版。

4. 林家骊译注：《楚辞》，中华书局2015年版。

5. 马茂元选注：《楚辞选》，商务印书馆2021年版。

6. 余冠英选注：《乐府诗选》，人民文学出版社2002年版。

7. 曹道衡选注：《乐府诗选》，人民文学出版社2017年版。

8. 王瑶：《陶渊明集》，人民文学出版社1956年版。

9. 袁行霈：《陶渊明集笺注》，中华书局2011年版。

10. 李白著，瞿蜕园、朱金城校注：《李白集校注》，上海古籍出版社2018年版。

11. 山东大学中文系古典文学教研室选注：《杜甫诗选》，人民文学出版社2020年版。

12. 萧涤非选注：《杜甫诗选注》（增补本），人民文学出版社2018年版。

13. 鲁迅校录，杜东嫣译：《唐宋传奇集全译》，上海古籍出版社2014年版。

14. 曾枣庄、舒大刚主编：《苏东坡全集》，中华书局2021年版。

15. 上海辞书出版社文学鉴赏辞典编纂中心编：《陆游诗文鉴赏辞典》，上海辞书出版社2021年版。

16. 辛弃疾：《辛弃疾词集》，上海古籍出版社2019年版。

17. 谢柏梁主编：《中华戏曲剧本集萃：元杂剧卷之关汉卿篇》，中国戏剧出版社2020年版。

18. 汤显祖：《牡丹亭》，人民文学出版社2018年版。

19. 罗贯中：《三国演义》，人民文学出版社2019年版。

20. 蒲松龄著，朱其铠主编：《全本新注聊斋志异》，人民文学出版社2020年版。

21. 蒲松龄著，赵伯陶注评：《聊斋志异详注新评》，人民文学出版社2016年版。

22. 曹雪芹：《红楼梦》，人民文学出版社2008年版。

十四、其他

我们身边古代的、现代的，外国的、本国的，流行的、长销的书籍，都应广收博蓄，广泛阅读，在此不予赘述。

第三部分

学科分类

自然科学

一、数学

数学是对事物的抽象结构与模式进行描述、推导的通用手段，它可以应用于现实世界的任何问题。数学对象本质上都是人为定义的，从这个意义上讲，数学属于形式科学，而不是自然科学。数学具有如下性质：

第一，高度抽象。它可以撇开事物的具体内容，仅仅从抽象的数的方面去进行研究。

例如，1+2可以理解成一棵树加上两棵树，也可以理解为一元钱加上两元钱，算式撇开了树或者钱的具体内容。

数学不仅概念是抽象的，其方法本身也是抽象的。物理学家或化学家为了证明自己的理论，总是通过实验的方法；社会学家为了证明自己的理论，也是通过社会调查的方法。而数学家证明一个定理却不能用实验的方法，也不能用社会调查的方法，必须用推理和计算的方法。

第二，逻辑严密。在数学里证明一个定理，必须利用已经证明过的概念、定理，用逻辑推理的方法导出这个新定理来。

第三，应用广泛。数学理论因为抽象的特点，可以广泛地应用到自然科学和社会科学的各个领域里。中国原子弹、氢弹成功引爆，就离不开数学理论的支持。

二、物理

物理是研究物质结构、物质相互作用和运动规律的自然科学，它是一门最精密的自然科学学科，其强调实验、崇尚理性、重视理论推导。

大学的学习不仅要学工具、概念和思想，更重要的要学习培养思维范式。

物理学和数学的思维范式不同，物理学的目标是通过实验和观察来验证理论，并将理论与现实世界联系起来。在解决问题的时候，物理学更关注问题的本质和核心。

假设我们到森林里面去打鹿。数学家来了先围着森林转两圈，再论证一下这个森林里面有鹿吗？如果有的话，是一只还是两只？把这事搞定了以后才会去打鹿。而物理学家拎着枪就进去了，见着鹿就打，打着了就算。

数学思维还是物理思维哪个更好？二者的思维范式类似人的性格，各有利弊，应该取长补短。比如，数学家先论证，有猎物才进入，得准备好运送猎物的相关车辆，避免损失或者空手而归。但你算的时候有，等你算完了，鹿跑了，就白算了。物理学家无成本进山，打着了就赚了；没打着，白来了；万一山里不仅没有鹿，更有猛虎若干，则必死无疑，物理学家也只能自认倒霉。

三、化学

化学是在原子和分子层次上研究物质的组成、结构、性质、转化及其应用的基础自然科学。

四、天文学

天文学是研究宇宙空间天体、宇宙的结构和发展的学科。内容包括天体的位置、构造、性质和运行规律等。

五、地球与空间科学

该学科的研究由地球内部延伸到星际空间，包括这个广大区域中不同层次的结构和物质组成，以及物质的运动和各种物理、化学过程。

六、生物科学

生物科学研究生命存在形式、生命运动规律、生物过程机制的自然科学，它涉及动物、植物、微生物等多种生命形式的结构、功能、进化等。

七、医药卫生学

它是以人的生命健康为宗旨的一切相关研究领域，重点包括医学和药学。

八、农业科学

农业科学是揭示农业发展的自然规律和经济规律的科学，涉及农业环境、作物和畜牧生产、农业工程和农业经济等多种科学。

九、工业技术

工业技术包括：一般工业技术，矿业工程，石油、天然气工业，冶金工业，金属学与金属工艺，机械、仪表工业，武器工业，能源与动力工程，原子能技术，电工技术，无线电电子学、电信技术，自动化技术、计算机技术，化学工业，轻工业、手工业，建筑科学，水利工程。

十、交通运输

它研究铁路、公路、水路及航空运输基础设施的布局及修建，载运工具运用工程，交通信息工程及控制，交通运输经营和管理的工程领域。

十一、航空、航天

航空是指载人或不载人的飞行器在地球大气层中的航行活动；航天是指载人或不载人的航天器在地球大气层之外的航行活动，又称空间飞行或宇宙航行。

十二、环境科学、安全科学

环境科学是在环境问题日益严峻的背景下产生和发展的一门综合性学科，是研究人类活动引起的环境问题以及解决环境问题的科学。

环境科学研究的环境是以人类为主体的外部世界，其研究重心是人。与人类关系最密切的是自然环境，实际上也就是我们常说的生物圈。人类活动的范围即生物圈的范围，它是环境科学研究的主要对象。

因此，环境科学的重心是人，不是地球。我们反对过度担心地球的宣传，尤其是老担心地球灭亡的宣传。其实，地球比人类想象的更健壮，与地球相比，人类才该更被担心。

安全科学是关于事故及其发生发展规律的正确认识、预防事故手段的结构化知识体系。

马列主义和毛泽东思想等

一、推荐书目

《毛泽东选集》《共产党宣言》《社会主义从空想到科学的发展》《社会民主党在民主革命中的两种策略》《共产主义运动中的"左派"幼稚病》和《联共（布）党史简明教程》。

除了《毛泽东选集》和《联共（布）党史简明教程》，其余的书都较短，比较容易读完。这里面包括中国共产党延安时期全党的阅读书目。

二、心正行端，沿着正确的道路，到达正确的地点

什么才是马克思主义以及如何对待马克思主义，这不是两个问题，而是同一问题的两个方面。反对教条主义和修正主义，反对一切左的和右的观点，以创造性的、发展的、与时俱进和永远面向未来的态度对待马克思主义，才能真正理解和懂得什么是马克思主义，才能掌握马克思主义的精髓。态度和结果、路径和目的地，是一体的。

那些马克思主义经典，一个字也动不得的教条主义，那些彻底背离马克思主义基本原理的修正主义，那些一味理想主义的"左"倾主义，那些一贯落后现实的右倾主义，其本身就不是马克思主义的方法论，人们也永远无法掌握马克思主义的精髓。

学习马克思主义，需要看书，但是，马克思主义不是到书本

里去找，而是在创造创新中去寻找和发展，在现实实践中去寻找和发展。

三、基本原理及其当代价值：马克思主义是过去的，更是现在的；是伟人的，更是百姓的

马克思主义作为一种学说，就其本质来说是一个科学整体，不能把它分割为两个部分：一部分属于当代，一部分属于历史。

在马克思主义中，凡是基本原理都既属于马克思和恩格斯的时代，又同样属于当代，具有当代价值。马克思主义是具有实践性和开放性的体系，它必须面对当代。马克思主义若丧失了当代价值，必然使马克思主义僵化，必将导致其终结。

马克思主义哲学不应该是哲学家们的"盛宴"，更不应该是哲学家个人的私语和独白。马克思主义哲学的本质与功能，它所肩负的历史使命，要求马克思主义哲学必须立足现实，面对时代，为捕捉当代世界和当代中国的问题而提供具有世界观和方法论作用的哲学视角。马克思主义哲学若与现实相脱离，无异于自我放逐和自我边缘化。

马克思主义不是历史的陈迹，不是过去的古董。马克思主义一诞生，就是永远面向未来的，是绝不凝固的，这是马克思主义的本质和使命。

四、坚持意识形态中的指导地位，克服思想危机和信仰危机

坚持马克思主义在意识形态中的指导地位，强调马克思主义指导作用的性质和方式是通过思想理论的方式实现的。

马克思主义在意识形态里的作用通过思想理论的方式实现，但马克思主义的作用，并不只局限于意识形态领域，而是对包括经济、政治、文化诸多领域发挥指导作用。

在意识形态领域若失去马克思主义的指导地位，政治领域、文化领域和经济领域思想理论必将陷于混乱，整个社会就会陷入思想危机和信仰危机。

坚持马克思主义在意识形态中的指导地位，并不是把全部社会生活意识形态化，而是强调马克思主义指导作用的性质和方式是通过思想理论的方式实现的，强调马克思主义对经济、政治、文化诸多领域发挥指导作用。

五、避免抽象化、经院化和概念化

数学可以是高度抽象的，但是马克思主义不是抽象化的，它的每一个理论和说法都有具体的所指，它是具体的。

马克思主义也不能经院化，好像只有这些搞研究的人才能够研究，和老百姓无关。

马克思主义更不能概念化，概念化就是脱离现实的、利益关系。脱离现实，会让马克思主义成为一个无关痛痒的抽象的

东西。

只有避免这三种倾向，才能够学习好马克思主义，才能够领悟好马克思主义。

马克思主义是历史的、来自伟人的、是在理论中具有重大建树的，但更是现实的、实践的、正在发展的，它更是属于大众的。

六、历史唯物主义的史学功能

历史唯物主义认为，一切重要历史事件的终极原因和动力是社会的经济发展，它是生产方式和交换方式的改变，由此产生的社会被划分为不同的阶级，也是这些阶级互相博弈的结果，所以，它要从阶级入手分析历史事件产生的原因。

在人类历史发展中，历史事实具有唯一性，历史现象具有相似性，历史规律具有重复性。唯物主义历史观是我们观察当代一切问题的立场、观点、方法，也是我们研究历史的基本理论和方法论。在当代，如果对任何国际和国内问题的分析，不坚持历史唯物主义观点就很难得出正确的结论，对历史问题的研究同样如此。

一个人如果不具备分析现实问题的能力，也很难期待他在历史研究中有重大建树。因为一名学者对眼前发生的现实问题都缺少判断力和分析能力，怎么能期待他对几百上千年前已经湮没的、不可直接接触的历史事件和人物发表中肯的评论和见解呢？一个不理解现实的人也不可能理解历史。

历史观之所以重要，就在于它确立了对待历史的态度。不同的历史观不能改变历史既成事实，但它能决定如何书写历史，即把客观历史事实转变为完全不同的历史著作。不同历史观下的历史书写肯定不一样。

七、马克思主义生命力的源泉

第一，是否有社会需要。只要这个社会有不公平，只要这个社会有剥削，只要这个社会有压迫和被压迫，只要这个社会的人们有对美好生活的向往，那么就需要马克思主义。这种需要，不仅是马克思主义产生的社会原因，还是它能继续存在和发展的社会原因。

第二，是否包含真理性因素。马克思主义的真理性因素是从其一诞生就有，而且被无数次的现实所证明。它有合理的内核，具有超越自己时代的价值，经得起历史的考验。

第三，有无这种学说实现的力量和传人。只要还有活生生的人在宣传它、继承它、执行它、信仰它，马克思主义就是一种重要的社会力量和生命力量，它就是活的，就是对我们现实和未来有重大影响力的理论。

八、未来已来，过去未去。马克思和孔子：马克思主义和中国传统文化

不要抽象地争论马克思主义和中国传统文化的关系，尤其是非历史主义地争论马克思主义与儒学的高下优劣、抑扬褒贬。一个是中国革命和社会主义建设的思想理论指导，一个是中华民族

的精神血脉和文化之根。不重视马克思主义的指导作用，我们就不知道中国当代朝何处去；不理解中国传统文化，我们就不知道中国由何而来。

马克思和孔子都是中外历史上的重要人物。孔子说过天下大同这样的话，和马克思说的共产主义有点相似。

怎么样来理解马克思和孔子的话题？首先，如果把孔子当成了马克思，有点不伦不类。如果孔子的时代就把共产主义提出来了，中国早就把共产主义实现了，孔子不是马克思。其次，把马克思当成孔子的传人，更是张冠李戴。马克思和孔子，是两个人、两回事，千万不要因尊重古代，尊重传统文化以及国学热，就强行把这两个人合并起来，这是不对的。

马克思主义与中国有两次结合。第一次结合，是马克思主义与中国革命的具体实践相结合。第二次结合，是马克思主义和中国传统文化相结合。马克思主义除了与中国革命的具体实践有结合点以外，其实还有一个结合点，就是与以孔子为代表的儒家文化、与中国传统文化的结合，这也是一个衔接点。

在今天，把新衔接点加以总结出来，这本身就是对马克思主义的继承和发展。

马克思主义基本原理同中华优秀传统文化相结合，使马克思主义更加鲜活，同时也让以孔子为代表的儒家文化仍然被我们今天所继承，同样鲜活起来。这个结合，具有重大的意义。未来已经到来，但是过去也还没有离去，那么这时我们不重视马克思主义的指导作用，我们就不知道中国当代应向何处去，孔子并没有展望得那么远，马克思主义展望得更远，也更具有真理性。

但是如果因为有马克思主义就把孔子扔掉了，也是不对的。

因为中华文明源远流长，我们有漫长的历史，不理解中国传统文化，不重视中国传统文化，我们就不知道中国由何而来。我们应汲取孔子、马克思的真理的力量，我们要往前走，去开辟更加美好和灿烂的明天。

需要说明一点，中国传统文化并不等于儒家。儒家是几千年来形成的中国文化的核心，但中国传统文化还包括道家、法家、墨家、兵家甚至佛家等。

九、马克思主义是共同价值

共同价值可以具有一定程度和范围的普遍性，因为它是一种对人类文明成果的价值共识。马克思主义是全人类的共同价值。

哲学

一、推荐书目和哲学概述

推荐书目：艾思奇：《大众哲学》，天津人民出版社2018年版。冯友兰：《中国哲学史》，北京大学出版社2013年版。杨立华：《中国哲学十五讲》，北京大学出版社2018年版。北大杨立华老师的《中国哲学十五讲》，是本书哲学部分借鉴最多的书籍。

哲学的心灵是博爱的，哲学的头脑是智慧的。哲学是精神的探索，它超越现实世界，体验高于道德的价值。哲学是批判性的智慧，是以批评为主的思维模式；指向未来，朝向远方。哲学是人类精神的反思，是"对认识的认识""对思想的思想""关于思索的思索"。所谓反思就是人类精神反过来以自己为对象而思之，哲学的反思必须是深沉的、寂寞的，不是肤浅的、喧嚣的；哲学所追求的是最高的人性智慧，从最深层次寻求人的生命活动的根据和价值。哲学引导人们从世俗的、琐碎的事物中超脱出来，从有限中体悟无限，从渺小中领略伟大，使人站得高些，看得远些，想得开些，哲学让人站在未来去思考现在和过去，去思考关于宇宙、人生的大问题、大道理。

哲学的功能不是为了增进正面的知识（正面的知识是指对客观事物的信息），而是为了提高人的心灵。而心灵是增进正面知识以及一切知识的工具，所以，哲学的作用是增进这个思维工具的能力，这个工具强大了，自然可以创造出更多更优秀的正面知识。比如在人工智能领域，最能体现这个道理。日本曾经在电子领域无限辉煌，欧盟在人工智能领域的投入也非常早，但日本和欧盟在牵涉人工智能哲学方面发生错误，导致今天已经明显落后于中美两国，足见思维工具和心灵能力的重要。

在精神的底层，一个民族总存在着一种哲学。这种哲学或者是清晰的，发挥着批判、反思与引领的作用；或者是模糊的，像无意识一样，支撑着人们的日常生活和思维方式，安顿着人们的生命与心灵。我们中华民族的早期，孔子、孟子、老子、庄子是我们的哲学基础；五四运动以后，马列主义、毛泽东思想，乃至邓小平理论、"三个代表"重要思想、科学发展观、习近平实现中华民族伟大复兴中国梦等是我们的思想基础，其核心是辩证唯物主义、历史唯物主义，比其他国家以唯心主义、形而上学、机械主义为思想基础甚至比实用主义都更为先进、优秀。

哲学跟人类社会共存，哲学跟宗教最大的不同是：宗教的基础在于信仰，哲学的基础在于提出问题、研究问题。人类的进步就在于不断地发现新问题，研究新问题和解答新问题，认识世界并改造世界，这是哲学的任务。

哲学根植于人类对世界、人生以及人与世界关系的深层思考，探求人类自身存在的终极理想、终极意义。哲学总是围绕着根本的问题展开，但根本的问题在不同的时代、不同的环境中，有着不同的表现形式，所以哲学总在不断变化、发展。

哲学作为人类理论思维的最高形式，在整个知识结构和体系中，肩负着与具体科学不同的特殊使命，也就是从总体上把握人与世界、自己与其他关系的整体结构、普遍形式和一般内容，既立足于具体科学，又保持着对具体科学的超越性。因此，哲学的思维方式也就表现为具有高度的概括性和抽象性。哲学不是在旭日东升的时候在蓝天里翱翔，而是在夜暮降临的时候就悄然起飞……

二、大学哲学专业主要课程

马克思主义哲学原理、中国哲学史、西方哲学史、马克思主义哲学史、哲学问题导论、逻辑学导论、伦理学概论、宗教学概论、政治哲学导论、科学技术哲学、美学原理、马克思主义哲学经典、中国哲学经典、西方哲学经典、历史唯物主义和历史哲学、数理逻辑、分析哲学、现象学与解释学等。

三、人生四境界

当代哲学家冯友兰曾将人生境界分为四个层次：第一境是"自然境界"，处于这个境界中，人是不自觉的、为私的、社会的公民；第二境是"功利境界"，处于这种境界中，人是自觉的、为私的、社会的公民；第三境是"道德境界"，处于这种境界中，人是自觉的、为公的、社会的公民；第四境是"天地境界"，处于这种境界中，人是自觉的、为公的、宇宙的公民。冯友兰所描述的四种境界的人分别是：动物的人、现实的人、道德的人、宇宙的人。他们由低到高：低级阶段，自己都弄不明白自己；高级阶段，不仅把自己弄明白了，还把包括宇宙的一切，都弄明白了，最后达到与宇宙合一、参与天地万物，自在自为和自适。

要达到最高境界，冯友兰认为需要通过哲学学习来完成。当然，在实际教育中，包括哲学在内的其他人文教育都起着重要的作用。重视人文社会科学的价值精神，就是关注人自身素质的提高和自我品格的完善，使人全面、和谐发展，只有所有学科都协调一致，才能解决人类面临的各种复杂的问题。

四、哲学的种类

哲学分为三种主要类型：西方哲学、中国哲学和印度哲学。

所谓"西方哲学"中虽然有"西方"二字，但它不是一个地域或空间概念，而是指一种不同于中国思想和印度思想的思想形态。西方哲学是有内涵的，重逻辑，重论证。中国哲学内涵更深刻，结合人生和社会经验，注重提升人的境界。印度哲学，不像西方也不像中国，有其自身的特点。

五、哲学的内涵

按照哲学研究的问题，哲学划分为如下九种：

第一，本体论。以哲学思辨的方法探讨世界的基础或本源的理论，寻求世界的统一性和普遍性。

第二，自然观。认识包括人类在内的自然界的总体图景和一般规律的理论，也称自然哲学、科学技术哲学。

第三，社会历史观。研究人类社会历史发展进程、动力机制以及一般发展规律的理论，也称历史哲学。

第四，人生观。以哲学的形而上学思维追求人生意义，探索人生价值、目的、态度、生死等有关人生的各种问题，也称人生哲学。

第五，价值观。研究价值的本质、价值选择、价值类型、价值规范等具有哲学意义的一般价值问题，也称价值哲学。

第六，审美观。研究美的本质、艺术的本质、审美活动、审美主体与审美客体之间关系的一般哲学观念，也称美学。

第七，伦理关系。研究人与人、人与社会、人与自然有关行为规范的道德标准，也称伦理学。

第八，认识论。研究人类认识的来源、结构、基础、形式、方法、过程等一般规律性问题。

第九，方法论。即关于人类认识世界和改造世界的一般方法的哲学理论。

六、哲学的特殊意义和价值：哲学非科学

科学经常被当作绝对真理。虽然 20 世纪以来，人们认识到不存在绝对真理的科学，但是崇尚科学的精神并没有变。于是，人们通常总是用衡量科学的标准来衡量哲学。

但是，哲学基本不具有科学的特征，难以验证、因人而异、因时因事而异，哲学不是一般意义上的科学。

虽然哲学存在自己的定义、概念、理论体系，在理论上是科学。但是哲学不具有科学知识的基本特征，因而它不是像自然科学那样的科学。中国哲学与美国哲学，非常不同，然而数学、物理、化学，不仅中国和美国的完全相同，乃至全世界都是完全相同的。从这个意义上讲，哲学不是数理化这种科学。有放之四海而皆准的数学，但没有放之四海而皆准的哲学。

不过，哲学不是科学并不意味着它就没有存在的意义和价值，恰恰相反，哲学不是科学，正是其存在的意义和价值所在。

七、哲学是思维的艺术

某日，老师在课堂上想看看一个学生的智商怎么样，就问他："树上有十只鸟，开枪打死一只，还剩几只？"

学生反问："是无声手枪吗？"

老师答："不是。"

学生问："枪声有多大？"

老师答："80~100 分贝。"

学生说:"那就是说会震得耳朵疼!"

老师答:"是。"

学生问:"在这个城市里打鸟犯不犯法?"

老师答:"不犯法。"

学生问:"您确定那只鸟真的被打死了?"

"确定。"老师已经不耐烦了,"拜托,你告诉我还剩几只就行了?"

学生问:"树上的鸟里有没有聋子?"

老师答:"没有。"

学生问:"有没有关在笼子里的?"

老师答:"没有。"

学生问:"边上还有没有其他的树,树上还有没有其他的鸟?"

老师答:"没有。"

学生问:"有没有残疾的或饿得飞不动的鸟?"

老师答:"没有。"

学生问:"算不算怀在肚子里的小鸟?"(学生问错了,幼鸟不在肚子里。)

老师答:"不算。"

学生问:"打鸟人的眼有没有花?保证是十只?"

老师答:"没有花,就十只。"

老师已经满头是汗,且下课铃响了,但学生还在问:"有没有傻到不怕死的?"

老师答:"都怕死。"

学生问:"会不会一枪打死两只?"

老师答:"不会。"

学生问:"所有的鸟都可以自由活动吗?"

老师答:"完全可以。"

这时,学生才满怀信心地说:"如果您的回答没有骗人,打死的鸟要是在树上没掉下来,那么就剩一只;如果掉下来,就一只不剩。"

这个辩论依赖的是一种严密的逻辑思维,是论辩的艺术,更是思维的艺术。

哲学就是以这样的方式,穷追猛打,无边无际,诘问历史、社会、科学、人生、宇宙。经此质问,一些东西,将体无完肤;另一些东西,将光芒万丈。一些东西,抛砖引玉,如获至宝;另一些东西,拉下神坛,弃如敝履,从而实现对真善美的追求,实现对假恶丑的鞭挞。

八、相同的人说相同的话,不同的人说不同的话:哲学是一种意识形态,具有鲜明的阶级性

哲学家观察自己与他人,观察人与世界关系的出发点不同,参照物不同,思考角度不同,思维方式不同,就像我们可以站着看风景,也躺着看风景一样,并没有可以和不可以的区分。

但是,不同的背后,却存在正确和错误的区分,存在代表谁的利益和立场的区分。

马克思主义哲学的政治立场是人民群众,因此我们必须自觉地把科学的世界观、方法论和价值观相统一的马克思主义哲学作为我们建设精神世界、进行新时代中国特色社会主义文化建设的

活的灵魂。

马克思主义是辩证的、唯物的、以人民为核心的；西方的则相反，他们的指导思想是机械的、唯心的、以少数人的利益为核心。西方的哲学，结果自然会让西方人放弃对更美好社会的向往，安心听命资产阶级的现实安排。

九、反对禁欲主义在西方哲学发展中的枢纽作用

中国尽管也存在不同时代、不同时期在禁欲方面的起起伏伏，禁欲主义的行为，也存在不同时代、不同时期的不平衡。但是，中国社会没有西方那种针对性欲的过山车似的大规模的社会行为。中国一直把欲望当成人间生活的一个必要、必备事项而已。

禁欲主义主要指性欲方面。西方社会存在过一个中世纪禁欲主义时代，文艺复兴之后，西方近现代开启了纵欲主义。

西方近代哲学，人们的思想从宗教的彼岸世界回到了现实的此岸世界，开始追求知识、自由、平等。经过反对中世纪禁欲主义，人文主义主张以人为中心，反对灵魂不朽和禁欲主义，15世纪至17世纪初是西方近代哲学的第一阶段，形成了人文主义和自然哲学两股思潮。

十、物质与精神：哲学的基本问题 也是为人处世的基本问题

哲学讲述大道理，闪耀大智慧。物质与精神的关系，是哲学的基本问题，也是所有学问中最普遍、最深刻的学问。

人是物质实体与精神主体的统一，人有双重生命：物质生命与精神生命。所以人有物质需要，也有精神需要；有物质欲望，也有精神追求；有物质力量，也有精神力量；既创造了物质文明，也创造了精神文明。

人类所有的创造活动，所有日常生活，甚至一切行为行动，都是物质与精神的相互转化。

正确认识事物，就要使精神同它所反映的物质一致；成功做好工作，就要善于在一定的条件下使物质变精神、精神变物质。这就是人生的全部活动和全部真谛。

认清哲学的基本问题，就要反对物本主义。不能以物为本，而应以人为本。不能做一个单向度的人，只推崇物质需要、物质利益、物质欲望、物质享受，忽视甚至贬低精神需要、精神生活、精神追求，缺乏理想和信仰。反对迷恋、迷信物的价值，漠视人的精神的价值；反对只讲物的作用，否定人的精神作用。重视物质文明，轻视精神文明，会导致工作和生活中物质和精神的失衡。

对哲学基本问题的错误认识，会导致错误的世界观、人生观和价值观，酿成人生大错，特别可惜。

十一、性相近也，习相远也：物质第一，精神第二

"性相近也，习相远也"是孔子（前551—前479）关于人性的直接论述。

人性指的是人不得不如此的本质倾向。人性虽然起因于身处的物质条件，但是人性更指面向未来以及处理未来事项的内在本

质倾向，即精神方面的储备。

人的本质倾向相近，现实中之所以有这么大的差别，是环境影响所致。"性"和"习"这一结构，是一个伟大的发现。它既揭示出了人相近的本质倾向，从而为根源于普遍的人性基础上的根本价值找到了确实的基础；又通过指出环境对人的影响，为人与人之间的现实差距提供了有说服力的解释。

人性本质上都差不多，但是人与人现实差距很大，到哪去找原因？要到现实的物质条件上去找原因。

从这两点论讨论人的基本结构，成为后世儒家谈论人的时候一直使用的基本框架。

十二、立与达，富与贵：好人圣人一生难成，恶人罪人一会可就

人之为人，人在世中，除了满足最基本的吃穿住行之外，总要有所追求，有所自我实现。在一般人的心目中，自我实现的具体表现就是富与贵。

孔子并不简单地排斥富贵，而是指出，富贵的获得是有其偶然性的，十之八九求之不得。

既然富贵有偶然性，那么，人的自我实现的目标应该朝向那些有真正必然性的东西——"我欲仁，斯仁至矣"（《论语·述而》）。我想当好人，做好事，立刻便可以实行和实践。

然而，真正成为一个好人，或者成为一个在社会上做出巨大贡献的圣人，需要一生的清白奋斗；但是，想当坏人、想当罪犯，马上就可以实现。我不工作了，我马上出去抢银行去，十分钟之

内我就可以成为罪犯，这个是很容易、很快的；当好人却不容易，需要我一生的努力、一生的谨慎、一生的勤劳。

一会儿当坏人，一会儿当好人，放下屠刀，立地成佛，我们也容许。接受好人变坏人，也同样容许坏人变好人。

十三、论自我

将自我想象成完全独立于他人的完整、完全自足的个体，将自我理解为基本粒子一样不可再分的个体，将自我和他人从根源上割裂开来，进而衍生出各种各样自我中心主义的主张，是这个"太自我"的时代的种种病症的根源所在。

思想的错乱导致行为的扭曲，甚至造成了某种"反向的知行合一"：思想卑鄙到了行动上无法做到的地步。比如，很多人骨子里认定人天生就是自私自利的，人就应该自私自利，但在现实的生活中，却又无法将自己笃信的自私原则贯彻到底。那些侈言"我死之后，哪管洪水滔天"的人，其实是根本做不到全无牵挂地死去的。

彻底的自私和自我，在道理上压根儿说不通。我不能主宰我的一切，我不是凭空而生的，我不是无因而去的。我的一部分掌控在别人那里，我内在的一部分又掌控着别人。理性地认识到这样的道理，你就会发现，为别人才能为自己，为自己就是为别人。我与他，同属人类命运共同体。

以一般的经验看，越自私的人往往越不幸福，反而是那些有分享的愿望和忘我热情的人，容易获得持久的幸福感。"太自我"的人得失心重，心思既全在得失之上，则究其一生不过是"患得患失"而已。正如孔子所说:"其未得之也,患得之;既得之,患失之。苟患失之,无所不至矣。"(《论语·阳货》)他在没有得到权势之前,就生怕没有得到;在已经得到时,就又生怕失去。假如生怕失去,他就会采用一切手段。

有来有往,来来往往,流水不腐,户枢不蠹,怎能来而不往呢?只来不去,自我如果不能成为黑洞,就要爆炸,或者自我已经丢掉了,换成了一切堆积到自我之上的一切之"来"了。

十四、论他人

他人不在自我之外。

我们至少可以从如下三个方面来理解这个道理:

其一,就概念来说,自我和他人是逻辑地结合在一起的。没有他人的概念,自我的概念也根本无从谈起。

其二,每个人具体的自我,总是在与他人的对比中展开的。每个人品格的具体体现,都呈现出与他人品格的区别。在这个意义上,每个具体自我的品格,都在对比中包含了他人的品格。

其三,我们的生命来源于他人,辛苦一生自我实现又成就了他人,从生命的角度思索,自我与他人息息相关、命运相连。

他人不在自我之外,好的他人也自然就成了好的自我的一个部分。"己欲立而立人,己欲达而达人。"(《论语·雍也》)有仁德的人,自己想站得住(指立身),也得让他人站得住;自己想行得通(事业通达),也得让他人行得通。以天理之公,超越人欲之私,其根本在于破除他人与自己的隔阂。追求幸福是人普遍的本质倾向,通过立人、达人来实现立己、达己的目标,也就成了人的普遍倾向。而这种倾向就体现为孔子哲学中最核心的概念——仁。换言之，仁就是人性的内涵。

十五、性善论

人的本质倾向，孟子从人普遍的恻隐之心出发，提出了著名的"四端说"："人皆有不忍人之心。先王有不忍人之心，斯有不忍人之政矣。以不忍人之心，行不忍人之政，治天下可运之掌上。所以谓人皆有不忍人之心者，今人乍见孺子将入于井，皆有怵惕恻隐之心。非所以内交于孺子之父母也，非所以要誉于乡党朋友也，非恶其声而然也。由是观之，无恻隐之心，非人也；无羞恶之心，非人也；无辞让之心，非人也；无是非之心，非人也。恻隐之心，仁之端也；羞恶之心，义之端也；辞让之心，礼之端也；是非之心，智之端也。"（《孟子·公孙丑上》）

孟子首先通过"乍见孺子将入于井"这一道德情境，呈现出恻隐之心的普遍存在。因为是"乍"见，所以没有时间做任何功利性的计较。这样一来，普遍的恻隐之心也就只能是人内在固有的某种倾向的体现。由此推展开来，孟子揭示出恻隐、羞恶、辞让和是非四心的普遍性，并将四心分别理解为仁、义、礼、智的发端。换言之，仁、义、礼、智是人的本质倾向，这种本质倾向发显出来，就是恻隐、羞恶、辞让、是非之情。

如果以为暴、慢、贪、惑亦根源于人性，且在仁、义、礼、智之外别有其根源，其实只是看到了问题的表面。暴、慢、贪、惑其实只是仁、义、礼、智没有得到充分实现的体现而已。善没有得到恰当的表现，就会流为恶。有趣的是，这个话倒过来说是根本讲不通的。我们不能说，恶没有得到恰当的表现，就成了善。日常语言当中，其实已经隐含了对善的根源性的理解。

当然，孟子的性善论，不是说现实之中人人皆善，以现实中人的种种恶的表现来反驳孟子的性善论，是毫无意义的。

十六、无爱（自私非无爱，彻底自私曰无爱）和兼爱（绝对平均地爱一切人）都不对

生活在一个百家争鸣的时代，孟子跟各种各样的言论做过斗争。对于所处的时代以及自己的使命，孟子有着清醒的认识。"杨朱、墨翟之言盈天下。……杨氏为我，是无君也；墨氏兼爱，是无父也。无父无君，是禽兽也。……仁义充塞，则率兽食人，人将相食。"（《孟子·滕文公下》）

杨朱的极端利己主义从根本上动摇了社会、国家的基础，墨翟则通过爱无差等的理论和实践，伤及了人伦的根本。

杨朱"拔一毛而利天下不为"式的利己主义，首先在道理上便不能成立，因为从来没有脱离他人的绝对个体。自我的内涵中始终包含着他者。每一个自我都是面向他人而成为自我的。在这个意义上，极端的利己主义既是不应该的，也是不可能的。

墨家兼爱天下，自有一种理想主义的英雄气概。孟子斥其为禽兽，恐有过甚之嫌。尽管孟子对墨子的批判有过激之处，但爱无差等的思想同样是道理上说不通、实践上行不通的。父母作为每个人的根源，在人的生命中有着独一无二的位置。以对待父母的态度对待他人，等于取消了父母的根源性和独特性。以事父之道事人，岂不成了人人皆父？一个满大街都是他父亲的人，

非"无父"而何？杨、墨取径虽殊，但都不能诚实地面对自己的生命。

极端自私和极端无私，这两种极端形式，在人类历史长河中均不同程度出现过，都是错误的，不合常理和伦理且不可持续。那么，我们就自然知道如何做才是对的。反对无爱，反对兼爱，这才是正确的人生态度。

无爱和兼爱两种极端形式，在人类历史长河中产生消极作用的同时，也都发生过积极的作用。杨朱之后，人的生命之重要才被提及，以前，很少有人关注人的生命本身。墨翟之后，胸怀天下、平等博爱的那种洒脱，对摆脱人与人之间各种复杂关系的藩篱，具有一定的积极意义。

十七、养气，养浩然正气

一般而言，通过道德修养带来身心的整体提升，有两条路径：一是通过心灵的内在改变来改变外在，如后来程子所说的惟义理以养；二是通过身体的外在约束和调整引发内在的改变，如张载所说的"为学大益，在自求变化气质"。

孟子论修身，主张内外交养："夫志，气之帅也；气，体之充也。夫志至焉，气次焉。故曰：'持其志，无暴其气。'"（《孟子·公孙丑上》）

志，即心之所之。志是心灵坚定不变的方向。

"气，体之充也"，则强调的是身体的层面。"气"是人在世俗关系的现成状态的感性显现。日常语言中常常说的"气象""气度"等词汇当中的"气"字，就包含这个层面的意思。比如，一个自律的人，其整体的存有形态就自然有一些清雅的意味；而一个放纵的人，则常给人猥琐的印象。"气"不是感官所能直接把握的，而是通过物质性存在的变化体现出来的。

人的修养的提高，总是具体体现在对待周遭的人和物的态度上。这一态度的养成，是长时间累积的结果。

道德修养只有落实在"气"这个层面上，才算真正有所成就。而"气"的改变，是由心灵坚持的方向所引领，"气"总是由"志"来引领。因此，道德修养的根本方法就是：保持心灵的方向，不要伤害自己身体符合其志的积累。

在现实的语言中，一般说修身，没有说修心的；有"修身立德"这样的词汇，但没有"修心立德"这样的话。孟子只谈修身，而不讲修心，原因在于心上除了"持志"和"存心"外，使用其他功夫完全无用。修身功夫要落在实处，应在养气上着手，而不应在心上用力。通过知言明理，才能确立正确的心灵的方向。由这心灵坚定的方向引领，"气"或"身体"层面的渐进积累才能带来一个人真实的改变和提高。

总之，志，瞬间、突变、猛醒、立成，不是一个日日揉搓、时时琢磨的东西，它不直观，只有自己清楚，外人不容易感知。相反，气，日久、漫长、点滴、日常，这是人需要时时注意、刻刻用功的领域，一般只有自己清楚，有的人自己也未必清楚，但别人很容易感知到。

这样，先秦儒学论修身，多笃实之论，强调在具体之事和真情实意上用功。这与后世杂于佛、老的静处功夫有着根本的不同，那种不在人伦日常中认真地思考和实践，而是或强力规范此心，满足于抽象的自主性；或静观玄想，期待神妙莫测的顿悟，在本质上与拔苗助长并无不同。

十八、知道是非，超越是非，在永恒发展中掌握是非并影响是非的方向和倾向

人作为个别的存在，总有其局限于一域的知识和见识。由于大部分人只能自知其知，而不能知人之知，没有那么多的见识去了解芸芸众生，去经历无限风光。所以，一般人自然倾向于将自己的一域之知普遍化为统一的是非标准。这将造成很多人生误区和错误，甚至造成怨天尤人的局面。

只有极少数能人、达者，知道他人非常复杂多样且变幻莫测的情况，知道天下难以形成统一的是非标准。因而，只有这极少数的能人、达者，能够不立是非，亦不简单地消解是非。

"枢始得其环中。""道枢"之"枢"，应该是枢轴的意思。枢轴为转动的基础，其本身却并不随车轮转动。超出芸芸众生不统一与真理标准需要统一的对峙，最后，实现以大道为枢，来因应无穷的是非，可谓知道是非，超越是非，在永恒发展中掌握是非，影响是非的方向和倾向。

不要卷入是非，否则，你就失去了影响是非的最佳位置和条件。如轴枢一般，看车轮滚滚；如星斗一般，见日夜转换。

年轻人，要有是非观，但别过早卷入是非之中，兼收博采，不过早下结论，你的任务是成长，不是轻易地下结论。

十九、齐物：人尽其才，物尽其用；人人关联，物物关联，人物关联，自由平等

假如说全世界乃至整个宇宙有且只有电子屏幕，这些屏幕全相同，没差异，好像也不用再交流什么了，也不用互相间有什么关系了，所有的一切全是一样的。但恰恰因为它是屏幕，我是讲课老师，我用屏幕讲课，这个屏幕帮助我讲课，我让电子屏幕用来给学生讲课，我和电子屏幕这种不一样才需要关联，才需要发生关系，才需要结合起来，没有它我也讲不了课，没有我它也讲不了课，我们能联合起来完成讲课的事情，所以我们说叫作差异基础上的统一，有差异再统一。

在用的关联中，人与人、人与物以及物与物之间始终保持着差异基础上的统一。没有种种差异，用的各个环节便无从展开；没有统一，用就不会开始，用就不会进行，用就不会有结果。

其实，这种论述就是现代人所说的矛盾论和对立统一的辩证法。

对于人而言，用的实现总是指向与自己处在不同生存处境或生存环节的他人，师生之间、夫妻之间、亲人之间，无不如此。而人之所以需要借用他人他物，正因为要补其所缺。不同的东西之间，才能实现其功用互补。

当然，如果仅仅有差异，而不能将这些差异限定在某种相互依赖的关系当中，也无法实现任何的功用。象棋的棋子出现在围棋的棋盘上，就不会有任何的意义。

用将各种差异关联为一个整体，其各个部分都是整体得以维

持和运转的条件。在实践的情形下、在运动变化中、在不可或缺的意义上,每个具体的组成部分都是同等重要的。

在用当中,积极主动的齐物才有了可能。物是平等的,人更是平等的,齐物带来齐人,这种"齐",并不消灭差异性,相反,正因差异性,才需要"齐",进而形成人类繁荣热闹的景象,进而实现世界的无穷繁华与壮观。

人与物各不相同,人人相拥,物物相连,人物相依,从而诞生、形成且规定了人与人的秩序,诞生、形成且规定了宇宙万物的秩序,文明由此展开。

二十、突破语言和思维的障碍,直奔问题的核心:魏晋玄学的言意之辨

中国古代哲学对语言问题的思考非常深刻,"言意之辨"首先跟语言有关。《老子》第一章"道可道,非常道;名可名,非常名",就指出了语言在表达终极实在时的局限性。

"道可道,非常道;名可名,非常名"不是一个哲学上的结论,而是一个哲学表达必然要面对的问题。因为哲学靠语言来工作,表达思想离不开语言,而语言在把握终极实在的时候又有其局限性。表达思想也离不开思维,同样,思维在把握终极真理的时候也有其局限性。

语言哲学是 20 世纪西方哲学的主要潮流之一。有些语言哲学的流派甚至将哲学的基本问题都归结为语言的误用。它们认为哲学的本质就是语言分析,而我们所说的"本体""实体"之类的概念都是语言误用的结果。这类的主张,实际上是用语言分析取

代了哲学问题。

同样面对语言的局限和困境，中国传统哲学没有走向对哲学问题的否定。在对语言的不可靠性有深刻理解的情况下，如何用语言来表达和把握终极实在，不再空对空，抛开语言和形式，直奔问题核心，就成了魏晋玄学需要面对的首要问题。

"言不尽意"是魏晋时期言意之辨的基本主张。由此而来的新眼光、新方法，深刻地塑造了魏晋的时代风格。

汤用彤先生将其影响总结为四个方面：

其一，面向问题，不再面向经典。强调"言不尽意"，文本的表面含义并不等同于其真实的哲学意旨。因此，经典解释就要透过文本的表面，进入其思想的内在实质。以这一精神为底蕴的魏晋新经学，不像汉代经学那样固执于文字的表面，而是着眼于经典文本背后所关注的问题本身。

其二，说不了的，就不再说了。既然"言不尽意"，那么"忘象忘言"也就成了当然的追求。"忘象忘言"不仅是魏晋新学风的方法，而且是玄学宗旨的体现。"玄"其实就是不可知、不可言说。只有通过"忘象忘言"，才能摆脱象和言，去探索不可言说的终极实在。

其三，打破门户、学派之成见。魏晋时期以"得意忘言"的精神会通儒道，从而超越了学派的界限。王弼的著述中既有《老子注》，也有《论语释疑》和《周易注》，这三种经典的学派归属问题，似乎根本就不在王弼的关注之中。王弼、郭象等人更关注哲学本身，而不是自限于某一学派的宗旨。

其四，行为出格，开一代新风尚。"言意之辨"不仅与玄理有关，也对名士的立身行事有深刻的影响。魏晋士人脱略形骸，其所以能如此，是因为他们重的是"神"，而非"形"。这些名士要么像何晏、王弼，在政治思想层面上强调无为——超越束缚人的社会名分；要么就像嵇康、阮籍，生活态度上重放达——整体上超越社会礼法的约束。他们甚至连自己的形体、形象都不重视，"头面常一月十五日不洗"。他们认为，外在形象不足以反映内在的精神实质，这也是"言不尽意"在生活态度上的体现。

二十一、魏晋乱世的哲学突破：从宇宙论到本体论

不同时代的哲学，反映了不同时代的世界观。

汉代人谈哲学更多从宇宙论的角度，宇宙论着眼于物质基本组成成分，以及宇宙从无到有的发展过程，基本上都是在质料层面或者时间层面讲宇宙演化的问题。魏晋士人则不再关注宇宙现象的层面，而开始从存在论的角度认识世界，进一步探索万物背后的本体以及万物存在的根据。

魏晋时期的王弼，是如何解释《周易·系辞上》"大衍之数五十，其用四十有九"的呢？占筮要用五十根蓍草，有一根不用，怎么理解这不用的一根呢？

汉代的通行解释是，把这个不用之"一"当成北辰，即北极星。其他的四十九根蓍草相当于围绕着北极星旋转的其他恒星，不用的"一"与所用的"四十九"是同质的，差别只在于所居的位置不同。这是典型的汉代人的宇宙论思考，是完全物质质料层面的。它们没有体用、本末的区别，没有本质和现象的差异。

魏晋时期王弼的解释与汉人不同，他说："演天地之数，所赖者五十也。其用四十有九，则其一不用也。不用而用以之

通"……(《周易注》),"不用之一"的存在是另外的四十九能够发挥作用的条件。"非数而数以之成","不用之一"不是数,但所有的数都因为它而成为数。只有从五十中拿出来一个"一","四十九"才正好能说明世界;只有从五十中拿出一个"一",其余的四十九才能是数。这就不是任何意义上的宇宙生成论了,不是先有一个无的阶段然后再发展出一个有的世界来。这里的不用的"一"与所用的"四十九"是根本不同的存在,不用的"一"是世界宇宙的本体。不用的"一"是本,是本质;其余的四十九是末,是现象。

《老子》《庄子》认为,天地万物皆以无为本,"不用之一",其实就是作为万物的根源和根据的"无"。中国哲学从春秋战国时代的本体论,绕过一个汉代的宇宙论之后,以更高级、更自觉的方式,借助对《周易》的注解,重新回到本体论的哲学讨论范畴。

二十二、"无"的本体论含义

"无形无名者,万物之宗也"(《老子指略》)说的是,一切存在都来源于无。但这个来源,不是宇宙论意义上的开端的意思。一个事物的"有"恰恰是通过否定性建立的。某个东西是白的,同时就意味着不是其他的任何颜色;是方的,就不是其他的任何形状。一切属性都来源于否定性的限定——由一连串的"不是"构成了它的"是"。

既然任何具体的"有"都来源于无限的、否定性的限定,那么这个无限的否定性是"多"还是"一"?"无"就意味着无属性、无分别、无限定——"不温不凉，不宫不商"，不能用眼、耳、鼻、舌之类的感官去把握。正因为它是无形无象的，所以能统摄天地，经纶万物。由此可知，"无"一定不是"多"，而是"一"。一切事物之所以能够产生，其否定性根源是统一的，而不可能是杂多的。

"无"虽然看起来是名词，但我们要从否定的意义上看到它动词的属性。如同用凿子去雕一个石像，每凿一下都是对石头的否定，而每一次否定的同时都意味着石像作为"有"的呈现过程。作为根源的否定性的"无"，是比一切有形的事物更真实、更根本的。所有具体的"有"，都有生有灭。"无"作为所有事物产生的根源，没有任何相状，不能用任何感官去把握，无始终、无成毁。

一切"有"之所以能发挥作用，在于"无"。我们捏土烧陶来做器皿，陶罐的周边都是"有"，但陶罐之所以有用，不是因为实的部分，而是因为空虚的部分。同理，屋子之所以是屋子，也是因为中间是空的。从创生的角度，"有"必须借助否定性的"无"才能存在。从存在的角度，"有"脱离了"无"就不能发挥作用。

以无为本，这是事物的根子。如同植物一样，"无"是埋在地下的根子，根子长出一株植物的这样的一个"有"，这是"无"的本真含义。那么，这个问题其实讨论的是形而上学，即世界的本源是什么的问题。

学哲学，一方面能理解世界和社会；另一方面，也要应用到每个人自我的成长和发展上面。哲学不应该仅仅是玄学，是空中楼阁。这里，讨论"无"的本体论意义，对每个人，又有什么具体的作用呢？

学习了这个道理，我们在自己的工作生活中，应该做到面对困难挫折甚至误解诽谤的时候，不要被打倒，要让教训变经验，应该珍惜这样的机会，成就更好的自己。人的成长，自我的自觉是重要的，友人的帮助是重要的，艰难困苦的锤炼也是重要的，敌人的打击更是重要的，这些都在塑造我们、成就我们，甚至会引起我们的格外激情、重大改变和重大升华……回首往事，那些否定我们的力量，那些不在我们意料之中的经历，可能是我们每个人成长道路上的最好帮手和最佳陪伴。所以，同学们，朋友们，不要怕被否定，不要怕"无"的巨大无边的力量。

二十三、道与自然：道以"让一切自然而然的方式"发挥作用

《老子》中有一句非常著名的话："道法自然。"是不是在"道"之上有一个更根本的东西叫"自然"呢？王弼对此给出了这样的解释："法自然者，在方而法方，在圆而法圆。"（《老子王弼注》）

对于一个"方"的东西，道的作用就是让它真正地成为"方"，并作为"方"来发挥作用。对于一个"圆"的东西，道的作用就是让它真正成为"圆"，并作为"圆"来存在。所谓的"自然"，在王弼的注释中就是"自己而然"。肯定"自然"，其实也就是在强调人既没必要改变自己，也不可能改变自己。道对万物"生之"和"成之"的作用，就是不对万物有任何添加和减少，让万物都成为它自己。

由此可以引申出道家对教化的本质的理解——所谓的教化就

是让所有人都按照自己的本性来生存，这其实也就等于否定了教化的作用。"道法自然"的内涵对以教化为社会核心任务并且把社会风俗熏染社会看得很重的情况，有着根本的扭转。让每个人按照自己的本性而生活，就是一个理想的社会。

如此，我们可以引入一个极端话题，让强盗继续当强盗吗？谈论这个假定的话题，我们可以用反证。强盗也干不好别的事情，即使干，也会假装、做作、虚伪，就让他继续当强盗吧，虽然会给社会造成物质损失和混乱，但是，至少还有不传染虚伪、做作的好处，他的强盗行为，会激发人们的斗争精神和警惕意识，于是，就变坏为好了。

"道""无"的概念，按照现在哲学的说法，基本是指代世界的本体、本原，无是一，不是多，唯一的无，又能成就万物，无和道基本同义。那么，让万物成为自己，自然而然，就符合道和无的世界本体论含义了。

二十四、魏晋王弼

王弼（226—249），山阳高平（今河南焦作）人。三国时期曹魏经学家、哲学家，魏晋玄学的代表人物及创始人之一。

王允是东汉末年的重臣，存有许多东汉国家的文献典籍。大学者蔡邕（yōng）准备像司马迁一样写史书，积累了浩瀚的文献典籍，但因王允死于狱中。蔡邕的藏书，后来成为王家的藏书。王弼是王允的后代，所以，王弼的家里甚至比动荡的东汉末年国家的藏书还要丰富。他从小广泛阅读，这是其成为旷世异才的重要原因。

我们讲述社会科学概论，直奔问题，直奔主题，不愿蜻蜓点水、面面俱到。很多细节、常识，都没有交代，连伟大的孔子、老子、庄子都没能获得一个被介绍的机会，却在哲学这里，首先讲了王弼。

王弼在与各位大学生的年龄相仿的时候便去世了。他生前拥有极高的智慧，留下了巨大的精神财富！有志不在年高，有才不凭时间，自古英雄出少年！

二十五、无为政治：王弼的政治哲学

"无为政治"实际上就是"道法自然"的本体论思想在政治思想上的体现。

《老子》第五章讲"天地不仁，以万物为刍狗"。"刍狗"一般被解释为草做的狗，王弼则将"刍狗"解释为两种东西：即草和狗。天地生草，不是为了牛马，而牛马自然吃草；天地生狗，不是为了人，而人吃狗。天地对任何事物都没有格外的爱，也没有格外的恨，所以说"不仁"。天地不做任何干涉，而是让万物自然形成自相治理、自治和谐的关系，从而使每个事物都能"各适其用"。这就是无为政治的基本原理。天若有情天亦老，人间正道是沧桑。

二十六、两种观物方法：如何处理过去与未来

《老子》第一章有言："故常无欲，以观其妙；常有欲，以观其徼（窍）。"王弼解释，常无欲、常有欲是观的两种主体状态：

无欲以观物之生，有欲以观物之成。（参见《老子王弼注》）

第一，常无欲，勇敢为主。寻求方向，突破困境，必然放开一切，什么都不想了，才能下定决心排除万难争取胜利。才能开始干一件事情，才能从很多事情中选择好的，最终落实到行动上。

第二，常有欲，谨慎为主。事情做完了，或者正在进行，我们必须有目的地检视、反思、对照、衡量，看看这个事情做得怎么样，达成预期了吗，适合继续吗？这个时候，必须好好想，前后想，不能像决策之前那样，面对虚空和未来，下决心时是鲁莽的、大脑空白的状态。

二十七、崇本息末，适可而止，过犹不及

"闲邪在乎存诚，不在善察；息淫在乎去华，不在滋章；绝盗在乎去欲，不在严刑；止讼存乎不尚，不在善听。"（《老子王弼注》）

"崇本息末"的"末"指过度、邪恶的东西。在注释《老子》"道生一，一生二，二生三，三生万物"一节，王弼说："从无之有，数尽乎斯，过此以往，非道之流。"

从无形的道到有形的万物，"数尽乎斯"，即分化到"三"就应该停止了。也就是说，道分化为具体的万物是有一个分寸和尺度的。这一理念为老庄的无为而治提供了更丰富的思想内涵和解释空间。老庄的无为政治，更多的是一种乡愁，是在文明已经渐趋繁复的时代对朴素世界的想象和怀念，缺少实际的可操作性。魏晋玄学对老庄思想的重要发展之一，就是让老庄抽象的无为政

治有了具体的可操作性。"从无之有，数尽乎斯"，既强调了官僚系统的必要性，又指出了这种必要性的限度。一定范围内的官僚系统是必需的，但超过了限度就成了"非道之流"了。换言之，并非所有的"末"都是恶的，"道生一，一生二，二生三"，到这个层面，分化都是朴素的，过度和淫邪才是应该止息的。

进而，以庄子为代表的道家，主张全生方法。

心、形这两个方面不一样，心源天，形源地。形要委蛇，心要逍遥。

第一，形之委蛇。

委蛇是双头蛇，爬行时弯曲，能绕开障碍物，有随顺之态度。庖丁解牛的避硬就软方式，就是因其天理，依其固然，游刃有余，不与社会对抗。"形莫若就……就不欲入"（《庄子·人间世》），虽随顺社会，但不进入其中，是外化而内不化的，外圆内方，内心的棱角别人看不见。

这与其他隐士采取的避世态度不一样，庄子主张与世俗相接触，你远离尘世，反而成了世人注意的人了；你和别人不一样，隐士变名士了，愈受人注意愈容易受到伤害。与世俗相处，皆在装扮自己和众人一模一样，与众人同。

长得弯曲不直的树，看似无用，但因其不中绳墨，因其粗糙，所以才被留下。但也不总如此，招待客人要杀鸡，先杀不打鸣的公鸡。所以也不可绝对，要处于有用和无用之间，别的公鸡都打鸣，你也打，要避免因特殊而被杀。

第二，心之逍遥。

装作和别人一样，心理不平衡，也会对生造成伤害，对生有阴阳之患（自然而然）。"形委蛇"，避开了人道之患（社会），但不可解决阴阳之患，内心委屈不自由，这时需解决心的态度问题。

《齐物论》，着重事物的相对性，力求达到万物齐同的目的，这是庄子相对主义态度的总说明。

对物，对人与动物，对人与人的标准并不一致：人睡于湿处腰痛，而猴子喜欢；人以为西施美而愿近，而鹿见之欲奔。人与人也不一样，儒、墨对立，互争不让，若站在超越儒墨之立场，是是非，非是是。一切之事物，价值原则皆是相对的，上、下、高、低、贫、富、贵、贱已无差别。从不同方面看，万物不同；从相同方面看，一切都一样。以道观之，万物一也。

《齐物论》欲摆脱个人、个体带来的桎梏，站在道的角度，万物都一样了。这样，关于事物的各种学说、好坏、上下等会引起心里不舒服的因素应该不存在，这种齐物思想可以带来心之解放、心之逍遥，摆开了我们的成心（在认识事物前先形成的态度），道则破除了成心。破除了成心后是虚的状态，是逍遥自由的状态。心斋、坐忘，将心比作房子，扫除干净，别的东西就可以进来住。心斋指心之虚静，心无杂物，从道的高度视物摆脱了个体的局限。

一般来说耳目外视，但庄子主张耳目内通，否则外通影响心知、打破心纯，内视则去干扰，保心之虚静，对知识、对认识持否定态度，认为这些东西干扰人的心之认识。以有涯之生对无涯之知识，其危也。庄子主张放弃无限的知识，而专注于个体的有限生命，人心保持居敬、心斋、坐忘，才会有逍遥之生活。

逍遥之前提是无待，不与任何事物联系或依靠。人若保持虚静，排除个人的限制，无己、无功、无名，虚静可以无待，从而达至逍遥。

二十八、无为：杜绝以干好事之名行干坏事之实

《老子》说："绝圣弃智，民利百倍；绝仁弃义，民复孝慈；绝巧弃利，盗贼无有。"

王弼注曰："圣智，才之善也；仁义，人之善也；巧利，用之善也。"圣智、仁义、巧利都是有价值的东西，为什么要弃绝呢？因为任何社会只要有对圣智、仁义、巧利的过度提倡、过度追求，就一定会为了竞争性而去欺诈。

所以，《老子》说："大道废，有仁义。慧智出，有大伪。六亲不和，有孝慈。国家昏乱，有忠臣。"

真正的"仁义忠孝"不是通过提倡产生的，即使产生了，也是假的、虚的、空的。只有放弃正面的价值主张，才能真正地做到仁义忠孝。

所以，《老子》讲"不尚贤，使民不争；不贵难得之货，使民不为盗"。而最大的"名"无过于"圣智""仁义"，最大的"利"无过于"巧利"，所以要弃绝之。

但仅仅"绝"和"弃"是不够的，还是要展现出美好生活的面相来，所以要"属之于素朴寡欲"。"朴"和"素"都有未经雕琢的意思。对未经雕琢的自然的破坏，来源于对"名"和"利"的追求。

但是，朴素的标准是什么呢？难道只有回归到结绳而用的原初状态才行吗？在注释老子"知常曰明，不知常，妄作凶"时，王弼说："常之为物，不偏不彰，无皦昧之状、温凉之象，故曰

'知常曰明'也。"(《老子王弼注》)即正常就好,不要过分夸张就好。

二十九、无为:圣人人格

圣人就是理想的统治者,统治者应该具有"无为"的品格。

《老子》说:"古之善为士者,微妙玄通,深不可识。夫唯不可识,故强为之容。豫兮若冬涉川,犹兮若畏四邻,俨兮其若客,涣兮若冰之将释,敦兮其若朴,旷兮其若谷,混兮其若浊。"

对此,王弼《道德经注》曰:"冬之涉川,豫然若欲度,若不欲度,其情不可得见之貌也。四邻合攻中央之主,犹然不知所趣向者也。上德之人,其端兆不可睹,意趣不可见,亦犹此也。凡此诸若,皆言其容象不可得而形名也。"

好像冬天过河,由于不知道冰是否结实,所以犹犹豫豫,若欲渡、若不欲渡的样子。又像一个国家四方都有战争,不知道该往哪边抵御,茫然若失的样子。所有这些"若",都在强调趣向的无法揣度。这也就是所谓的"深不可识"。

统治者、圣人的欲求、鼓励、反对,都是无法测知的。正因为这样,人们才有可能回归自己的本性,朴素、本分地生活,不至于想入非非,更难以胡作非为。

与何晏等人认为圣人无情不同,王弼是主张圣人有情的:"圣人茂于人者神明也,同于人者五情也,神明茂,故能体冲和以通无;五情同,故不能无哀乐以应物,然则圣人之情,应物而无累于物者也。"

圣人之所以比众人卓越,在于其内心的灵明。至于喜怒哀乐之类的情感，圣人则是与普通人无差别的。由于神明卓越，所以能够通达作为万物之本的"无"。由于五情备具，所以得心应手于喜怒哀乐之情来应接事物。由于神明卓茂，圣人虽应物，但能不被外物牵累。这样的圣人人格，使得无为政治有了更现实的可能。

对于古代这样的圣人理论，姑且知道一下即可。历史上、现实中，都有一种圣人、伟人乃至寻常之人，他们倾向分明、立场坚定、意志顽强，他们的理想、目标，他们下一步乃至未来的一切行为，他们的敌人、对立者，都一清二楚，但他们依然忘我前行，他们非常伟大也非常成功。用春秋老子、魏晋王弼的圣人无为理论，就难以解释得通了。

三十、君子人格：无为超越，保私为公

在《释私论》里，嵇康为君子人格赋予了新的内涵。

针对以既有的道德规范所规定的是非、善恶以及外在的种种规矩准绳为评判标准的传统，嵇康提出了自己的评价尺度：

夫称君子者，心无措乎是非，而行不违乎道者也。何以言之？夫气静神虚者，心不存于矜尚；体亮心达者，情不系于所欲。矜尚不存乎心，故能越名教而任自然；情不系于所欲，故能审贵贱而通物情。物情顺通，故大道无违；越名任心，故是非无措也。

君子内不存矜尚之心，外不为所欲束缚。没有对外在尊荣的企慕，则能不以名教的是非为是非，任心直行；不为所欲束缚，则能依固有的品性而顺通万物之情。

在嵇康看来，善恶的根本分别在于公私之辨。所以，他说：

"夫公私者，成败之途，而吉凶之门乎。"

以"公私"为是非善恶的根本，是嵇康会通儒道的关键所在。

嵇康认为，为公还是为私，这是衡量是非对错、善恶美丑的唯一标准。

三十一、养生：生活方式要符合道

中国哲学和人的生活接近，养生也是哲学要讨论的问题。

善养生者，清虚静泰，少私寡欲。知名位之伤德，故忽而不营，非欲而强禁也；识厚味之害性，故弃而弗顾，非贪而后抑也。外物以累心不存，神气以醇泊独著，旷然无忧患，寂然无思虑。又守之以一，养之以和，和理日济，同乎大顺。然后蒸以灵芝，润以醴泉，晞以朝阳，绥以五弦，无为自得，体妙心玄，忘欢而后乐足，遗生而后身存。（嵇康：《养生论》）

养生的重点其实不在于寿命的短长，而在于能否得性命之全。名位与厚味，妨碍人的独立，让人永远难以自得其乐和自我圆满，是对一个人自主和自足的束缚，所以应将名利和享受超然身外。

"外物虽丰，哀亦备矣。有主于中，以内乐外；虽无钟鼓，乐已具矣。故得志者，非轩冕也；有至乐者，非充屈也。"（不一定跳着脚唱着歌才是高兴，不难受就是高兴啊！）

三十二、快乐与愉悦的不同：
以音乐为例的美学原则

区分出快乐与愉悦这两个词汇，有助于我们把握一种不同的人生观、价值观。

快乐属于对象化的情绪，它的产生来自于外在的具体对象的刺激，刺激性的快乐则必定是浓墨重彩、活色生香的，但刺激无法在内心中长久驻留，要维持同等程度的快乐，将需要更高强度的刺激。

愉悦则源自生活整体的完足无缺，而且当人身处其中时，有时候无所察觉，更多的时候会觉得自己时时刻刻都在愉悦的氛围之中。至高的愉悦，平实如一般的饭菜和一碗清水。

人不要偏执于快乐，应该追求并实现愉悦的生活。

愉悦大约等同于幸福。幸福是生活中健全的感受，完满。无快乐的人生是可怜的，无幸福的人生是无意义的。快乐是消费性的，幸福是积累性的；快乐很难保证快乐，而幸福则增添人生幸福和人生意义。欲望被满足是快乐的，但过分的满足或者重复满足则令人厌烦，幸福却多多益善。

比如，关于郑卫之音，"若夫郑声，是音声之至妙。妙音感人，犹美色惑志。耽聚荒酒，易以丧业"（嵇康：《声无哀乐论》）。最好的音乐不是穷极变化的"妙音"，而是平和中正的"太和"之声。而这也正是雅乐与郑卫之音的区别。

马克斯·韦伯曾经贬低其他文明未能产生出欧洲那样理性的复调音乐。恐怕他无论如何也不能理解和想象居然还会有这样一种文明：它从根源处拒绝那些穷神极妙的乐音。

三十三、无"无"的本体论：造物无主——一无不是本体，众有才是本体，主在物我

老子有句话，无中生有，他认为这个世界由无来诞生，这被认为是一种很好的解释世界的理论。但是，到魏晋时期人们开始反思，认为把世界的本体当成无是有问题的。魏晋时期在哲学本体论上主张造物无主。他们认为，这个世界没有一个上帝，没有一个造世界、造人类的主人。

王弼讲"以无为本"，"无"对"万有"的作用体现为"生之"和"成之"两个方面。王弼的哲学已经有深刻的本体论表达，但"无能生有"的观念值得商榷。

王弼哲学面临两大问题：第一，"无"和万物的差异性之间的关系，"无"没有内在差异，如何赋予万物的差异。"无"作为根源的否定性，是一而不是多，"无"没有肯定性的内涵，这样一来，事物之间的普遍差异就无法解释。第二，"无"不能赋予秩序。"无"本身不包含秩序，事物不可能以"无"为根据确立尺度。因而，对"无"而言，只能通过"用"的有效性来证明"体"的合理性。

郭象要解决的恰恰是王弼的问题，郭象进一步解释了"无"，指出"无"就是彻底的没有。"无"既然就是没有，因此不能生"有"，那么事物的属性就只能回到每个事物的内在。所以他才强调"自性""自尔""自然"，所有事物的本质都返归内在。

郭象认为：万物自生，不是由一而生。自然包括人为的自然，

都属自然。后天的交互作用，与自然和谐统一，也是自然的结果，是万物自性的东西。甚至和谐或者不和谐，有秩序或者失序，也是自然的。这样就解决了造物无主、众有才是本体、主在物我的根本问题。

三十四、遨游必然王国，圈画新的边界

首先说明，这里牵涉的边界、性分、本分、至分、定极、返归、内在等词汇，大约是同义词。

由于所有事物的可能性的边界，是从事物产生的这一刻就内在地蕴含在事物当中，并包含在其后来发展的整个历程里的，没有也不可能有真正属于不应该的、真的额外所添加的东西。虽然看起来，一个人的能力从无到有，是外面添加的，但是这个过程实际上是人自己的内在可能性的实现过程。在郭象看来，这一内在可能性的界限是从事物产生的那一刻就确定了的，是无法超越的，这就是"性分"。

郭象认为，"性分"和"理"联系在一起。

每个事物都有它固定不移的本分，都有它不可超越的可能性的边界。比如，我们每个人的出生和生长的起点都是给定的、不可选择的。不论我们如何超越自己，每一次的超越中也都包含着这一给定的起点。现代基因科学发现，人的死亡时间，在人刚一生成的时候，就已经确定好了。不仅起点是给定的，我们的成长也有确定不移的界限和本分。这个道理也可以在我们的生活经验中得到印证：一个人如果能比较早地认识到自己才分的边界、比较早地知道自己能做什么，就更有可能找到适当且恰当的自我实

现的道路。过早的迷信命运论不好，然而如果早知道自己一生的命运，好好遵循这个命运，更好地实现、体验和理解自己的命运，也是具有积极意义的事情。

这一确定的本分从何而来？只能是"自生"——不得不然又不知其所以然而然。"凡所有者、凡所无者、凡所为者、凡所遇者，皆非我也，理自尔耳。"（郭象：《庄子注》）

不论是有还是无，是主动的作为还是偶然的遭遇，都不是我所能掌控的，而是出于理的不由自主的自然而然。

那些超出"至分"之外的东西，都是虚无缥缈、无根无据的。郭象说："凡非真性，皆尘垢也。"（郭象：《庄子注》）

只要不是内在本性当中、至分定极之内的，都是尘垢。我们可以把"尘垢"理解为生活中那些抽象的可能性。这种抽象的可能性非但不可能实现，反而会干扰现实的可能性。即使实现了，变为了现实性，一个人也要为此承受代价和损失。一个人活得恍惚，不知道自己到底能干什么和该干什么，整天不干实事、想入非非，或者终日上蹿下跳、莽莽撞撞，就是蒙蔽于"尘垢"的表现。

"理"与"性分"，是一切事物不可逃避也不可添加的。天性所受，各有本分，不可逃，亦不可加。

万物自然的、不知其所以然而然的本性，是其"至分"和"定极"，不可改易，也无从加减。"分"（fèn）是一个非常儒家的概念。儒家讲仁、义、礼、智的时候，强调的就是每个人对其"本分"的醒觉和承担。郭象的这一思想是对儒家思想和道家思想的会通。他强调本分的不可改移，正是要人们充分认识到自己的本分。知道了自己的本分，不是无所作为，不是学道家的无为，而是要人们学儒家的好好作为，即按照自己的本分，勤勤恳恳，好好地做好自己的分内之事。

既然每个人的天性所受的本分不可逃也不可加，是不是这种天性所受的本分就能够自然而然地在人的行为中充分实现呢？

天性所受的本分如果能够自然而然地充分实现，世界上就应该没有不饱满的人生和错乱冲突的社会了，如果每个人的至分、定极都能自然而然地实现，那么这个世界定是和谐的、各安其分的，一定是每个人都充分地展现自己最好的、最充分的可能性了。

但实际上不是这样。那么，人的天性所受的本分怎么才能实现呢？实现这本分需不需要人的主动性呢？如果需要人的主动性，是不是就违背了道家顺任自然的精神呢？郭象不是这样理解的。人生要努力，要做好分内之事。

按照老庄的思想，人是既无发展的必要，也无发展的可能。郭象对"理"与"性分"的强调，是不是也否认了人的发展的可能呢？不是的，在郭象那里，自然和人为是可以统一的。一定范围内的人为也可以视为自然——按照我们的可能性自然展开的行为，依然是在理与性分之内的，比如技能的习得以及性格的砥砺。

作为内在可能性的定极、至分是很难把握的，因为它们的边界是不确定的。如哪些能力是我们拥有的，哪些东西是我们能够达到的，是需要人们通过努力和实践来发现、创造的。

三十五、自为与相为：身不由己为主，见机行事为辅

所有的事物都是不知其所以然而然，同时又是不得不然的，而所有的事物的本质都有其不可逾越的边界，所以，只能走返归内在的道路。

我为什么是我，我为什么在那一刻，在那个地点诞生？我生下来是个男的，必须按照男人的样子走一生，我能当个牛马吗？不能，因为我是人，人是我的界限，我只能按照世界让我成为的样子走一生。

任何事物，都是按照自己的样子存在，生存，生长。事物之间的联系又是如何可能的呢？为什么联系呢？事物之间真的有关联吗？如果事物之间有关联，那么，彼此关联着的事物就构成了双方内在本质的部分。那边界还有吗？如果有，在哪里？如果要关注自己内在本质的实现，就不得不考虑到他者的本质吗？相反，只有强调事物之间是没有关联的，才有可能回返自己的真性，而不再受到与他者的关联的影响。

郭象用"自为"和"相为"这对概念来讨论事物间关联的问题。从本体论上讲，一个事物的诞生，从一开始就不完全是自己的主宰，还包括了其他方面的主宰，没有孤独的诞生，没有完全独立、不依赖其他的诞生，都是由自己创造或相关的帮助一起创造，"自为"和"相为"两者总是结合在一起。这样，一切事物从一开始，就包含了与其他事物的关系和联系。以后，联系越来越多，越来越复杂，也就不足为奇、不足为怪了。于是整个世界、

整个人间，纠缠在一起、永恒在一起，也就不足为奇、不足为怪了。甚至他们自己都不知道为什么，连想都不想，就是这样，祖祖辈辈，永永远远。

比如，五脏虽不同，彼此之间又相互关联。但这种关联不是为了彼此，比如心脏跳动，输送血液到各个器官，心脏不是为了别的器官而跳动，而是本性就要跳动，只不过在客观结果上维持了其他器官的存续。心脏甚至从胎儿时期就开始跳动，每时每刻都在跳，不让它跳也不行，它一定要跳，这就叫"自为"。这个跳动同时也为我们身体做了事情，它给我们输送血液，让我们活着，那么，让身体的其他器官活着，让别人活着，这就成为心脏的"相为"。

自为和相为，就像唇和齿，唇的存在不是为了保护牙齿，但齿自然而然受到了唇的保护，唇的自我保存客观上起到了保护牙齿的作用。

不让心脏跳动，不让它帮助五脏六腑以及帮助人活着不行啊，心脏不可能不跳；人之将至末期，快死了，但真不想死啊，心脏啊，再多跳一会儿吧，太需要你了，可是，心脏还是按时停止跳动。它不是为了你的死活而跳动，尽管人的一生特别依赖心脏的不停跳动，可它该停就停的。虽然它很重要，但活着的人也不用太感激心脏，它就是要跳动，它甚至自己也不知道它对人有那么大的意义和作用吧。

上述这些道理和认识，对于理解家庭关系、恋人、婚姻等生命伦理，对于理解刀光剑影、地覆天翻的政治进程，对于理解波诡云谲、一叹三绝的历史事件，都具有非常强的现实意义。

知道自己的本分，好好做自己的自为，同时你的自为要影响别人、关联别人,产生大量的相为。今天的社会和世界,就是自为和相为的聚合体。

三十六、"冥物""无待""逍遥":消弭界限,浑然一体,打通一切,自然逍遥

魏晋时期的哲学家郭象告诉我们,自为是真,相为是假,即有待是假象,无待才是真实的。心脏跳动不是为了人活着,人活着也不知道是因为心脏在跳。唇不知护齿,齿也不知唇护。

因为"待"本身就是假象,一旦人认识到自己不得不无待,而且事实上人就是无待的,无拘无束,这才真正有达到自足逍遥的可能。

这种自足的逍遥是通过"冥物"来实现的。"冥"和老子的"玄"同义,都是指暗,强调的是不可知、不分明。不知道事物的界限和区别,不知道心脏与生命、唇与齿的关系,也根本不管这些,对待万事万物,皆应如此这般。物冥而循大变者,混淆、不管事物的分别,只是随波逐流,滚滚向前,为能无待而常通,不建立那种因果依赖关系,反而通晓万事万物的大道理,岂自通而已哉,并不是自己聪明,只是不管不顾;不是我后来懂了,而是本来就懂。

真正做到无待逍遥的人,不仅能够顺通自己的本性,也能顺通他人的本性。也就是说,有待逍遥是依赖于无待逍遥的。有了"与物冥而循大变"的无待逍遥的人,才能为所有的有待逍遥的实现提供条件。

好的治理,一定依赖于圣王,因为只有圣王才能做到"无待

而常通"。普通人通常做不到"与物冥而循大变",所以他的逍遥必定是有条件的逍遥,而有条件的逍遥必须在圣王的无条件的逍遥的照料之下才能得到实现。

那么,什么是"无待"呢?郭象说:"夫自任者对物,而顺物者与物无对。"(《庄子注》)

"自任者"是仅仅考虑自己分限的人,跟物是分隔的。因为有"我",所以有了界限,有了界限就有了"物",则人与物分离,物像在人的对面。"顺物者"是无待之人,因为物是不分隔,只有无待者才能顺通有待者,则人与物不分,物在人中,人在物中,是一体的。也就是说,"无待"的真正含义是"不分隔"。"无对"则没有是非、彼此、生死的界限。一个顺物之人,就是没有物和他相对立、相分隔的人,也就是真正能够做到"与物冥而循大变"的无待逍遥的人。于是,这样的人,进入了自由王国,进入了逍遥世界,顺通、逍遥、自由、快乐,甚至他不知道什么是快乐,我们换一个名词,他一直处于愉悦之中,永恒如此。

我们再以心脏为例,再说明一下"无待"。它是无条件的,就是在那跳,它的理由就是跳,没有什么原因结果的,它是自主的,这种状态很逍遥,跳一辈子的心脏很逍遥,它是无待的,没有任何的针对性,这是一种浑然一体状态,它好像什么都不知道,不知道原因,也不知道结果,它也不知道心脏对于人这么重要,对生命这么重要,它在跳,也不是让人夸它,不是让人赞扬它太正确、太伟大了才跳,它没让大家感激它。心脏如果不跳了,一个人就死了,这个人也不要怨恨心脏,心脏也没想让人死……

这种状态如果落实到一个人的精神状态中,我们说,可能这个人非常自由、非常勇敢、非常有力量、非常无顾虑。那么,这个人一旦有一个正确的人生观、世界观，他就会非常无阻碍地、非常轻松地、非常有力量地做很重要的事情，这个人会精力充沛，会乐观向上。

三十七、生死的根源性思考——来到郭象哲学之巅

"无待"虽然是最佳的、最值得的人生状态，但是，人生不得不掂量某些事情，还要免不得"有待"。在所有的对待之中，生死最难对待；在所有的面对之中，生死最难面对。我们把这个问题处理好，才能更好并在更高的层次上面实现"无待"。

魏晋时期，王权更替如流水，饥馑杀戮亦寻常。社会、政治、经济、文化极速变动，促使郭象生活的时代，格外关心生死问题。

每一代人都要面对死亡，但像魏晋人那样有着无法释怀的焦虑、无法排遣的焦灼，在中国历史上是绝无仅有的。魏晋人对一切易逝的东西都有一种切肤的敏感，这一点在魏晋时期的诗歌中可以清楚地看到。在这样的时代氛围里成长、思考，使得克服时代的焦虑、焦灼成为以郭象为代表的魏晋哲学家们思考的一个根本问题。

郭象说："夫死者独化而死耳，非夫生者生此死也。生者亦独化而生耳……死与生各自成体。"（《庄子注》）

我们一般理解的生死是：有生命的东西死去了。但在郭象看来，这种理解就又落入了罔两待影、影待形的错误。郭象认为，不仅生是自生的，死也是自生的，死不是从生转变而来的，生也没有变为死。在生的那一刻，死已经如影随形般来至，死与生都

是独化的,也即"死与生各自成体"。在我们活着的时候,死还不显著,老年乃至末年,那个早已存在我身体里的死,就逐渐地显著,渐渐取得优势,则活人亡故;等我们死了,死的因素,彻底长大长成,原来与死伴随的生,并未消失,仅仅是其优势消除乃至殆尽,逐渐离开生,但没有彻底离开。否则,这个死,无法定义,无法描述,无法掌握——死是伴随了哪个生的死呢?是谁的死?离开了生的描述,死也无从谈起。仅仅此时,生的因素逐渐散解于死者而已,生的因素,比如伟人的思想,传世万代;名人的著作,代代传颂。生的因素,毫无缩减,仅仅离开了生者自身而已,其生的因素,到其他地方,乃至回归某地而已。

死与生各自成体;死生共生,生死共死;生死永相聚、永相依,生生死死不停息……看似骇俗之论,其实是与郭象的本体论哲学相统一的。由于生与死都是独化的,所以,生自身饱满自足,死自身也饱满也自足。生时焦虑死,死后怀疑生,则毫无意义。只要把自己的本分和定分都充分地实现出来,就是生命的完足,死不足惜。只要把自己的焦虑、渴望和彷徨都隐忍地显现、显露出来,就是对死亡的尊重,生不足恋。

郭象的生死观,甚至蔓延到世界本体论中去。对《庄子·知北游》中的"无古无今,无始无终",郭象注曰:"非唯无不得化而为有也,有亦不得化而为无矣。"(《庄子注》)无不生有,有亦不变无。无和有,独立演化,仅仅因于一物耳;生和死,独立行走,仅仅缘于一人也。

针对现实的滚滚红尘、千变万化,针对死生、生死毫不停息的转换,在《庄子·大宗师》"夜半有力者负之而走,昧者不知"一句的注释中,郭象说:"夫无力之力,莫大于变化者也;故乃

揭天地以趋新，负山岳以舍故。故不暂停，忽已涉新，则天地万物无时而不移也。"(《庄子注》)

变化日新月异，人不用等到大限到来时才面对死亡，每一天当中都在经历无数的生死：此刻不知彼刻，上一刻的心境跟这一刻的心境迥然不同，中午的决定晚上便否决了。在这个意义上，"死与生各自成体"强调的是无论生还是死，其实都是日新的环节。如果我们把整个生命理解为一个日新的过程，那么我们会发现，每一刻开启的都是完全意义上的新生，每一刻经历的都是完全意义上的故亡。郭象"死与生各自成体"的思想，为一种积极、饱满的人生态度确立了根本，为一种向上、昂扬的现实主义精神奠定了基础。

三十八、北宋周敦颐

周敦颐（1017—1073），湖南道州营道县人氏，即今湖南永州市道县。

他在世的时候影响并不大，这也使得他的著作没有得到系统的收集和整理。到了南宋的时候，已颇多争议。现在通用的《周敦颐集》的主体部分是朱熹收集、整理、编辑、校勘而成的。

周敦颐长期做州县小吏，处置事情严肃精密，为人有古风。故黄庭坚称赞他"不卑小官"。

二程（程颢、程颐）的父亲程珦在周敦颐寒微之时就看到了他的不同寻常，让二程兄弟去向他问学。周敦颐对二程有启蒙之功，尤其是对程颢。周敦颐令二程去"寻孔颜乐处，所乐何事"（《宋史·道学传》）。这一个"乐"字体现出了儒家的根本精神，把儒家那温暖的、有春天意味的目光揭示出来了。

"风月无边"一句暗含了黄庭坚对周敦颐的评价："茂叔人品甚高，胸中洒落，如光风雾月。"（《伊洛渊源录》）"庭草交翠"则与周敦颐的一个小故事有关。周敦颐家院子里长满了杂草，有人问他为什么不除一除，周敦颐答曰："与自家意思一般。"那杂草也自有生机，如我的生机一般，为何要去除它呢？

中华文明自夏商周以来，春秋战国为第一时期，魏晋时期为第二时期，到宋朝进入第三时期，北宋周敦颐为中国哲学贡献卓越，产生了划时代意义。

三十九、太极诚体：世界本体论之北宋理解

周敦颐继续丰富和发展了王弼和郭象的本体论。太极、阴阳、五行，是关于世界本体论的。

文字表达拥有先后的时间顺序，然而表达出来的系列是同时发生的。

无极而太极——阳动、阴静——火、水、木、金、土五行（仁、义、礼、智、信五德）——乾道成男、坤道成女——万物生化。

这是伟大的、划时代的思想运动，这是周敦颐的形而上哲学。他在《太极图说》中云：

无极而太极。太极动而生阳，动极而静，静而生阴。静极复动。一动一静，互为其根；分阴分阳，两仪立焉。阳变阴合，而生水、火、木、金、土。五气顺布，四时行焉。五行，一阴阳也；阴阳，一太极也；太极，本无极也。……乾道成男，坤道成女，

二气交感，化生万物。万物生生，而变化无穷焉。惟人也，得其秀而最灵。形既生矣，神发知矣，五性感动，而善恶分，万事出矣。圣人定之以中正仁义，而主静，立人极焉。故圣人与天地合其德，日月合其明，四时合其序，鬼神合其吉凶。

这些认识，代表了当时的最新认识，代表了中国当时达到了宇宙观、世界观、人生观和价值观认识的新高度。孔孟、老庄时期，对世界、人生的认识，是单调的、朦胧的；魏晋王弼、郭象时期，对人生的认识，是勇猛的、通透的，但并不系统；然而到北宋时期，对宇宙的认识，是系统的、关联的，主要显示了系统整体的特征，无极太极、阴阳、五行、乾坤、男女，代表了中国思想的一个重大变革。

四十、人是万物中最灵秀的，也是最需要治理的

"乾道成男，坤道成女，二气交感，化生万物。"（周敦颐：《太极图说》）五行以下，万物化生，由此而有了人与万物。万物的生生变化，永远不会止息。

周敦颐特别强调人在万物中的独特地位："惟人也，得其秀而最灵。"（《太极图说》）他认为，人是所有万物当中最灵秀的。"灵"指的就是人的主动性。人是天地万物中最具主动性的。

汉代儒者董仲舒的天人合一和天人感应，更强调天子（皇帝）一人感知天地，诏令百姓，共趋大同。周敦颐则说人跟万物的最大区别在于人最完整地禀得了天地当中最精华的东西，人在某种意义上是天地精华的最直接体现者，人即天，天即人。到北宋时期的儒家，已经认为人人皆得天地精华，人人皆可感应天地，真

正体现了天人合一的思想。只有皇帝一人实现天人合一是不对的，其实，每个人都可得天地精华，每个人都体现了天。他要强调的恰恰是天道与人性的一贯。在周敦颐看来，天地的本性就是人的本性，人类社会的所有道德法则都源于天地的本性。儒家要在天地的本性当中辨认出价值的原则来，而不是用自然消解人类社会的道德价值。道德原则不再是源自某种主观的构造，将人类的道德价值跟天地的本性关联起来，这是北宋哲学的真实洞见。人的道德原则，不是主观发明的，不是自我强加的，人的道德观念，就是天地本性的必然表现和必须表达。自春秋战国时期，儒家经常从自然、从社会中衍生以及推演出人的本性。北宋时期，则找到了这种推演的原因。

人得其秀而最灵，人的主动性同时意味着选择的无限开放，如果不能从根本上确立起人类社会的价值基础，则有秩序的社会生活无法建立，所以人类社会反而是最需要治理的。

人类的治理原则，同理，也不是人自我发明、自我发现、自我强加、自我塑造的，天地本性中就包含这些原则，它们互相制约，天地就是如此运行的，要到天理中去找寻现实社会的治理原则。

四十一、圣人的样子

谁来治理这个社会？谁来发现人类社会应有的价值？答案是圣人。圣人的重要性就在于，圣人能够发现人类社会的价值原理以及人类社会的价值根据。

什么样的人是圣人呢？

"寂然不动者（动于本分之事），诚也。"（周敦颐：《通书·圣第四》）没有主动欲求，尤其没有分外的主动欲求。诚是没有任何主动的作为的，这里所说的主动作为也得从分限上来考虑。凡是分内的事都不能算主动作为（即有为），"诚无为"，这里的无为更倾向于把它理解为不逾越自己的分限的作为。不超越自己的本分而有所作为，就都在诚的范围内。超出本分的事情，不仅绝对没有行动，更绝对没有心动。一个人，生活在一个地方，就该承担责任，这是应该的，这不能算有为，在这个本分之外，才是有为。

"感而遂通者（不因私欲障碍），神也。"（周敦颐：《通书·圣第四》）遇到有物来感发就能有所通达。有事物触发我们，就会有所获得。

"寂然不动，感而遂通"指的不是无事时全无思虑，遇事则有所感发。一个人依本分而行，不做非分之想、不为非分之事，则无时不寂，亦无时不感，并无起伏跌宕。一个人的灵魂，与百姓相通，与苦难共情，不是事不关己高高挂起，而是看不得百姓受苦，受不了人民蒙难，此人即圣人。

圣人不能有本分之外的主动欲求，因为一旦有本分之外的主动欲求就有了私心，神志也就昏了。不诚，害神；诚，则神。

"动而未形、有无之间者，几也。"（周敦颐：《通书·圣第四》）"几"是"动而未形、有无之间"的状态。"几"这个字是对寂感关系、诚神关系的一种补充。真正能把诚跟神关联起来的，恰恰是这样一个"动而未形、有无之间"的"几"的状态。如果仅仅讲"寂然不动，感而遂通"，那么人就完全是被动的、理论化的，没有任何的主动性，什么都不作为，也可以做到"寂"和

"感"的。正是"几"这种"动而未形、有无之间"的主动状态才能把寂和感两者真正地关联起来,把人的知行合一统一起来,才能使"寂然不动,感而遂通"在现实生活中成为可能。"几"大约相当于今天的"过程管理",相当于"实践"这个词,有把握方向,积极塑造,勤于用功的意思,有把"诚"和"通"落到实处的意思。圣人心中存念多个伟大的目标,一生总也实现不完他的美好理想,圣人总是处于进行时,从来没有完成时。因为这个世界还不完美,圣人总在路上,总在过程中,总在勤于用功,这样,用"几"来形容圣人,再恰当不过了。

诚精故明,神应故妙,几微故幽。诚、神、几,曰圣人。

四十二、北宋周敦颐在中国思想史的地位

周敦颐的作品虽然零散,但宋明理学的基本架构在他的思想中已经完整出现。

志学这部分对应修养功夫。学要立志,立志的标准是"圣希天",圣人追求的是天的境界;"贤希圣",贤人追求的是圣人的境界;"士希贤",一般的士人追求的是贤人的境界。

周敦颐提出儒家士大夫的理想和目标"志伊尹之所志"(重道义),因为这个世界需要圣人来治理,即使没有圣人出来也得有贤人出来;"学颜子之所学"(尚智慧)。这是他为儒者确立的目标和理想,这个世界总需要有道义的担当者,总需要有智慧的担当者,总需要不断地有人出来担当。每隔数百年,如果一个文明不出现伟大的哲学家,这个文明离没落就不远了。哲学就是一种根源性谈道理的方式,一个伟大哲学家出现以后的数百年乃至

数千年，人们谈道理的方式都会受到他的深刻影响。你只能按照这些大哲学家的方式来谈道理，否则别人会认为你不讲道理。

早在夏商周，中华民族就应该有伟大思想爆发的时期，但具体如何，因考古遗留很少，缺乏证据，后人只能用孔孟老庄等春秋战国思想为中华民族作第一次的思想总结。魏晋时期，时代思想风貌略有不同，作为第二次的思想总结。发展到北宋周敦颐时代，其思想演变为无极太极、阴阳五行、仁义礼智信共演乾坤男女、天地万物的思想体系，一直到清朝末年，这是第三次的思想总结。近代，中华民族惨遭劫难，从文化和思想的层面，既不能说服凶蛮敌人，更不能战胜凶蛮敌人，以1919年五四运动中国转向马克思主义为标志，应该是第四次思想总结。

《周易》虽然难懂，但地位极高。孔孟老庄、魏晋玄学都与《周易》有关，周敦颐的思想自己阐发完之后，又用《周易》进行验证印证，还是没离开《周易》。《周易》是根子，《周易》之前的情况，难以细表。

四十三、用刑

"礼乐刑政，四达而不悖。"（《礼记·乐记》）儒家主张礼乐政刑，缺一不可。刑与基层司法经验有关，周敦颐特别强调刑的重要性。

> 天以春生万物，止之以秋。物之生也，既成矣，不止则过焉，故得秋以成。圣人之法天，以政养万民，肃之以刑。民之盛也，欲动情胜，利害相攻，不止则贼灭无伦焉，故得刑以治。（《通书·刑第三十六》）

在周敦颐看来,这个世界不可能只有春天没有秋天,刑就是秋天。如果没有秋天,万物就一定会过度生长,过度生长是不行的。一般的老百姓欲动情胜,他的情跟欲都自然而然地趋于过度,这样一来就会戕害人伦,如果不用刑来加以制止的话,最终会导致人伦颠覆的恶果。

阻恶行正,用刑必然。

四十四、北宋程颢对佛教的批判

佛教不仅有一整套成型的生活方式,背后还有成熟的哲学论证系统。自唐朝韩愈以来,儒学复兴运动的批判锋芒便指向了佛教,但不能用批评树立起自己的道理。北宋虽已"儒统并起",但禅宗依然盛行。

程颢在批评佛教的过程中树立了儒学的基本方向,即"自明吾理",这是对整个儒学复兴运动的明确号召。"自明吾理",就是要为儒家生活方式确立哲学基础,为合道理的生活方式确立哲学基础。

中国哲学思考始终与生活安排相关联,探索好的生活安排,而这种好的生活安排背后要有形而上学的、哲学的依据。而这依据则根源于对天地自然之理和人的本质的洞察。反对由佛代替我自己的思考,反对用佛的思想取代我的思想。"自立吾理""自明吾理"的提出,是程颢的伟大贡献。

佛学只是以生死恐动人,可怪二千年来,无一人觉此,是被他恐动也。圣贤以生死为本分事,无可惧,故不论死生。佛之学为怕死生,故只管说不休。(《河南程氏遗书》)

关于生死，程颢讲"死之事即生是也"。一切关于死后的说法，都无法验证。无法验证的道理不是道理，只是一种没道理的相信，是宗教的范畴。儒家不在此世之外寻求虚幻的慰藉，而是以最诚实的态度勇敢地面对生命和终将到来的死亡。

佛教追求解脱，要断根尘。解脱是佛家最核心的目标。因此，程颢说佛法"本是利心上得来，故学者亦以利心信之"。佛家思想根子上是一颗自利的心。因为厌苦嗜乐，又发现苦与乐相依，因此要去追求"极乐"。要将苦乐的共同根基——"牵挂"去除，所以以实有的世界为幻相。

程颢说："天地之间，有生便有死，有乐便有哀。""释氏……言免死生，齐烦恼，卒归乎自私。"（《河南程氏遗书》）

程子认为烦恼与痛苦是人生无可逃避的内容，而人作为有限者也终有一死，这是人生最真实的本相。不可逃也不必怕。富贵福泽与贫贱忧戚都有可能成为生命的助益，不能因为恐惧、厌恶就斥为幻妄。佛教要去根尘，出发点是要利于自己的躯壳，所以程颢说这根本上是一个自私自利的想法。

佛教不是没有看到道理，而是看到的不是道理的整体。其所见局限于一隅。这样一个自私独善的想法，如果只是自己修行、自私独善，总比利欲熏心之徒强得多。但佛教偏要将不能普及的道理普遍化，鼓励信众多多益善。但如果都按佛教的生活方式生活，都去出了家，那谁来承担社会义务呢？都不承担人类繁衍的义务，人类岂不一代就灭亡了？佛教徒不事生产，靠谁来养活呢？佛教的问题，恰恰是其生活方式不能普遍化。

佛教强调自己与儒家"心同迹异"，即道理讲得是一致的，只是外在表现不同。程颢认为这种说法"弥近理而大乱真"。（《外书》卷十二）儒佛之间，迹不同、心亦不同。

程颢认为不要想研究透佛教之后再去反驳它，因为等你研究透了，你已经为其所化了。对于佛教，要像对待淫声美色一样地远离它。

四十五、建构儒家话语

在道学话语的建构上，程颢的贡献体现在如下几个方面：

其一，程颢确立了衡量哲学体系是非对错的基本标准是"一本"。"一本"强调的是一元和普遍。天地万物的基本原理一定是统一的和普遍的，即唯一性和普适性的问题。

统一的世界，必然有统一的基本原理。这样的基本原理必定是普遍的。以这一基本原理为根据的各种具体的道理表面上虽有区别，但都是统一的基本原理的具体体现。"一本"这个概念出自《孟子》。孟子对墨家最根本的批评，就是指出墨家的"二本"（《孟子·滕文公上》）。道德是适用于所有人，适用于天地万物的。"一本"原则的确立，就为道学设定了更为明确的体系建构的标准：哲学体系一定得是"一元"的，"二元论"只能被看作未完成的哲学。周敦颐、邵雍的哲学，都是一本或一元的。

其二，道学基本概念的提出。

程颢在《二程集·河南程氏外书》说："吾学虽有所受，天理二字却是自家体贴出来。"

二程的思想虽有传承，"天理"概念却是他们自己提出的。"天理"这个词不是二程兄弟的发明，其直接的来源是《礼记·乐记》篇，"天理""人欲"对举，与两宋道学的用法是一致的。如何理解"天理"二字？从程颢的论述中我们可以看到，"天"首先强调的是普遍性。"天理"一定是普遍的，遍存于万事万物当中。其次是客观性。"天理"不是人主观造作出来的，而是宇宙万化的实体。"天理"概念提出以后，就渐渐成为道学的核心概念。

其三，对儒家的根本价值——"仁"的深入阐发。生生不已的永恒创造，是所有事物诞生和保存自身生机的根源，天地以永恒变化的方式展现其"仁"，"仁"成为天地万物的根基。天地感知到"仁"，以"仁"的方式，汇入天地永恒的生生不息之中，"仁"成为儒家的根本价值，"仁"即天道的基础。

公私问题，是检验是否仁的判断标准，但不是位于仁之上位的概念，相反仁才是公私之上的一个概念。纯粹为公，纯粹为私，都行不通，那么，这个为公或者为私，就不是真理，就不是理。纯粹为私，于公不仁；纯粹为公，于私不仁。相反，通过上述论证，仁却是一个理了。

其四，确立持敬在修养功夫中的核心作用。程颢强调"敬"对于修身的重要性。"敬"与"怕"不同，是不面对任何具体对象的精神凝聚。精神收敛在内，心灵在高度的醒觉当中，因此能清晰地感受自己的存在状况；与此同时，醒觉的心灵也能够更加清晰地感受他人和外物。程颢在《二程集》中说："诚者天之道，敬者人事之本。"又说："敬胜百邪。"敏与敬的意思相连，"敏"这个字在被遗忘千年以后重新受到重视，共同用于表达宋明道学的修养功夫。

四十六、"横渠四句"怎么来的：
南宋张载的哲学人生

张载出生于公元1020年，去世于1077年。世居大梁（今河南开封），因其父卒于涪州任上，张载兄弟二人在扶柩归乡的途中因盘缠用尽，就停留在陕西凤翔府眉县横渠镇。因其长期在横渠镇讲学，所以世称横渠先生。

张载生平有几个重要的转折：一是21岁时上书谒见范仲淹。二是36岁时开始与二程兄弟往来。三是晚年在横渠镇讲学的七年。

张载哲学思考的工夫很特别，主要靠写作。在他看来"写"是一种功夫，因为心跟文字是分不开的：一个人道理说不通、文字有问题，一定是因为心有问题。他写作的方式是"立数千题"，也就是先定几千个思考的题目，在题目下面写下心得，然后不断地修改。他的观点是："改得一字，即是进得一字。"（《张子全书·义理篇》）所以，"或中夜起坐，取烛以书"（《宋史·张载传》）。

张载评价自己鲁钝，不是高明的人，"明者举目皆见""昏者观一物必贮目于一"（《理窟·自道》）。昏者就是眼睛近视。眼睛好的人，一抬头四周就看得清清楚楚，近视的人看东西时，得盯着一个东西才能看明白。他讲自己的个人资质不行，多年所得，也就好像"穿窬（yú 门边小洞）之盗"。

直到晚年，张载才对自己的哲学有了完全的自信，他曾说：近年来，常常一两年间一个字都改不动，看来这道理是真正立得住了。通过严密的写作实践，张载的哲学成就、体系达到了北宋的巅峰、时代的巅峰。

"为天地立心，为生民立命，为往圣继绝学，为万世开太平"的名言，被称作"横渠四句"（《横渠语录》），因其言简意赅，历代传颂不衰。

其实，张载还说过一句也很值得传颂的话："乾称父，坤称母；予兹藐焉，乃混然中处。故天地之塞，吾其体；天地之帅，吾其性。民，吾同胞；物，吾与也。"（《张子全书·西铭》）

《易经》的乾卦，表示天道创造的奥秘，称作万物之父；坤卦表示万物生成的物质性与结构性原则，称作万物之母。我如此渺小，却混有天地之道于一身，而处于天地之间。这样看来，充塞于天地之间的（坤地之气），就是我的形色之体；而引领统帅天地万物以成其变化的，就是我的天然本性。人民百姓是我同胞的兄弟姊妹，而万物皆与我为同类。

张载留下了惊天地泣鬼神的豪言壮语，张载熟悉且面见过范仲淹，范仲淹也留下了"先天下之忧而忧，后天下之乐而乐"的千古名句。他们生活于什么样的时代呢？那是一个人才辈出的时代。但并非伟大的时代，才能产生伟大的语言。恰恰相反，语言和理论与时代现实可以相脱离：语言和理论可以昭示新时代新现实；语言和理论也可以哀婉于一个危殆的时代和一个危殆的现实！

四十七、纠正前人："无"在概念上不能成立

"无"是老庄哲学的重要概念，张载反思历史，匡正从前的

认识。

因为，天地间并没有"无"的存在。张载在《正蒙·大易篇》中说："大《易》不言有无，言有无，诸子之陋也。"《易传》当中是没有"有""无"的概念的，《易传》只讲"幽明"，即可见和不可见。"幽"只是不可见的有。在张载看来，"不言有无"正是《易》的高明所在。

从"无无"这一表述及其理论指向看，张载应该是受到了郭象的影响。

四十八、古代的辩证法：张载论对立统一关系

"参两"即"叁两"。这一重要论述在张载哲学里，着眼的是相互作用如何有必然性的问题。张载哲学强调"三"的结构，具体说来，就是两和一的关系，他在《正蒙·太和》中说：

> 两体者，虚实也，动静也，聚散也，清浊也，其究一而已。有两则有一，是太极也。若一则有两，有两亦一在，无两亦一在，然无两则安用一？

"两体"从根本上讲就是二分，在张载那里又具体化为虚实、动静、聚散、清浊等。这些都是分化的两体，表面上两体对立，而两体中始终贯通的就是"一"，两体是统一的，正是因为这种贯通作用，所以虚实、动静、聚散、清浊等两体才能相互作用、相互转化。张载认为，"有两则有一"。反过来，如果先有"一"再有"两"，其结果是：有两体对立的情况下"一"可以存在，没有两体对立的情况下"一"也可以存在。但若没有了两体，保留这个"一"又有什么意义呢？所以张载说："两不立则一不可见，

一不可见则两之用息。"(《正蒙·太和》)

没有两体的确立,"一"也就因灭息没有内涵而无从把握;一旦"一"灭息而无从把握,两体的相互作用也就停止了。由此,可以看出有两种世界图景是张载不能接受的:其一,没有对立的两体。存在的、无分化的、一团死寂的"一",这是僵死的、不运动的、没有分别的世界。如果这样的世界可以存在,那么,世界就应该始终处在无分化的状态,而不应有任何生生变化的产生;其二,如果仅仅有两而无"一",就会形成一个分裂的世界,阴阳、动静、虚实、昼夜就没有了相互作用、转化的可能,从而割断成不相关涉的世界。因此无论只有"两"没有"一"还是只有"一"没有"两",由此形成的世界图景都不能真实地反映这个世界的实际的状况,所以是不能接受的。

"一"与"两"的统一,就是天道之三。

四十九、张载论修养

我们感受天地万物,天人相通是普遍的。但是在具体的情况里,存在差等和不同。气禀清的人能够体会到天地万物一体之仁(人生万物、亘古未来真美好啊);比较清的人感通得比较远;比较浑浊一点的人只能够感受到近处的人;再浑浊一点的就只能感受到自己(只有我自己好,其他一切都不好;只管自家门前雪,哪管他人瓦上霜),最混浊的人连自己都无所知觉(浑噩之人)。因此,修养就是使自己的气禀由浊返清。

变化气质的过程同时也是"虚心"的过程:变化气质为表,虚心为里。"虚心"就是要克制自己的主观成见。张载指出:一般情况下，刚愎自用、自强自是的人难有进步，因为这样的人总觉得自己了不起，缺少自我反省的能力。这样的人最需要变化气质。

具体怎么变化呢？先改变身体姿态。对于自是自强的人，第一步就是要"下其视"，也就是把他的目光从高处移下来，这种身体形态的调整可以改变人的内心。变化气质虽然是修身的入门功夫，但做起来并不容易。儒家强调内外交养，一方面通过身体的变化来改变自己的内心，另一方面通过内心的变化来改变身体。变化气质以后，人心里面潜藏着的各种成见就会有所松动，开始用一种平和的、公正的态度来看待自己、看待他人。通过变化气质，就有了进一步向道理开放的可能。虚心才能朴素平和，才能让真实的道理进来。

"虚心"打开了一扇门，接着就要去面对道理了。"大其心"的内涵就是"穷理"。张载在《张子语录》中说："万物皆有理，若不知穷理，如梦过一生。"

通过变化气质和虚心，我们就为穷理创造了基本的条件。"大其心"就是要研究天下万物的道理。在理解世间万物道理的基础上，我们才能建立起对事物的真实感受。抽象的同情心和具体的同情心的区别就在于，能不能通过对事物的具体的认知，把这同情心落到实处。

张载将知识分为两类：一类是"见闻之知"，一类是"德性之知"。张载说："见闻之知，乃物交而知，非德性所知；德性所知，不萌于见闻。"（《正蒙·大心》）

"见闻之知"就是感知物与物的相互作用。我们的感官知识，我们对一个事物的颜色、形状、温度、大小的认知，都属于"见闻之知"。另外一种知是"德性之知",德性之知不是从人的所见所闻当中萌发出来的。当然,并不是说"见闻之知"不重要,但要以"德性所知"来统领"见闻之知"。德性所知强调的是道德行为的出发点。道德一定是来源于自己内心的价值取向,而非源自外在对象。如果国家值得我们爱我们才爱,那所有乱臣贼子就都有了借口!父亲值得我们孝,我们才对他孝,那人们就有一万个理由不孝顺父亲。"德性所知,不萌于见闻",德性源自作为我们本性的固有倾向,这种固有的倾向是我们应该去觉知的最根本的东西。我们首先要觉知到自己对他人的关联关系,觉知到我们内心中的天地之性,进而意识到自己的气质之性对天地之性的遮蔽。在此基础上,通过穷理一点点充扩出去,扩充到极致,从而将自己对天地万物的体贴落到实处,进而获得真知和真理。

由此推及,如何面对世界上的假、丑、恶呢?这个假丑恶,并不是错怪和误认的,而是客观、真实地背离仁义礼智信的假丑恶。我们应该和这些假丑恶相处,不否认对之在一定程度上的斗争、规范,但这种斗争和规范,是为了帮助和关怀,而不是消灭和绞杀。我们应该争取让假丑恶转变为真善美,实在做不到也不抛弃隔离,依然包容,依然关爱。

五十、北宋程颐的非凡人生

程颐生于宋仁宗明道二年(1033),卒于宋徽宗大观元年(1107)。

程颐终生不喜为官,认为做官夺人志。

他初试科举不第,遂不再考,恩荫的机会也都让与族人。

他一生关注儒家的经典解释和哲学建构，元祐元年（1086，53岁）才在司马光、吕公著等人的举荐下，任崇政殿说书，负责哲宗皇帝的教育。

程颐为人端庄、谨严、直是，而其兄程颢在生活中却多有妙趣。

当然，程颐的严格首先是指向自己。他一生谨于礼。有人问他：你如此律己，是不是很累？程颐答曰："吾日履安地，何劳何苦？"

程颐幼时体弱，但随着年纪的增加，反而日益强健。《礼记》曰"君子庄敬日强"，岂虚言哉？岂虚言哉？

程颐年轻时落榜，年长时经人举荐，成为帝王之师。老当益壮，岂虚言哉？岂虚言哉？

五十一、以公言仁：仁是表象，仁背后的原因是公

以公言仁，以私言不仁。

程颐在《二程遗书》中说："公则一，私则万殊。人心不同如面，只是私心。"人心就像人的容貌一样，千差万别。这些差别其实都属于"私"。"公"则超越种种私我，达到了人格上的普遍性——"一"。

关于"公"与"仁"的关系，程颐说："仁之道，要之只消道一公字。公只是仁之理，不可将公便唤做仁。公而以人体之，故为仁。只为公，则物我兼照，故仁，所以能恕，所以能爱，恕则仁之施，爱则仁之用也。"（《河南程氏遗书》）

只一个"公"字，仁之道就已经包含在其中了。当然，我们

不能直接说"公"就是"仁",程颐说"公"是"仁"的所以然,是"仁之理"。"公"之理落实在人身上就体现为"仁"。人能做到这个"公"字,就能够"物我兼照":既能够看到对象的特性,也能够深刻地理解自己。在"物我兼照"的基础上,既能够深切地体认到自己,也能够深切地理解他人。由此出发,才能够"恕",也才能够"爱"。"恕"和"爱"都是以"公"为根基的。

五十二、易简自然:过有意义的生活,过幸福愉悦的生活

富弼曾经对程颐说:"先生最天下闲人。"程颐回答:"某做不得闲人。相公将谁作天下最忙人?"富弼说:"先生试为我言之。"程颐回答:"禅伯是也。"富弼说:"禅伯行住坐卧无不在道,何谓最忙?"程颐曰:"相公所言乃忙也。今市井贾贩人,至夜亦息。若禅伯之心,何时休息?"(《河南程氏遗书》)

富弼对程颐说:"你每天这么从容不迫,真是天下最闲的人。"程颐回答说:"我做不到天下最闲的人。"接着他问富弼:"您觉得天下最忙的人是谁?"富弼请程颐明言。程颐说:"是禅伯。"富弼很惊讶:"禅伯念念不忘的都是道,怎么能说最忙呢?"程颐回答:"您说的那'无不在道'正是最忙的表现。那些奔忙于生计的市井之人,到了夜里也就睡了,所以哪怕再忙也有休息的时候,禅伯的心何时休息呢?而且他那个'忙'只是在'强生事'。平白生出许多事端,却又不是从人的本质出发的。人情所不可免的东西,天天要压抑着,不可免的牵挂要克服,正当的欲望也要去克服,每天跟人的本质做斗争,得忙成什么样子?他可以不想的死

后之事，但每天硬要去想，所以，禅伯最忙。"

程颐的意思是：我顺理而行，不就是天下最闲的人吗？这个"天下最闲人"的"闲"字，讲的就是"易简"。

五十三、现代穿越——谨严后遗症：程颐的身后事

程朱理学"五四"以来遭受严苛的批判，使得时至今日仍有很多人对程颐抱有成见。

比如关于寡妇再嫁的问题。有学生问程颐能不能娶再嫁之妇，程颐说不可娶。那学生接着问："她没有生计，饿死了怎么办？"程颐回答说："饿死事极小，失节事极大。"（《近思录》）

后来戴震批评说：这是"以理杀人"。

单就这个问题，我们可以说程颐有苛刻之处。但如果撇开具体问题一般地看，那么"饿死事小，失节事大"其实是人类社会普遍强调的伦理原则。"为人进出的门紧锁着，为狗爬出的洞敞开着"，难道不是古代伦理原则的现代体现吗？不吃饭，人就要饿死，但总有比饿死更重要的东西值得守候和守护。

即使是寡妇再嫁的问题，程颐也不是一味地持苛刻态度。当时常会有人因为一个极小的理由出妻，比如当着婆婆的面骂狗。有人问程颐这样做是不是太小题大做，程颐说：应该不是因为这么小的事就出妻，一定是因为妻子有更大的错误，但不能以这种大的错误为理由出妻。出妻得考虑她将来的生路，得让她有再嫁的可能。所以表面上的小题大做，背后其实是有非常忠厚的考量。

后世对程颐宽厚的话一概不取，不考虑那是老师对学生讲课

时的具体语境，仅从割断的上下文中截出一句，然后不遗余力地批判，这样做显然不对。

五十四、南宋朱熹

朱熹生于宋高宗建炎四年（1130），卒于宋宁宗庆元六年（1200）。祖籍徽州婺源，生于福建尤溪，因为他长期在崇安、建阳（今福建）讲学，所以思想史上称朱子的学派为闽学。

朱熹在中国思想史上的地位是非常高的，可以认为是孔孟之后一人而已。

朱熹学问的格局极大。不仅思想深刻，学问也极广博，且诗文俱佳，其《观书有感》曰："半亩方塘一鉴开，天光云影共徘徊。问渠那得清如许？为有源头活水来。"语言无雕琢，词汇自然清新。

与程颐终身只是谨严不同，朱熹自有其活泼生动处。朱子喜饮酒，常酒后纵歌。

朱熹的哲学主要是以程颐的思想结构来统合北宋其他哲学家的理论探索，他把北宋五子（周敦颐、邵雍、张载、程颢、程颐）的贡献都凝结在自己集大成的哲学体系中。在哲学探索的同时，朱熹对儒家经典也做了系统的整理和阐释，以"四书"（《论语》《孟子》《大学》《中庸》）为核心重塑了儒家经典的格局，直到清末，科举考试均以"四书"为主，给宋以后中国文化的展开奠定了新的基础。

五十五、庞大的哲学讨论空间：
形而上之理与行而下之气

程颐强调形而上与形而下的区别以后，一个巨大的哲学思辨的空间就展开了。形上、形下指的就是"理""气"的问题。

程朱理学有两个要点：第一，最真实的、始终存在的是"理"不是"气"，所以"理"为本；第二，凡是"气"，皆有消尽之时，但"气"消尽并不意味着"理"也消失了。气有生灭，理无成毁。

形上、形下的明确区分，使得很多潜在的问题浮现出来。理作为包含"必然性"的、具体化的"所当然"，是形而上者。形上之理与形下之气，何者在先？作为形而上者的"理"是如何有动静的？

朱熹说"太极动而生阳"，是"天命之流行""天命之当然"。但太极或天理既然是形而上者，又如何能动呢？一谈动静不就落入时空范畴当中了？

既然万事万物都根源于天理，而天理是纯善的，那么它怎么会创造出一个参差不齐的世界？换句话说，在万物生成以后，"理"作为本质便存在于万物之中，那么，是否所有的万物属性都来自"太极"呢？如果是的话，那万物之间的差异从何而来？如果不是，则万物的统一性何在？

形而上之理与形而下之气，是一个比物质和意识的关系问题还要重大而深远的问题，借着对这个问题的探讨，中国哲学展开了庞大的讨论空间。

五十六、为什么理气不一

第一,既然"理必有气",气只是理之气,那么理为什么管束不得它?所以要进一步讨论理强还是气强的问题,究竟是理强气弱,还是气强理弱。用现代语言来讲,这是一个谁更拥有领导力的问题。气生之时,理强;气成之时,理弱。

关于气强还是理强的问题,朱熹实际上是说,一旦变成了个体以后,气强过理。现实也如此,老子生儿子,儿子大了不由爹,我命由我不由天。

第二,为什么由"当然"之理生出来的气会有驳杂之气?所谓驳杂之气就是不善之气。理是善的,气作为理之用就应该是善的,为什么会有不善的气呢?

天地之理,生生不已,不断创生。世间万物如果只创生一次就结束了,那么这个世界就简单了,就是纯善无恶的。从太极到两仪、两仪到四象、四象到八卦、八卦到六十四卦,当然还可以再分下去,但无论怎么分都是纯善无恶的。即在本体论的一次性铸造中,纯善无恶。

世界生生不已,片刻不息,不是今天生完了,明天就不生了。现实是万事万物每时每刻都在生长出新的东西来,每时每刻都在生长出新的阴阳之气,那么这个新的阴阳之气和旧的阴阳之气之间,就自然而然形成了某种冲突。生生之理必然要落实为有限的东西。有限的存有都要经历生、长、收、藏的阶段。前一个阶段的不完整、有局限的事物还没结束,新的依然不完整依然有局限的事物又生出来了,于是就形成了冲突,这种冲突包括同一事物内部的冲突以及不同事物间的冲突。

不同的事物处在不同的阶段，有的处在生的阶段，有的则到了藏的阶段，该结束的不结束，就对后来的生长形成阻碍。恶不过是各种形态的过和不及。在生的阶段，生得过了，是恶；生得不及，也是恶。人处在顺境，自然容易出现生得过度的问题，在这个生的阶段里过度地心花怒放，但如果已经该凋谢了却还要顽固地怒放，那就不好了。

在人发展的不同年龄阶段，这些表现各有特点。身前之我、幼年之我、少年之我、青年之我、中年之我、老年之我、身后之我，每一次过度，都要面临巨大的痛苦和冲突。这种冲突还属于一个人自己内部的。然而，人的内心和思想，并不与年龄完全一致：老年之人，怀揣青年梦想者大有人在；年少之人，已经老气横秋者也遍布人间。不同人之间的冲突表现，在现实世界中、在文学作品里，也都比比皆是。

总之，生的不平衡，造成了矛盾冲突，导致不善之恶。

第三，涉及人心的问题。动物身上禀得某一方面的理比较突出，这理就直接表现出来。但人比较复杂，人能够主动地知觉这个理，当然也能够主动地拒绝去知觉这个理。于是，就有了主观选择的问题，而不再是理的直接体现。人的主观选择，成为决定性的因素，使得现实中不再纯善无恶。

五十七、理一分殊——理的体现

万物形成以后，理（太极）是否还寓于万物之中？如果太极还寓于万物之中，那么这个太极与作为生生不息根源的太极之间又是什么关系？如果太极不在万物之中，那岂不是说，万物的本性与太极无关，或者不是根源于太极的？如果太极在万物之中并且作为万物的本性，则万物都完整地禀得了理，那么万物之间何以会有差异？所有这些问题，在朱熹那里都可以统摄在"理一分殊"的命题当中。

之所以产生上述思想困境，是因为我们把太极当成了一个物件。在语言当中，我们不自觉地把太极当成了一个东西。好像万物禀得太极是说万物禀得了太极这样一个东西。朱熹在解释周敦颐的"无极而太极"时指出，太极就是一个极好至善的道理。他说："原'极'之所以得名，盖取枢极之义。"（《朱子语类》）极就是我们房屋的那个极顶，是极至之义，由此引申出极好至善的道理的意思来。所谓个别事物当中的太极，具体地讲，也就是具体时空关系里那个恰当的点，或者恰当的分寸。所有的事物都体现为具体的时间、空间当中的差异，每一处的差异当中都有其属于各自极好的、至善的分寸，即一切事物里都包含的至善的分寸就是理。

对"理一分殊"原理的解说，最好的比喻在《朱子语类》中《周子之书》一卷：

> 此理处处皆浑沦，如一粒粟生为苗，苗便生花，花便结实，又成粟，还复本形。一穗有百粒，每粒个个完全；又将这百粒去种，又各成百粒。生生只管不已，初间只是这一粒分去。物物各有理，总只是一个理。

一粒种子的理，不是随着种子变为苗，苗变花，花变果之后，这粒种子的理就变了，就没了。只要种变苗，苗变花，花变果的过程符合分寸，恰到好处，种子的理就一直在。

所谓浑沦就是完整的意思。如同一粒种子种下长出了苗，苗当然是种子的体现，但不能说苗就是种子。苗开了花，花和苗既有差异又有内在的关联。进而花结果，果中的种子又生苗，无穷无尽。种子生芽、开花、结果、再生芽的各个阶段，都是种子完整的生生之理的具体体现，这是"理一"：这一生生之理又必然在不同的阶段表现为各自差异的形式，这是"分殊"。通过这个比喻，朱熹解释了万物与太极之间的关系：一切存有都包含太极，但在不同的情况下太极有不同的具体体现。

"理一"，理一直在，理的表现千差万异，是"分殊"，但不离本。天地之理成万千气象之世界人间。

五十八、自作主宰——南宋陆九渊

陆九渊（1139—1193），思想成熟极早。十三岁时读"四方上下曰宇，往古来今曰宙"，顿有所觉，奋笔疾书，写下了著名的论断："宇宙便是吾心，吾心即是宇宙。"（《象山全集》）

当然，我们不能把"宇宙便是吾心，吾心即是宇宙"当成主观唯心主义的论述，一个十三岁孩子的话，上升为主义，不符合现实逻辑，也不符合历史事实。要把这句话放到历史的语境中去分析和解读。

那个时代，出现过范仲淹，出现过张载，他们说过，先天下之忧而忧，后天下之乐而乐；为往圣续绝学，为万世开太平。陆九渊十三岁写一句"宇宙便是吾心，吾心即是宇宙"，不足为奇。

陆九渊这句话要强调的是"宇宙内事乃己分内事，己分内事乃宇宙内事"（《象山全集》）。也就是说，我们对普天下所有的事物都有责任，普天下也对我有责任；我对别人有责任，别人对我也有责任。

陆九渊觉悟后，对自己所持道理极其自信。陆九渊的思想可以说是极端化、纯粹化、简单化了的儒家孟子。他从整体上把握孟子，找到儒家最核心、最关键的东西。但事实上，这种极端化、纯粹化、简单化只有在宋代道学发展初期的基本氛围中才有可能出现，如此的豪言壮语在当时是很常见的。

陆九渊三十四岁中进士，仕宦生涯虽不甚显赫，但所到之处，却也颇有政绩。

五十九、本心

关于本心，陆九渊最常举的例子就是孟子讲的："今人乍见孺子将入于井，皆有怵惕（chù tì）恻隐之心。"（《孟子·公孙丑上》）这里的"乍"字强调涌现这种道德情感的非功利性，是自然而然的、没有做作的。我们看到小孩子、小动物受到伤害、遇到危险，必然会涌现"恻隐之心"这样的情感。"羞恶之心""恭敬之心""是非之心"也是如此。按照陆九渊的理解，这种必然发显的道德情感就被称为"本心"。

当然，"本心"的这些含义是熔铸在一起的。我们可以进一步将"本心"称为"心之本来之体"，即人心本来的样子。人心在没有被私欲遮蔽的时候，完整地包含恻隐、羞恶、恭敬、是非之情。而这些道德情感在陆九渊看来都是纯善无恶的。由这些道德情感引发出来的行为也应该是善的。人们之所以会有各种各样的恶，原因在于人欲的遮蔽。

陆九渊认为，儒家生活方式是否合理已经不再成为问题了。他认为儒家生活方式的合理是理所当然的，是完全不用论证、毋庸置疑的。他的易简之道，是以此前的道学哲学建构为基础的。陆九渊的"本心"概念直接承继孟子，是对孟子思想的简单化和纯粹化。

六十、收拾身心，自作主宰

心即理，本心和天理是一致的，本心就是天理。

在陆九渊思想里面，最令人称颂的表述就是"收拾精神，自作主宰"（《陆九渊集·语录》），这是真正意义上的儒家的精神。后天经历，外在浊流，林林总总，这些不是自己，不是那个由理转气的最初的自己，必须排除，必须找到真正的自己，那个纯善无恶的"自"，并让这个"自"主宰自己的一切。自己本身以及外界，就是不停地发生和发展非儒家精神的东西，这是我们更需要坚持儒家精神的原因之一和动力之一。

自作主宰，要做自己的主人，不要让那些邪念做主人，不要让那些不该有的欲望做自己的主人，不要让那些不该有的东西做主人。

孔子、孟子讲"仁"的所有内涵中，最核心的是"自"，是一种主体性的高扬。"仁"就是心灵最高的主动状态，是人自我做主的状态。有了这种自主性也就有了心灵最高的自由。所以，儒家强调的是自立、自主，这种自主才是自由的本质。

不去繁文缛节地从理论上论证儒家生活方式是否合理，直奔道德实践，陆九渊的哲学易简直截。这种易简直截也把儒家的精神高度提纯了。当哲学上论证儒家生活方式的合理性显得不再迫切的时候，道德涵养和实践就逐渐成为一切问题的核心。在这样的氛围里，陆九渊"收拾精神，自作主宰"（《陆九渊集·语录》）的主张是极富影响力和感染力的。

在陆九渊看来，只要能够存得此心，那么"当恻隐时自然恻隐，当羞恶时自然羞恶"（《陆象山全集·语录》），恻隐、羞恶的恰当发显，是主体性充分调动和发扬的结果。这种主体性的发扬在孟子的思想中有其突出的体现，是孔子"为仁由己，而由人乎哉"（《论语·颜渊》）的精神的延续。当然，这种高度主动的心灵，要特别强调义和智的作用：人不能只有情，不能只有泛滥的道德情感，必须得有义和智的主导，才能保持心灵的方向。这样一种具有高度主动性的精神才能让自己沿着心灵的确定方向走下去。

收拾精神，自作主宰，其实就是我们常说的德才兼备。收拾好了还得好好学习、好好工作、好好生活，成为对家庭、对社会、对国家、对世界有用的人，这是收拾精神、自作主宰的全部目的和全部归宿。

六十一、心外无理，知行合一：王阳明的哲学，把理落实于行动

王阳明（1472—1529），祖籍浙江余姚，琅琊王氏后裔，也就是王羲之、王献之一族的遗脉。家世传统有道教背景，道教的神秘主义倾向在王阳明的生平经历中常有体现。

关于王阳明的成学经历，有所谓"五溺"之说：初溺于任侠

之习,再溺于骑射之习,三溺于辞章之习,四溺于神仙之习,五溺于佛氏之习(《阳明先生墓志铭》)。即王阳明最开始喜好江湖游侠之气,后来舞枪弄棒、练武强身,读书作文诗书笔墨也很优秀,还沉溺于道家养生的那一套,然后,从道家转入佛家……34岁(1505年)始归正于儒家圣贤之学。王阳明精神的发展历程曲折,但每一段对他后来的成就,都产生了重要的影响。

王阳明在他的"心"外,东闯西撞,执此迷彼,万万千千,之后融汇贯通,他的良知和体会,是百死千难中历练得来,难能可贵。最后,王阳明讲"心外无理",教人不要去外面的事物上寻找天理。

王阳明直到二十八岁才举进士第。三十五岁时,因为反对当时把握朝政的宦官刘瑾,受廷杖四十,被贬到贵州龙场驿,彻悟格物致知之旨。他四十八岁时,宁王朱宸濠经过多年准备起兵叛乱,很快占领了九江,兵锋直指南京,这是明中叶的一场大危机。王阳明在江西赴任的途中,集合义军,三战而生擒朱宸濠。平定宁王之乱,影响力急剧提升。

王阳明最后六七年的时光在绍兴度过,名满天下。越到晚年,其思想表达就越易简,而越是易简传播得就越广泛,影响就越大。

嘉靖六年(1527),在他生命倒数的第二年,思州田氏发生了少数民族的暴动,朝廷起用他前去平叛。王阳明很快就平定了叛乱。在返回的途中,卒于南安。

关于王阳明临终有两种不同的记载:一种是未留一言,平静离去;一种则是弟子哭问遗言,王阳明回答:"此心光明,亦复何言?"(《明儒学案》)

知行合一：只说一个知已自有行在，只说一个行已自有知在。知是行的主意，行是知的功夫。真知即所以为行，不行不足以谓之知。一念发动处，便即是行了。无善无恶是心之体，有善有恶是意之动，知善知恶是良知，为善去恶是格物。

如果一个人说，我知道，我明白，就是做不好，就是做不到，这个矛盾的本质，不是行动的问题，可能还是"知"的问题，可能还是你不明白，不知道，需要在"知"上面下功夫。当然，不去做知的功夫，一味地干，发自本心地干，也可以导致自己达到知的目的。知行合一，要求我们在两个方向上下功夫，其实，单一的方向也可以，知行一定互通、一定合一。

尊德性，明心见性，知行合一，阳明学的人都懂理论、情操正、善实践、成大事。"六亿神州尽舜尧"，很好地体现了王阳明的思想。

六十二、黑格尔的生活

黑格尔是典型的德国南方人性格，细致不厌其烦。从中学开始他就开始随身积累卡片，记录自己的思想和学习，直到晚年，他还在不断整理。

黑格尔热衷政治，推崇法国大革命。早年他在神学系，研究宗教。他讲课不受欢迎，赚钱很少，生活困难。后在歌德推荐下，当了耶拿大学副教授，为了赚到钱，评正教授，他写出了《精神现象学》，这是他生前发表的最重要的著作。许多其他著作是成名后补出的。

即便如此，他仍没评上正教授，于是到纽伦堡当了中学校长，并写了《逻辑学》，直到五十多岁，黑格尔才当上纽伦堡大学的教授。

黑格尔的人生道路崎岖，其晚年才得到重视、受到欢迎，大部分光环是后人加给他的。像牛顿一样，当年牛顿在剑桥三一大学讲课，课堂上经常一个学生也没有。

现实和未来，有时候难以预估。黑格尔对马克思产生了巨大影响，马克思主义开辟了新的时代，而黑格尔本人估计也没想到吧。

六十三、康德纯粹理性的规范作用

经验不连续，理性却追求知识的连续性、统一性，促使既有的经验不断联系起来，向全体——经验外的领域进发，并不断扩展经验的局限。当然，我们也可以向经验内部无限可分的领域进发。比如，一个人难以从早晨一动不动、一眼不眨地持续看着日落西山，然而，我们却愿意画出从东到西的连续弧线，代表太阳一天的轨迹。

现实中，没有一条线能是直线，没有一个圆能是纯圆。所以，理念不会有对象，理念在间接上调整经验，规范经验的统一性。

同时，这也说明，经验的认识始终具有不彻底性，经验认识可不断地发展，如果人必须通过经验实现认识，就说明人难以达到彻底的认识。

理性引导着经验走，理性经常跳跃、追求终极真理。经验何尝不是如此，经验经常愿意毕其功于一役，而我们人类，却经常忽视批判经验的彻底综合倾向。

对理性和经验这个话题的论述，是说明真理获得的必然性和偶然性问题以及人类认识科学性的问题。

六十四、辩证自然观的核心

对立具有相对的意义，对立和区别虽存在于自然界中，具有相对性，但它们具有的绝对的意义，只不过是被人们的反思带进自然界的，这是辩证自然观的核心。

这里，我们以简洁的辩证自然观观点，结束哲学部分几十个话题的讨论和反思。这些讨论和反思，仅仅是我们带进人类精神活动的活动而已，相对于人类的精神活动这个类似于自然界的东西，也未必具有绝对的意义啊！

思维科学

一、思维概述

思维是人脑对客观世界的反映和认识。人类的认识从感觉开始，感觉器官同事物直接接触。例如，鼓膜直接与振动的空气接触，听到声音；瞳孔直接与光线接触，看到形象。但是，感觉只能认识事物外在的、表面的特征，不能深入认识事物的本质。因此，人类的认识虽然从感觉开始，但并不是总停留在感性认识阶段。人们在实践中，对感性材料进行比较、分析、综合、抽象、概括，然后加以去粗取精、去伪存真地改造和加工，就能够由表及里、由此及彼地认识事物的本质，把握事物的内在联系，达到认识的理性阶段。理性认识阶段的反映活动，即分析、综合、抽象、概括等去粗取精、去伪存真的活动，就叫作思维。

思维不同于感觉，感觉反映的仅是事物的现象和外在联系，而思维则推进了一大步，能反映事物的本质、事物的内在联系。思维的重要特点在于思维的间接性、概括性以及思维与语言材料不可分离的特点。

二、思维方式

演绎法：科学的目的在于解释，而可靠的解释和证明就要求从一般原理必然地传导出对特殊现象的陈述。欧几里得的几何学、阿基米德的静体力学以及马克思的《资本论》都主要运用了演绎法。

归纳法：从一般推向特殊的演绎的思维方法的局限性十分明显——阻碍实验科学的诞生，甚至按照先把最普遍的原理建立起来，然后再用它们来考验、证明中间公理的发现方法和证明方法，乃是产生错误的根源。针对演绎推理的弱点，人们提出了从特殊的事例上升到较低的公理，然后上升到中间公理，最后上升到最普遍公理的归纳逻辑思维方法。此方法具体问题具体分析，不追求大而全的系统整体真理。归纳主义尤其对西方影响甚巨，以致西方取得优势地位的近代科学被称为归纳科学。

类比法：今天社会科学以什么样的思维方式作为它的标志呢？各种迹象表明，和科学发展的整体化、综合化趋势相适应，社会科学正以各种思维方法的综合应用为其发展的显著标志。它们取长补短、相互推动，共同促进社会科学的进步。在这支联合大军中，类比的思维方法异军突起，引人注目。今天，以中国灿烂的古典逻辑为渊源，以马克思主义的唯物辩证法为灵魂，以现代科学技术的已有成果为其依据的类比推理方式，完全可能以其独特的逻辑结构和适应科学技术研究需要的认识功能，续写现代新思维方法的新篇章。

读《论语》《孟子》《庄子》《老子》，包括一直延续下来的中国各种古籍，甚至《史记》《资治通鉴》等历史书籍，能发现大量的类比思维。其实，中国对联以及各种整齐对仗的诗文也是类比，这种思维方法有效、正确，有顿悟之奇效。

统计类比法：类比法在现代计算机科学、网络科学、统计学和人工智能技术下的称呼是统计类比法，依赖大数据和人工智能，实现机器学习、数据知识挖掘和知识发现等。

三、思维的超越性

科学研究中，人们会在实验和观测中会得到许多新线索、新发现、新观点，颇有秀才不出门全知天下事的感觉。但是，在许多情况下，新线索、新发现、新观点却是借助人们的理论思维直接获取的。

爱因斯坦广义相对论的建立，并不是由于旧的理论与新的实验现象发生了尖锐的矛盾，也不是由于狭义相对论本身发生了重大问题，而是由爱因斯坦的理论思维所引起的结果。所以爱因斯坦说，物理学家的工作必须像侦探那样用纯粹的思维来进行。凭借思维的洞察力，在理论与实验之间出现不可克服的矛盾之前，发现新的理论，这是思维的主观能动性高度发挥的结果。

思维的超越性，不能说明意识第一、物质第二。首先，超越性的思维，还是建立在非超越的思维基础上的，思维自身是物质性的产物。其次，超越性思维的正确性、真理性，还依赖物质性的检验。所以，物质第一、意识第二的辩证唯物主义依然指导超越性思维的健康发展。

逻辑学（论理学）

真假对错

真假是对前提和结论而言的。前提和结论都是命题，都有真假。关于命题的真假，要看命题所反映的情况与实际是否符合。

对错是对推理的形式而言的。形式无真假，只有对错。

正确的推理形式要依赖前提的真实和有效，这样才能得出正确的推理结论。

伦理学（道德哲学）

一、推荐书目和伦理学概述

推荐书目：［德］弗里德里希·包尔生著，何怀宏、廖申白译：《伦理学体系》，中国社会科学出版社1988年版（阐述西方道德观念演变的历史和传统伦理学的观点）。［美］弗兰克纳著，关键译：《伦理学》，生活·读书·新知三联书店1987年版（现代西方伦理学教科书）。何怀宏：《良心论》，上海三联书店1994

年版。何怀宏：《底线伦理》，辽宁人民出版社 1998 年版。

伦理学是求善之学，是对道德问题的哲学思考。它是一门研究人与人之间的行为关系的社会科学。

经过整顿治理，总结制定出一套必须遵守的行为规范，展示人生须以何种方式度过，使社会生活和人际关系规范化、有条理、有秩序。

二、社会主义道德体系

以为人民服务为核心的价值体系，在道德体系建设的基本原则上坚持集体主义原则，这是对资本主义"个人主义"道德的一种超越。

社会主义道德规范和道德建设具体体现在三个主要的社会生活领域：即社会公共生活、职业生活和家庭生活，要全面加强社会主义道德建设，与之相应，要提高社会公德、职业道德、家庭道德的水平。

三、性伦理

"食色，性也。"性，人皆有之，在社会生活中扮演着重要角色，是人的本性。鲁迅先生在解释这个道理时说：生物，最要紧的自然是生命，生物为保存生命，具有种种本能，第一是食欲，食欲是为了保存生命；第二是性欲，性欲是为了继续生命。

如此自然与普遍的事情，却遭遇禁锢，讳莫如深，导致性歧视、性压抑、性犯罪和性愚昧等社会问题。而性一旦被"祛魅化",又会出现性放纵、性自由、性泛滥,诸如婚外恋、婚外性行为、一夜情、婚前性行为和嫖娼卖淫等现象。而网络的兴起,使性活动变得更为多样、复杂。

那么,如何树立正确的性道德、性观念就成为我们亟待解决的问题。中国一直比较好地处理着这个问题,过犹不及,适当适可,自然应然,就是性伦理的基本点。

四、伦理冲突最激烈的两部作品

伦理冲突最激烈的两部文学作品:俄国陀思妥耶夫斯基的《卡拉马佐夫兄弟》和古希腊悲剧作家索福克勒斯的《俄狄浦斯王》。

《卡拉马佐夫兄弟》讲了这样一则故事:父亲和儿子,同争一个女人,本已不伦。父亲不该争,既然争了,儿子也不让;儿子不该争,既然争了,父亲也不让。争既然已经争了,父亲没有杀儿子,还算人伦未尽。可是,儿子却杀死父亲,子弑父。不管父亲干了什么,子弑父,儿子杀老子,总是不伦。弟弟一直在想象和构思哥哥可以杀掉父亲的理由,但是,当哥哥真的杀死父亲,面对现实惨状,弟弟却崩溃至癫狂……灵与肉,是与非,激烈纠缠。

古希腊悲剧作家索福克勒斯的《俄狄浦斯王》将主人公置于一种极端的伦理困境中——在毫不知情的情况下杀父娶母,俄狄浦斯无意中犯下了可怕的罪行,获悉真相后毅然承担起道德和法律的后果,刺瞎自己双眼、自我放逐。在他身上,人性的缺点与脆弱和人性的自觉与高贵都得以彰显。

五、伦理与道德的关系

伦理学是有关人与人关系的学问，"伦"的本义也就是"关系"或"条理"，古人说的"五伦"，也就是指人与人的五种主要关系，即所谓"五常"或"五纲常"。

五常，是指仁、义、礼、智、信，也通常解释为封建宗法社会中的君臣、父子、夫妇、兄弟、朋友的五常（五伦、五纲常）。

在古代，这种关系还特别指亲属关系，"五伦"的主体是亲属关系，所以人们也会说享受亲情的快乐是"天伦之乐"，而破坏这种关系的罪孽行为则为"乱伦"。

"道德"与"伦理"这两个概念，一般并不作很严格的区分，都关乎人们行为品质的善恶正邪。

日常生活中，会说某人"有道德"但一般不说"有伦理"；而另一方面，用"伦理学"甚至可直接用"伦理"来指称这门学问，而较少用"道德学"来指称。这样，"道德"用于人，更含主观、主体和个人、个体意味；而"伦理"更具客观、客体、社会、团体的意味。

六、伦理学转向

社会变迁广泛而深入，伦理学从传统的以人为中心走向现代的以行为为中心，从以德性、人格、价值、理想等务虚方面为其主要关注，走向以行为、准则、规范、义务等务实方面为其主要关注。

对此，我们做一下价值判断：伦理整体而言，更差了，更不自觉了；具体而言，伦理则更易规定、易操作、易判别。

七、为什么极端利己主义不行

美少年纳西索斯是希腊最俊美的男子，无数的少女对他一见倾心，可他却自负地拒绝了所有的人。

有一天，纳西索斯在水中发现了自己的倒影，然而却不知那就是他本人，遂爱慕不已、难以自拔，终于有一天他赴水求欢溺水而亡。众神出于同情，将他死后化为水仙花。

某种意义上，纳西索斯指代了囚禁于自我的牢笼而无法对世界敞开自己，因而也无法获得他人的爱的人，极端的利己主义者无疑也在其中。表面上看，他们获得了很多，实际上，他们失去的更多，甚至如同纳西索斯，最后丢掉了自己的生命。

八、己所不欲，勿施于人

孔子"己所不欲，勿施于人"的忠恕之道，是对底线伦理基本义务的原则性概括：你不想别人对你做的事情，你也不要对别人做。或者用另一种说法：你想要别人怎样待你，你也要怎样待别人。即所谓"金规"，这一说法也可用中国传统的语汇说即"人其人！"也就是以合乎人性或人道的方式对待人。

这意味着要平等地尊重和对待所有人、所有生命。它的要义是不允许任意强制，不允许违背他人意愿对他们做某些事情，不允许自己或某一部分人可以例外地对他人的强制。

"己所不欲，勿施于人"的忠恕之道，被中国人视作是基本的道德义务，也应该是世界范围的道德义务。

对此，我们做一下评述：孔孟之道、儒家思想，虽然在中国几千年间占据了主导地位，然而，漫长的几千年里，其也不是一直都受到尊崇。五四运动以后，尤其新中国成立之后一直到改革开放之前，孔孟之道和儒家思想，通常被认为其以糟粕为主，精华为辅。否则，一味地"己所不欲，勿施于人"，就无法解释当时的"革命、斗争、改造"等社会主流词汇和语言。孔孟之道和儒家思想在我国改革开放时代，逐渐受到新的重视，地位逐渐提高。因为，我们发现，当今世界，虎狼当道，弱肉强食，"己所不欲，勿施于人"要比野蛮霸道、不讲道理好得多。

九、恻隐是道德的源头

恻隐——对受苦难的人表示同情；不忍心让人继续受苦。恻隐之心，人皆有之。

美学

一、推荐书目和美学概述

推荐书目：朱光潜：《谈美书简》，上海文艺出版社1980年版。叶朗：《美学原理》，北京大学出版社2009年版。宗白华：《美学散步》，上海人民出版社1981年版。李泽厚：《美的历程》，文物出版社1981年版。朱良志：《中国美学十五讲》，北京大学出版社2006年版。

尤其是北京大学出版社2002—2021年出版的"名家通识讲座书系"中的北大朱良志老师的《中国美学十五讲》，是本部分引用最多的书籍。

人生于世，当你由对岸回来时，白云轻起，流水淙淙，你的心与云儿缱绻（qiǎn quǎn）、随清泉流淌，在美的体验中，伸展自己的性灵。美学是对人类生命的诗化阐释。

中国哲学是生命哲学，它将宇宙和人生视为一个大生命，一个流动欢畅之大全体，生命超越是中国哲学的核心。在此基础上产生的美学具有重视生命体验和超越生命体验的特点。中国美学不以外在知识为重心，体验万物，通于天地，返归内心，融自我和万物为一体，从而获得灵魂的适意。中国美学是生命安顿之学。

崇高使人感动，优美使人迷恋。崇高必定伟大，而优美则可伟大也可渺小。崇高必定纯朴，而优美则可纯朴也可装饰。

艺术是民族性格的标记。艺术把欣赏者带入丰富多彩的境界，那是充满了想象力和情感的世界。很难想象，人类社会如果没了艺术该会是什么样？中华民族的文化，如果没有《诗经》《楚辞》、汉赋、唐诗宋词、元曲、明清小说，没有书法、建筑、戏曲、绘画和雕塑，那中华文明史该是什么模样？同理，西方文化如果少了荷马史诗、希腊雕塑、文艺复兴、贝多芬的交响曲、梵高的绘画、莎士比亚的戏剧那又会怎样？俄罗斯民族，如果没有高尔基、托尔斯泰那又会怎样？艺术是民族的备忘录，是文明的书记官，是历史的见证人。

美学指引我们拥有游戏精神、创造精神、超越精神、和谐精神、独立精神、宽容精神。歌德说:"要想逃避这个世界,没有比艺术更可靠的途径;要想同世界结合,也没有比艺术更可靠的途径。"

二、无为之为乃为美

从消极方面讲,人在通向自由王国的征途中,快乐与痛苦像一对孪生姐妹如影随形地伴随着我们。

人的本能想要及时行乐、随心所欲,可是在社会群体中,却不得不有着许许多多的规范和约束、责任和义务,道德的自律和法纪的他律,使人们在前行时诚惶诚恐,身心俱疲。

人生便常常陷入不能承受之重的麻木之中,抑或处于不能承受之轻的无聊状态。

快乐常常转瞬即逝,"福无双至,祸不单行",痛苦却像苦海无边。这样,人就势必需要宣泄和转移,寻求心灵的调节和平衡。

而指向心灵的和精神的审美活动,就是一种最为合适、最为高尚的补偿手段,人可以在恰当的审美活动中,有效地走出情绪的低谷,净化和提升自己的灵魂。

虽然审美活动不是静止无为,但总体而言,却无劳作之苦,无创造之艰,没干什么,却达成了符合主观意愿的诸多事项,无为之为乃为美。

三、审美是超功利的感性活动

审美活动不是功利性的活动，审美活动超越实用性、道德伦理、利害关系等。

面对一件美的事物，人们不会想要占有它，不会计算它的价值，不会计较它对自己的现实意义，纯粹抱着欣赏的态度看待它。审美活动的超功利性，区别于一切有着直接或间接功利目的的活动。

在现实世界中，事物都借着和其他事物发生关系而得到意义，如果孤立绝缘就没有意义。但是在美感世界中它却能孤立绝缘，能只凭自身就显现出价值。

总体来说，审美活动是超功利的感性活动。美是事物最有价值的一面；美感的经验是人生中最有价值的经验。

四、美形成和存在的两种方式

偏向社会层面：马克思主义美学中的存在是社会存在，人被规定为劳动的动物，"劳动创造了美"，人按照美的规律来创造他的生活。而劳动是集体行为，是社会行为，所以，劳动所创造的美，具有社会的属性。马克思主义美学认为，人类的历史性劳动实践既创造了美的事物，又创造了能够欣赏美的人，使两者最终形成审美关系，为美的发生提供了主体和客体两方面的条件。

偏向个人层面：尼采美学中的存在是人的生命及其冲动，他把美、美感和艺术的本性理解为陶醉，即生命力的丰盈和剩余。

五、没有自然美，都是艺术美

朱光潜认为，从美学观点来说，"自然美"是一个自相矛盾的名词，自然有什么美不美的区分呢？这里的"美"和"艺术美"中的"美"意义不同。

自然，顾名思义，就是自己自然的样子，自然成为这个样子的时候，似乎没考虑美的问题，之所以人类觉得存在"自然美"或"自然丑"的问题，那是人的思维加给自然的，自然自身未必有这样的含义。

艺术美中的"美"却只有一个意义，就是事物现形相于直觉的一个特点。艺术美是人为的，其开端和宗旨，就是为了美。艺术才有美不美的问题，这一定不是人为强加的判断，是艺术美自然形成的结果。

事物如果要能现形相于直觉，它的外形和实质必须融化成一体，它的姿态必可以和人的情趣交感共鸣。让人感觉很自然、很舒服、很愉悦，自然而然的美其实就是"艺术美"。所以，艺术美的前面，可以加一个修饰词，自然而然的艺术美。

美是人本质力量的对象化。因此引发提出了"艺术化"的概念，如果你觉得自然美，自然就已经艺术化，成为你的作品，不复是粗糙的自然了。物化于内，自然美的事物百态、万千世界就成为形成美感的材料和要素了，此自然之美，即艺术之美。

人与自然发生审美关系，被审美化的自然，如同"情人眼里出西施"。初尝恋爱，寻常肉身，理想的优点应有尽有。坠入爱河，彼此都非原身，而是经理想化过的变形。一言蔽之，恋爱中的对象，像是经人艺术化的自然。

这样，朱光潜先生只承认艺术之美，不承认自然之美。

六、科学研究理性，而美学研究感性

人有两种能力，理性和感性，不该只重视理性，科学不该忽略人的另一种能力——感性。

感性的、朦胧的认识并非混乱的和不完善的，它也有自身的完善和反思，而且这种完善和反思的结果也是美。

七、哲学体系中的美学

康德认为哲学研究包括三大任务：第一是自然秩序的论证，第二是道德秩序的论证，第三是前两者协调关系的论证。由此构成了他著名的"三大批判"：纯粹理性批判、实践理性批判和判断力批判。这三大批判聚焦于人的三种基本心智能力和判断原则：纯粹理性是关于人的思想及其认识原则的，实践理性则是有关人的意志及其道德原则的，而判断力和人的情感及其情感原则关系密切，即康德学说分为理论、实践和审美三部分。

哲学体系大致描述为：第一，逻辑学（认识论）——纯粹理性——思想——真；第二，伦理学——实践理性——意志——善；第三，美学——判断力——情感——美。

八、中国美学的两个转向

第一，从写实到写意的转向。

《韩非子》中记载了一个故事："客有为齐王画者。齐王问曰：'画孰最难者？'曰：'犬马难。''孰易者？'曰：'鬼魅最易。夫犬马，人所知也。旦暮罄于前，不可类之，故难。鬼魅无形者，不罄于前，故易之也。'"

这就是说，因为太熟悉的缘故，司空见惯的东西反而不好画，画得好不好也很容易判别。反之，从未见过的鬼魅则容易画，可以天马行空，不必逼真摹写。

魏晋以前常有人引用这一典故，而魏晋以后较少。说明魏晋之前的时代，中国美学在写实与写意之间徘徊，在画犬马与画鬼魅之间徘徊；魏晋时期以后，毅然决然抛弃写实主义，写意主义统领中国美学，庄子美学思想所开启的"传神"观念便成为中国绘画安身立命的根基。

按常理来说，难画的东西自然显出画家的功力水平，理应被当作画家追求的目标。但有趣的是，中国美学不这么看。

东晋时期的顾恺之（348—409），认为一幅人物画是否传神，与人的四肢、形体美丑关系不大，眼睛才是最关键、最难画的。所以，有时候他把一个人画了数年，却没画上眼睛。

中国画家画人不点眼睛这样的事情，在西方画家那里是断然不会出现的。西方画家则为自己所画的葡萄竟然使鸟儿飞来啄食而倍感自豪。西方绘画，讲究几何透视，讲究焦点对焦，讲究光线透视，如同照相一般，其绘画非常符合物理学等科学原理，总之，逼真的模仿成为艺术家的普遍追求，这和中国古典画家强调内在神韵不同。

惟其如此，清代画家邹一桂在目睹了西方写实绘画后发出如下感叹："西洋人善勾股法，故其绘画于阴阳远近不差锱黍，所画人物屋树皆有日影，其所用颜色与笔与中华绝异，布景由阔而狭，以三角量之。画宫室于墙壁，令人几欲走进。"

中国画家并不追求逼真写实的描绘，而更加强调笔法中透露出的画家的个性气质、写意风格。

第二，从繁复到简洁的转向。

中国美学史上有两种不同的美，一曰"初发芙蓉"，一曰"错彩镂金"。如果说魏晋以前两者势均力敌的话，魏晋以后则出现了深刻的转向：普遍认为"初发芙蓉"是一种更高的美的境界。

从两种美并驾齐驱，到将其中一种美视为更高境界，这个转变也是非常深刻的。

中国的艺术美，第一，讲究神似，第二，讲究简洁。迥异于西方。

西方的艺术道路，中国曾经尝试过、犹豫过、彷徨过，魏晋是中国艺术自觉的时代，魏晋以后，中国毅然决然地选择了神似和简洁的艺术道路，逼真和繁杂不再是中国艺术的主流和追求。

九、中国古典美学的两大精神

儒家美学崇尚"和"，道家美学追求"妙"，两者构成了中国古典美学复杂互动的协奏曲。

在孔子有关美学的表述中，大都强调对立范畴之间的和谐关系。比如："子谓《韶》：'尽美矣，又尽善也。'"（《论语·八佾》）"质胜文则野，文胜质则史。文质彬彬，然后君子。"（《论语·雍也》）"《关雎》乐而不淫，哀而不伤。"（《论语·八佾》）从这些经典的表述来看，儒家思想的核心显然强调对立面统一融通的"和"。所以，"和"不但是艺术本身的美学要求，更是艺术表现情感要受到的"礼"的节制。因此，儒家美学特别强调艺术在社会中的重要机能而不只是情感愉悦，更重要的是形成社会秩序和人伦和谐。孔子不是把人的情感、观念和仪式引向外在崇拜的对象或神秘境界，而是引入并消融在以亲子血缘为基础的现世关系和现实生活中，将感情抒发和满足在日常心理——伦理的社会人生中。中国美学的基本范畴大都强调二元统一的功能性协调关系，诸如"阴阳""有无""形神""虚实""刚柔"等。作为反映，强调内在生命意兴的表达，而不在乎忠实模拟、可信再现。作为效果，强调得更多的是情理结合，情感中潜藏着智慧，得到现实人生的和谐和满足，而不是非理性的迷狂或超现实世间的信念。

如果说儒家美学的基本精神更加偏重于人伦实践理性的话，那么在比较的意义上说，道家美学似乎更加强调审美自身的表现理性。即儒家美学是"艺术的人生化"，而道家美学则是"人生的艺术化"。比如，中国艺术别具一格的"平淡"风格，就和道家思想有渊源关系。老子有"五色令人目盲，五音令人耳聋"的说法，他提出"味"的概念，所谓"道之出口，淡乎其无味"。再比如，中国艺术有强烈的写意倾向。在中国古典美学中，形神关系、虚实关系，以及"传神写照""得意忘象""气韵生动""空灵""意境"等命题，都与道家思想密切相关。中国古典艺术追求某种"韵外之致",不是强调简单的形似,而是追求形似背后更为重要的神似;不是满足于实的意象,更重视虚的意蕴;不是局限于当前的有限,而是从有限到无限,从有到无进入"道"等等艺术思想和思潮,都集中地体现为老子所说的核心概念"妙"上面,足见道家对艺术美学的非凡影响力。

十、中国美学的核心价值观

中华民族最重视伦理道德的作用,中国美学的核心价值观包括:第一,高度强调美与善的统一;第二,强调情与理的统一;第三,强调自然和人的统一;第四,富于古代人道主义,强调人的至高无上;第五,以审美境界为人生的最高境界。超越公私、利人利己,甚至超越仁义礼智信,美是人生的更高境界和更高追求。

十一、"双希"精神与西方古典美学

希腊精神把美当作和谐的数字比例关系,强调智力因素,美的各部分比例合适,造成了美的模仿原则。比如,毕达哥拉斯、达·芬奇等人纯粹从客观属性上规定美的本质,他们甚至从数学方面计算出美的比例和尺度,推出一些形式的规律,认为美是客观呈现的。再比如,心理学派的美学从"人的自然生理—心理基础"上总结美的规律,用生硬的生理特征和心理学实验建立美学理论,如精神分析美学的"性欲升华说"。

西方文化的另一个来源,是希伯来精神,强调活力而非智力。

希伯来人在漫长艰难的历史中,逐渐形成了特殊的文化。历史上希伯来人饱受奴役之苦,受到非力士人、亚述人、迦勒底人、波斯人、罗马人、埃及人的奴役。所以,从一开始希伯来精神就被注入悲悯深沉的底色。他们在艺术和文学上虽远不如希腊文化,但在宗教和法律方面却高度发达。独特的历史境遇使希伯来人缺乏科学理性观念,但宗教思维却异常活跃,发展出一系列诸如魔鬼、来世、复活和最后审判等宗教观念。由此形成的希伯来文化带有强烈的宗教感神秘主义和超越精神。希腊人关注的是人的完美,而希伯来人则强调人被拯救;希腊人的现世精神崇拜人自身,即使是神也带有明显的人的特征,而希伯来人的宗教意识则关注来世,强调原罪,因而转向对神的崇拜。在希伯来精神中,对伟大万能的上帝的崇拜、对来世的憧憬、对人自身有限性和原罪的清醒意识,都在某种程度上对美学范畴产生影响。

希腊精神强调人的完满,希伯来精神强调人的被救赎、被拯救。希腊精神强调按照事物本来面貌来看待,希伯来精神强调训诫和服从高于一切。希腊精神诞生了西方的理性和科学,崇尚智慧;希伯来精神诞生了西方的道德和信仰,崇尚崇高。

如同儒家的"和"与道家的"妙"共同塑造了中华古典美学,西方古典美学是在"双希精神"的巨大钟摆中被塑造的。

十二、现代艺术的"美"

现代艺术的"美"是指从任何审美角度来说都没有吸引力而被当作美的东西,由此突出差异,抗拒业已习惯并被认为理所当然的关于艺术的种种常识看法，质疑这些常识看法的合理性。把与艺术完全无关的东西当作艺术，以此来使人们发现"差异"，进而质疑现有的艺术观念。

艺术并不再只是表现美与崇高、和与妙等这样的古典范畴，现代主义艺术实践将丑、荒诞、极端体验、怪异、颓废、反讽、魔幻、神秘、梦幻、原始、怀旧、流行、时尚、复制等范畴，都展现在艺术领域里。美已不再是艺术的必要条件，非美、消极的美或否定的美，甚至丑和荒诞等，也出现在艺术之中，反映出（后）现代主义艺术家关于艺术的自由主义观念。

不仅艺术家创作的表现范围在现代大大拓展了，而且现代艺术的欣赏者也扩大了自己的审美趣味范围。不但能够欣赏古典的美，还能够欣赏现代风格的美。歌德曾经说过，一个只能欣赏美的人是软弱的，而能欣赏崇高、悲剧、荒诞，甚至丑的人，才具有健全的审美趣味。艺术创作实践和艺术欣赏实践的拓展，也把美学思考带入一个更加广阔的天地。

现代艺术把非美的、与美无关的元素引进艺术领域，美的至高无上的地位被撼动、被颠覆，艺术与美脱节，导致艺术概念与美的概念之间的对等关系断裂，艺术的内涵大于美，或者说艺术包含却不限于美。

我们评述一下，因为西方在近现代引领数次工业革命，使其获取世界霸权，这样，所谓现代、西方、时髦、正确、伟大，几乎指向相同的内涵。我们认为，美的样子、美的标准，应该是唯一的，把明明知道是不美的，硬要混入美中，把不是艺术的东西，混入艺术之中。比如著名的"艺术事件"：拿来一个建材店里的马桶，写上几个字，转身成世界著名艺术品。其目的可能是不可告人的，也许在为西方在近现代世界史上的野蛮、杀戮、战争、掠夺找借口和理由。

十三、郑板桥论竹

清代画家郑板桥写道："江馆清秋，晨起看竹，烟光日影露气，皆浮动于疏枝密叶之间。胸中勃勃，遂有画意。其实胸中之竹，并不是眼中之竹也。因而磨墨展纸，落笔倏作变相，手中之竹，又不是胸中之竹也。总之，意在笔先者，定则也；趣在法外者，化机也。"（《板桥集》）

在这段话中，郑板桥揭示了绘画乃至所有艺术都复杂而充满了差异的转化过程。

独画云乎哉！实际生活中，思维与行动、目的和结果，阴差阳错，莫不如此。

十四、书艺之道

艺术是民族特性的象征，希腊的雕塑、史诗和悲剧代表西方艺术；雕刻、壁画和金字塔代表埃及艺术；原始雕刻和面具代表非洲艺术。每个民族都有自己独特的文化个性，鲜明地体现在某种艺术形态中。

中国唐诗、宋词十分辉煌，中国国画迥异于西洋，中国的建筑风格，中华的戏曲文化，许多艺术类型代表着中华文明的特征。

但要说出中国所独有而且集中体现了中国美学特征的艺术，

非书法莫属。

中国字以象形为主，会意、指事为辅。书即画、画即书，书画同源，非字母组合的文字语言，独立的文字，含义深远，句子段落，更显意境，使得汉字成为代表我们民族艺术的独特象征。

十五、演员的情感

人所共知，情感人人皆有，但问题在于，演员在艺术活动中的情感与大众在日常生活中的情感有无区别呢？

心理学家主张没有区别，一切情感都是主体心理或生理的反应，都会导致一定的身心状态（呼吸、心跳、血压、面部表情等变化）。

美学家的看法有所不同。因为艺术的情境是虚拟的、想象性的，所以，在艺术中产生的情感不再是个体切身的、功利的情感。艺术活动情感被认为是一种形式化的、有距离的审美情感或幻觉情感，带有相当程度的虚拟性和想象性。

常人情感，必然是真情实感，很直接、很真实，乃一己偏私，无须公之于众，且尽力保持其隐秘状态。演员在艺术创作和艺术表现中的情感，非真情实感，非切肤之痛，却必须传达出来，与大众共享之，此情感将不再具有偏私和隐秘的特性。

演员也是生活中正常的人，要调整自己的情感以适于艺术创造，将自己在日常现实中真切的情感转化为艺术的情感。演员是敏于情感体验及其表达的人，缺乏这一点，也许就缺乏了重要的"艺术气质"。演员、艺术家异于常人，原因在此。

十六、艺术的社会功能和政治功能

日常生活刻板、压抑,日复一日、年复一年,照章办事,重复地扮演着自己承担的种种角色,人逐渐沦为机械式的存在,情感和灵性受到压制,个性被塑造成千人一面,逐渐消磨了人敏锐的感受力,庸常的生活已经把人变成了工具,人变得平庸而单调。

艺术的陌生化形式超越了狭隘的形式主义,获得了某种"革命"和"颠覆"的潜能。人们通过进入艺术世界,透过艺术家的眼光去陌生地看那个熟悉的世界,潜移默化中也就改变了自己陈旧平庸的观念和看法,进而对现实世界产生新的认识和新的理解。

在这种状况下,艺术承担了独特的社会功能和政治功能,将人们从机械刻板的日常生活的种种压力中解放出来,不断地改变他们对世界的看法。

很多重大的社会变革和政治革命,从文化艺术领域开始,然后才逐渐蔓延到其他领域乃至改变整个时代的面貌。

十七、审美态度

朱光潜有过形象的说法,面对一棵古松,不同的人会产生不同的态度。木材商关心木材值多少钱;植物学家关心古松的根茎花叶、日光水分;但画家面对古松则是另一种心态,他什么都不管,只是聚精会神地欣赏其苍翠的颜色、盘曲如龙蛇的枝干以及不屈不挠的气概。

这三种对待古松的态度迥然不同，木材商持的是实用的态度，植物学家持的是科学的态度，而画家则以审美的态度对待古松。

实用的态度以善为最高目的，科学的态度以真为最高目的，审美的态度以美为最高目的。

在实用态度中，我们的注意力偏重事物对于人的利害，心理活动偏重利益；在科学态度中，我们的注意力偏重事物间的互相关系，心理活动偏重抽象思考；在美感态度中，我们的注意力偏重事物的形象，心理活动偏重直觉。

审美态度被认为是体验或观察对象的一种特殊方式。这种态度独立于任何与实用性、经济价值、道德判断或特殊个人情绪有关的动机，无功利常常用于这样一种态度。很难想象一个人在进入审美情境时，仍在心里记挂着柴米油盐，考虑诸多实际事务。所以，人处于审美状态中，日常意识会暂时中断。

以功利的态度对待一幅画（计算画的价值或想占有），将不存在审美主体，也没有审美对象，更无从谈起审美以及审美态度。

审美的态度，一定抛却功利之心，让人进入美的享受之中。一个人即使没有进行审美活动，他私心杂念比较少，心灵一贯很纯净，相当于一直处于享受审美的过程和状态中，这个人自然会比较放松享受，悦人悦己。如此就能理解为什么私心杂欲少的人，会比较美丽、比较美好，人人愿意亲近他。

十八、生命超越的美学

怎样才能超越呢？要加入不属于自己的东西，融合后，就超越了原来的自己。融合了什么？融合了更多的人，更多的山山水水、大千世界。生命不能安顿生命，比生命的质感丰厚更多的复杂生命，才能安顿小我生命。超越生命之美，足以安顿生命。

西方美学以感性经验为基础，人欣赏自然、人生或艺术，产生某种情感的变化，引起快感的体验，这是西方美学研究的中心。所以，西方美学关注的是审美经验、感性、感情、快感等。审美、审美，对美要审，这把我和外界对立、隔离起来的西方美学特征表露无遗。

西方美学，如同隔岸观火、隔靴搔痒；中国美学，恰似直面苍穹，恰似触摸星辰。

西方哲人长于思辨，中国贤哲善于体悟。西方哲学是知识的、思辨的，而中国哲学则是生命的、体验的，并无审美二字。

西方和中国属不同文明，西方致力向外追求、探索知识，中国圣哲们则提倡"反己之学"，把我和外界融合起来、一起陶醉，强调穷理尽性，强调生命超越。中国人将自己的生命超越到哪里？超越到融于万千山岳那里，超越到让自我和自然融合的地方，超越到离开自己、离开自然的地方，超越到比自我、比自然更高、更远、更深的地方。

中国美学不是西方感性学或感觉学意义上的美学，而是生命体验和超越的学说。中国美学纯粹体验中的世界不是真实物质存在的对象，不是所谓"感性"(sensibility)，而是生命体验的真实

(truth)。中国美学的重心就是超越"感性",而寻求生命的感悟。不是在"经验的"世界里认识美,而是在"超验的"世界中体会美,将世界从"感性""对象"的状态中拯救出来。在中国美学中,人们感兴趣的不是外在美的知识,也不是经由外在对象"审美"所产生的心理现实,它所重视的是返归内心,由对知识的荡涤进而体验万物、通于天地,融自我和万物为一体,把那种通过极致体验得到的东西,重新装回内心里,从而获得灵魂的适意。中国美学是生命安顿之学。

十九、惠施与庄子:鱼乐之辩

庄子与惠子游于濠梁之上。庄子曰:"儵鱼出游从容,是鱼乐也。"惠子曰:"子非鱼,安知鱼之乐?"庄子曰:"子非我,安知我不知鱼之乐?"惠子曰:"我非子,固不知子矣;子固非鱼也,子之不知鱼之乐,全矣!"庄子曰:"请循其本。子曰'汝安知鱼之乐'云者,既已知吾知之而问我,我知之濠上也。"(《庄子·秋水》)

庄周和惠施在濠水岸边散步。庄子随口说道:"河里那些鱼儿游动得从容自在,它们真是快乐啊!"一旁惠施问道:"你不是鱼,怎么会知道鱼的快乐呢?"庄子回答说:"你不是我,怎么知道我不了解鱼的快乐?"惠施又问道:"我不是你,自然不了解你;但你也不是鱼,一定也是不能了解鱼的快乐的!"庄子回答道:"我请求回到谈话的开头,刚才你问我说:'你是怎么知道鱼是快乐的?'既然你问我鱼为什么是快乐的,这就说明你事先已经承认我是知道鱼是快乐的,而现在你问我怎么知道鱼是快乐的。

那么我来告诉你，我是在濠水的岸边知道鱼是快乐的。"

惠施逐于物，庄子融于物；惠施主张推论知识，庄子主张妙悟知识；惠施处于和人全面冲突的物质世界，庄子逍遥邀游在大全世界；惠施关心的是"我思"，庄子关心的是"我在"；惠施通过人的解释去寻找世界的意义，研究物、分析物、占有物、主宰物，而庄子哲学却要申说人存在于世界中的意义；惠施哲学所反映的人与世界的关系是片面的，庄子是融于物、消融物的存在，将物从对象中拯救出来，与我相互往来且融于一体；惠施的哲学是理性的、认知的、科学的，而庄子哲学是诗意的、体验的、美学的。

庄子将天、自然当作一个大作品，在建构一个真实的世界，将被儒、墨、名等知识所遮蔽的世界彰显出来。

庄子所建立的这个世界关乎美。"天地有大美而不言"，这一世界有至高的美，达至这个世界的唯一途径就是纯粹的体验，这纯粹的体验是诗性智慧。

游鱼之乐的辩论中，潜藏着攸关中国美学的大问题，在中国美学中具有重要意义，也在一定程度上体现出中国美学的倾向性和基本特色。

大致来说，惠施的观点，相当于西方哲学和西方美学，而中国哲学和中国美学没有沿着这条道路走，中国古典美学乃至中国近现代美学，恰恰走了庄子的道路。

二十、相濡以沫，不如相忘于江湖

《庄子·大宗师》中有相濡以沫的典故："泉涸，鱼相与处于陆，相呴以湿，相濡以沫，不如相忘于江湖。"泉水干涸后，鱼儿被困在陆地上，它们用自己的湿气互相嘘吸，用口中的唾沫互相湿润对方（这是庄子讽刺儒家的德性主张）。与其这样，还不如相忘于江湖之中（忘了你们两个小格局恩爱，到江湖中去才有真正美好），自由自在地游。回到生命的水中，回到自然而然的状态中，而不是像鱼那样表现亲密关爱的态度（有态度，就是情），不是像鱼那样存在（有比喻，就是知识），也不是有意去和世界沟通（那是一种目的性的外在活动），而是相"忘"于江湖——这个"忘"也不是有意作心理排除的意识活动，而是浑然无知的状态。从干涸的生命暂寄场所，回到本然的生命存在的"江湖"，要做的就是"游"，不要有理性的分别、有目的的争取和有欲望的计划。

人在"套"（儒家规矩）中，不自在、难快乐。解除人精神的"套"，就会真正感受欢乐。

面对美的世界，如何把握它，或者说如何"识"，不外乎两种途径：一条是知识的道路，那是外在的认识，和世界处于"分"的状态；一条是纯粹体验的道路，这是内在的冥合，与物相"乘"，即相随，融入这个世界中，与这世界同在，和世界实现"大通"，这是"合"。后者就是一条审美的道路。

在审美的境界中，万物各张其性，各任其新，即使人人所见之物、时时熟悉之境，也能以小见大、以故出新。审美的眼光具有极大的想象力和创造力。

不是隔岸观火，难道我不与美分开、紧紧地与美融于一起，甚至诞生什么超越美的境界之后才达到目的和归宿吗？不是的，知道美、融于美、超越美，最后要干什么？应该忘掉它！也不与美相濡以沫，而是相忘一切于江湖。是在江湖里遨游自在、逍遥无度吗？不，我们还要相忘，也包括这个遨游自在和逍遥无度……

世界应该只有老庄，世界应该没有孔孟，世界也应该没有惠施，这也不一定。"料青山见我应如是"，物我相通，青山接我更从容。当世界需要我像孔孟的时候，我就是孔孟；当世界需要我像惠施的时候，我就是惠施。

二十一、中国美学：以物为量，无大小美丑之分，非崇高尚美

不从本质的、内在的方面把握世界，而从形式的、外在的方面理解世界，以大小多少的数量观去看世界，以高低贵贱的差异去观察人生。

庄子认为，量的把握非自然固有，人以量去给世界判别高、下、差、好等，这种量的把握是人所赋予的。

在庄子的哲学系统中，存在着两种不同"量观"：一是"以人为量"，一是"以物为量"。前者以人衡天，后者以天衡人、以天衡（合）天；前者是人为的，后者是自然的；前者为分别之见，后者为大道之见。人的量是知识之量，是对世界自然本性的误解和误读。庄子要以"以物为量"取代"以人为量"，就是要人放弃自我成见和偏执固见，还世界以自然之本性。庄子强调，不以人之知为知，而以天之知为知，以物之量为量，以天之量为量。

以人为量，一朵野花是小，可以随意践踏；以物为量，一朵野花并不觉得自己是小、没有名气。

如同新中国确立并遵守的外交原则，国家不分大小强弱，在国际关系中都应该享有平等的权利，它们的主权和领土完整都应该得到尊重，而不应受到侵犯。

以物为量，就是不以大为大，不以小为小，泰山不独大其大，毫毛不独小其小。泰山、毫毛独立自在，存在的都是合适的。大、小是人的意识和人的理性的分别，而当你放弃那些所谓的知识和理性，回到世界之中，与万物共存共生，成为无边世界萋萋芳草中的绿荫一片，必然会走向"以物为量"的康庄大路。"万物与我为一"，齐同万物，无短无长、无差别、无高下，即由知识的分别进入到道的"一"里。

中国哲学和中国美学说出了美的复杂性和统一性、美的包容性和无差别性，这比西方美学，说丑的也可以属于美，小的也可以属于美，要高得多。中国哲学和中国美学认为，世上本无丑，世上本无小，一切皆为美。

在中国哲学史上，儒道佛三家都说"大"，都重视"大"的提升性灵的特点，但在哲学趋向上各不相同。儒家的"大"，强调人的主体地位；佛家的"大"，强调彼岸的主体地位；道家的"大"，强调人融于物的主体地位。"大"是与物为量的"大"，反映的是融于物的哲学精神。

道家思想成为中国美学的重要生长点。像阮籍的"大人先生"，刘伶"幕天席地"的"酒德"，苏轼"纵一苇之所如，凌万顷之茫然"的心灵超越等，都是一种"大"。其中显然具有道家的哲学气质，这是颇富中国特性的美学观点，与西方建基于数量、体量以及强弱、贵贱的崇高尚美，判然有别。

二十二、大制不割，圆融之美

庄子的"大全"不是全部，全部是与部分相对的称谓，这样的全部是量上的观点。任何量上的观点，都与庄子的诗性思维相违背。

大全不是大而全，而是即物即全（不分小大，都是全的）。当人放下分别观点的时候，哪里有全部和部分的分别。一花一世界，一草一天国，花草里面就包含世界的一切。

老子说："大制不割。"（不割：不分别）这是一个富有深邃智慧的观点，是一个与"大巧若拙""大成若缺"等一样对中国美学艺术产生深远影响的观点。

《老子》云："知其雄，守其雌，为天下溪。为天下溪，常德不离，复归于婴儿。知其白，守其黑，为天下式。为天下式，常德不忒，复归于无极。知其荣，守其辱，为天下谷。为天下谷，常德乃足，复归于朴。朴散则为器，圣人用之，则为官长，故大制不割。"

幽暗不明的、混沌浩茫的、空空落落的、无边无际的道的世界，是朴，朴是没被打破的圆融，在这里，没有知识，没有分别，没有争斗，没有欲望，万物自生灭，太空恒寂寥。没有知识，如同婴儿一样自然存在；没有争斗，保持着永恒的雌柔；就像天下的溪涧，就像清气流动的山谷，空灵而涵有一切，流动而不滞塞。这个天下莫能与之争的世界，乃素朴之制，此为"大制"，最大的"制"就是不分别的"制"——大制不割。

庄子对老子"大制不割"思想深刻发挥：南海的帝叫儵（shū），

北海的帝叫忽，中央的帝叫浑沌，儵与忽到浑沌那里去，浑沌对他们很好，儵与忽就想怎样报答浑沌，他们商量道："人有两目、两耳、两鼻孔和嘴共七处，即七窍，能够看、听、吃、闻，但浑沌没有，我们就尝试为他凿七个洞吧。"他们每天凿一窍，七天后，浑沌被凿死了。

这个故事意味深长。浑沌是"一"，儵与忽两个聪明的家伙为他打开七窍，即打开感受外在世界的通道，知识的窗口就打开了。打破了这个"一"，而进入分别的世界，这分别的世界就是"二"。"二"是浑沌世界的死亡。郭象以"为者败之"来求解，可谓一语中的。他认为，有为、机心、认知，都是美的破坏者，而浑全、质朴、至淳、无为的境界，才是大全、至美的境界。

知性的世界是清晰的，浑沌的世界是幽暗的。但庄子认为，世人所认为的清晰世界，是真正的混乱无序；而浑沌世界虽然幽暗不明（没有以知识去"明"）——却是清晰、纯粹的，有空寂明觉（空而能容，寂而不乱，明而能照，觉能去惑）之心，正所谓大明若暗，见小若明。理性的世界是秩序化的、条理的，像庄子所诟病的名家、儒家等不遗余力地建立他们的条理、逻辑，而浑沌世界没有任何秩序和理性，是一个无"理"的世界，但在庄子看来，人们热衷于建立的那种秩序和理性真是荒诞不实的、知性不一的、口是心非的，而浑沌世界的无"理"才是真正的世界存在之理。

道家哲学强调，浑沌的世界是大美的世界，而分别的世界是残破的。谈到天和人的区别，庄子作了这样的表述：野马放逸，任其驰骋，这是天；将马套上缰绳，装上衡轭，马成了非自由的马、任之驱使的马，这就是人。

庄子所说的大全之美，为判断美的基本特性提供了重要思路。科学的分析不能带来美，功利的目的追求不到美，美不能赖于外在具体的认识，应来源于内在生命的体验。

关起认识的窗口（七孔不通），实现生命体验的超越（融于世界）。感性是人的七窍认知，感性也是分别，也是近似理性的东西，所以，审美除了要排除理性，还要排除感性，美并不来自感性经验，甚至还要对感性经验予以排除。

浑沌的美，不是糊里糊涂、浑浑噩噩，而是对生命的清晰印记。浑沌之美，不是模糊美学，它是对生命的发现。庄子的浑沌大全的美，就是让世界自在兴现。

由此我们也看到，庄子关于世界大全之美的观念，和西方建基于感性之上的美学思维是有根本区别的。

二十三、忘情融物——庄子的审美态度就是无态度

庄子的妻子去世，惠子吊唁，庄子盘腿而坐，敲着盆子唱歌。惠子说："你和自己的妻子生活在一起，她为你生儿育女，现在老了死去，你不哭，也就罢了，还敲着盆唱着歌，这不是有点过分吗？"庄子说："她的生命来自自然之气，现在她又归于自然之气，归于生命之大本。生死相替就如同四季的更替。她现在安然地睡在天地这一巨室之中，而我在这里嗷嗷哭叫，不是太愚蠢了吗？"惠子所持为人之常情，而庄子所持为天地之情。

鸟兽犹爱其类，何况人乎？何况其妻乎？只是庄子看到，世所谓爱者，乃一己之私怀，亲亲则爱之，类同则悲之，于是便有差别，便有等级，便有偏私。由此，庄子认为，人之爱，不真实。

顺应自然之道，以万物之情为情，方是真性情。庄子提出了"不近人情"的观点，"不近人情"后面隐含的是"独重天情"，在相忘于江湖中各任天情。

《人间世》说了这样一个故事：爱马的人，用竹筐去盛马粪，用盛水器具去装马尿，对马真是好极了。有牛虻叮在马身上，养马人扑打牛虻，却被发怒的马踢伤。相濡以沫救不了离水之鱼，不在于慈爱少，而在于鱼丧失了自然之性；爱马的反为马所伤，不在于你没有做好，而在于片面的爱是没有用处的。身体被马踢伤，更不能带来心灵的最终安适；相濡以沫的两条鱼，迎接它们的一定是死亡。

忘己忘物始能入于天，入于天就是融于物，就是"物物"，在"物物"的境界中，人方自在、自由。人无喜乐，以世界之乐为乐。庄子游鱼之乐，并非"移情于物"，而是"忘情融物"。

在中国美学中，的确存在移情理论，但同时也存在着一种不同于移情的审美体验理论，这就是以庄子为代表的虚静理论。虚静理论的起点就是虚廓心灵、荡涤尘埃，以不沾一丝的心灵进入妙悟的状态，不入于哀乐之情，以纯然的心灵融入世界中，不以"他在"而以"自在"之心与万物相融相即。庄子把它叫作"忘适之适"，禅宗把它叫作"非喜非乐"。"忘适之适"是为真适，"非喜非乐"是为真乐——中国人的思想超越了一般的情感悲喜。

情，是一种倾向；爱，是一种施与。有了情和爱，就有了"我"和世界的分别。在这样的心灵中，就没有纯然的体验，也无法有真正的美。庄子"忘情融物"的哲学，将人从情感的施与和获得、有目的的占有和攫取中拯救出来，强调哀乐不入于心，强调"忘适之适"，人既不是施舍者，也非利益获得者，在纯然物化之中，不爱不与是为大爱。庄子的哲学不是"物皆着我之色彩"，而是"物皆无我之色彩"。

庄子的讨论涉及审美态度问题，而庄子的审美态度恰恰是无态度的。

二十四、中唐时期美学实践的转向

唐朝中期以后，从总体趋向上看，追求空灵淡远的境界，重视古拙苍莽的气象，推崇冷逸荒寒的意味，以宁静精澄代替粗莽阔大，以平和幽深代替激昂蹈厉，以淡逸素朴代替绚烂堂皇，理论上重视境界，强调妙悟而贬斥技法等，审美风气不同以往。

中唐以后，中国美学和艺术观念显著变化，根本原因是哲学观念的变化。中国思想发展史遇到佛教，汉末中国翻译佛经，经过魏晋以来的变化，到隋唐之时，中国佛学蔚为大盛，三论、华严、法相、天台、禅宗等佛学派别相继出现，尤其是禅宗（特别是南宗禅），结合中国道家学说和印度大乘佛学所形成的新型哲学，"最亲切、最微妙"，它思考的问题本身就具有美学价值，它所显现出的单刀直入、不立文字、如人饮水、冷暖自知等思维路径，"不二法门"（不说，一说就破）是南宗禅的重要哲学原则，也是禅宗影响中国美学和艺术的关键思想，冲击着旧有的审美规范和艺术观念。禅宗给中国美学和艺术带来一个新颖的世界。

禅宗不二法门，就是"世界的意义只在其自身"，真即实、实即真。禅宗解除一切人类习以为常的分别，点亮生命的灯。没有一个超于现象之外的本体给予其意义，没有一个观者借给它光亮，没有任何逻辑的判断能使其存在更坚实，没有任何比喻象征手法能获得对它的诠释，这盏不灭的灯，不在意识中，而在生命的体验里。故不二之法，是彰显生命意义之法，是任由生命自由兴现之法。此之谓"出人头地"，此之谓"单刀直入"。当我们打开意识的"锁"，青山自青山，白云自白云。世界的意义只在其自身。这样，一切艺术无须人为地故意渲染，这让中国艺术和中国美学走上康庄的古朴道路。

中国美学在唐代以后的发展进入一个新时期，审美风尚发生了很大变化，美学理论本身也显现出很多新的特色。

中国美学思想一以贯之，自春秋战国老庄时期，到近现代当代，主线一贯连绵。然而，这种思想，在现实中的落实情况，颇多变动。追求淡雅朴素，重视妙悟超越从老庄时代就开始提倡，直到唐朝中期，佛教融合儒家和道家学说之后，才在社会整体层面上较为普遍趋同起来。

二十五、生命哲学带来整体美学
（大制不割的现代说法）

生命含义不同，包括生物学、医学、哲学等不同层面含义的生命。

从哲学上看，生命不仅仅指活的东西，中国人以生命概括天地本性，天地大自然中的一切都有生命，都具有生命形态，而且具有活力。生命是贯彻天地万物的精神，是创造的品质。《易传》认为，"天地之大德曰生"。此处的"德"作"性"讲，"生"是宇宙的根本特性，生命为宇宙的本体。

对此，熊十力先生总结为：生命是生之理。换句话说，生命是个体与万物共同的大生命。人的生命与宇宙的大生命，实非有二，生命是人与宇宙共同具有的本体。

对生命哲学的理解，推演出美学的含义。中国美学是整体美学，而不是分割的、物我两分的、主客反应的美学观念。

二十六、中国美学以故为新

中国哲学强调宇宙运转循环往复的特点。在自然中，物由生到衰，再由衰到生，日夜不停地运转，四时永恒地更替，水流由枯到满，再由满到枯等，都是循环往复的。

从哲学上看，"循循不已"是奠定在"生生不已"的基础之上，"复"并非是周而复始的过程，也不是一种可逆的重复性的运动，更不是从一个开端经过运转后，再回到原点。古人所言"年年仍岁岁，故故复新新"，"复"不是重复，而是新生，是生命永恒展开的显现。虽然是无往不复的运动，往复回环，但并非是循环。

但这复中之变是否就是螺旋式的上升运动呢？新并不代表必然的提升，新是连续性的变化，并不代表它是上升性的运动。连续性，则是新新之变所依之基础。中国哲学的新更强调的是在"变"中出新，"变"并不一定就是向上的运动。

中国哲学中新新不停的观点，既不是循环论，也不是螺旋式上升的理论。

中国哲学的无往不复、反复其道和故故新新，引起了中国美学的以故为新，中国美学尤其注意在故中追新，没有绝对的故，也没有绝对的新，新是生命体验之新，是体验中的境界。新不是外在表象的更替，而是心灵对生命的发现。

在一个美的心灵中，处处为新，即故即新。美的创造无重复，心灵体验永远新，真正美的感觉永远是新颖的。

对于一个陈腐的人来说，世界无新，而对于一个活泼的人来说，世界无时不新，转瞬即逝、一切为新。

中国艺术少新颖之外观，却有新精神的内在渊源，使得中国艺术的重复性世所罕有。如在中国画中，山水的面目、四君子的面目，似乎都是故的。但似故而实新，似同而实异。在故中发现陌生，在陌生中追求新变。中国艺术追求的是内在的张力，内在的活力，内在的生命超越，而非外在形式的变幻莫测。

二十七、屈原、渔父，孰取

屈原被放逐之后，游于江潭，行吟至泽畔，颜色憔悴，形容枯槁。渔父见到他如此模样，非常惊讶，便问："你不是楚国的三闾大夫吗？怎么会弄成这个样子！"屈原说："举世皆浊我独清，众人皆醉我独醒，我被放逐了。"渔父说："在我看来，圣人应该不凝滞于物，与世推移。世人如果都浑浊不清，为什么不随其波而扬其流？众人都醉了，为什么你不也去大醉一场，何苦自己弄到这步田地？"屈原说："这怎么行呢？古话说：'新沐者必弹冠，新浴者必振衣'，我干净清洁的身心，怎么能忍心为这污浊弄脏？我宁愿葬身于鱼腹，也不愿意苟活！"渔父微微一笑，摇着桨走了，从船那边传来他的歌声："沧浪之水清兮，可以濯吾缨（帽缨）。沧浪之水浊兮，可以濯吾足。"（《楚辞·渔父》）

屈原的情况，古今中外，人所共知。通过这段对话，可以推测一下渔父的来世今生。渔夫认识屈原，说明他也当过大官，但为何变成以打鱼为生？或许因其刚直不阿，被贬远放，遂弃官为民？渔父异于屈原，显然过上了明白、自足、幸福的生活。

渔父和屈原都爱性灵的清洁，但选择了不同的道路。唐人沈亚之《屈原别传》上说屈原"瘦细美髯，丰神朗秀，长九尺，好奇服，冠切云之冠，性洁，一日三濯缨"。这是外在的。屈原还是个精神上的洁净者。左思《咏史》有所谓"振衣千仞岗，濯足万里流"（站在高高的山顶上抖掉身上的灰尘，象征着要摆脱世俗的污染；然后在宽广的河流中洗净自己的双脚），楚辞的精神气魄足可当之。屈原说："纷吾既有此内美兮，又重之以修能。"（《离骚》）"内美"是他毕生的追求，在蝇营狗苟的楚国，他既没有随波逐流，又没有像渔父那样超然世外，而是用玉石俱焚的决心护持高洁理想。

我们在前面，说中国哲学以及中国美学是讲究天人合一、仁义礼智信的，知礼守节、圆润美满的，一派祥和、风平浪静的，这种语言当然对应现实，但不能完全概括现实。屈原与周围的人，都难以圆润美满啊。中国美学推崇《离骚》，说明百姓大众热爱屈原，说明激烈的冲突是对的，顽强的决绝也是美。

屈原与渔父的往事，提醒我们，斗争，不屈不挠的斗争，孕育美、产生美，美可能无时无刻不在同丑的激烈斗争中而得到彰显，美也未必总要风平浪静、云高万里。狂风怒号、电闪雷鸣，也是美。

二十八、楚辞之美

与儒家中庸平和为主的风气不同，楚辞所带有的超迈、烂漫、自由的情调，为中华民族的审美生活注入了新质。

1. 自怜凄婉

楚辞是自怜、是自怨，自怜而感伤，感伤却又自爱，自爱者力大无边、性灵远游。自怜、自爱和远游三者一体相联，然而，自怜是楚辞精神气质的一条持续隐在的线索。

2. 远游、豪放

政治是最真实的现实。屈原败下阵来，对楚国现实无能为力，却远走欲行大作为，几近梦人梦呓。从现实角度非常无用，然而，恰从此处却展开另类情怀。

楚辞狂放、飘逸，楚辞满溢飞越情怀。"熟读《离骚》，痛饮浊酒，果然名士风流。"（《小窗幽记·集豪》）楚辞的豪放精神，千古不绝。

3. 孤沉而独往

儒道两家有不同的超越途径，儒家是君子之道费而隐，造端夫妇，至于天地，这是一种不脱人伦日用之超越。道家追求逍遥无待的境界，方东美先生说，这是一种类似"太空人"式的超越。而楚辞提供了一条独特的超越道路，将其称为"悬在半空"式的超越。

"登高吾不说（悦）兮，入下吾不能。"（《九章·思美人》）上而不可，下也不能，在飞旋和现实之间流连。挣脱现实，又不离现实，就像将人置于荒天迥地之中，更加强烈孤独。

4. 物哀

自怜是人生命的觉悟和警醒，由哀我到哀人生、哀天地、哀万物，屈原"往者余弗及，来者吾不闻"两句诗中含有深沉的宇宙悲歌。

楚辞是现实的焦虑，更是存在的焦虑，天地人神、家国情怀，为之处处担忧焦虑。人是未来筵席中永远的缺席者，楚辞把玩着人存在的命运，在时间的维度上叩问人的存在价值。

楚辞触动着中国艺术琴弦的最隐微之处，中国艺术的唯美传统、超越情怀、感伤气质以及对生命意义的追问、存在价值的追寻等，这些艺术世界的核心内涵，都与楚辞有密切的关系。楚辞的精彩绝艳，不仅在其外在形式上，更在其精神上。中国艺术在骚人情韵的影响下，形成独特风韵；中国美学也在这样的精神影响之下，形成不同于儒家和道家的独特美学气质。

同时，楚辞里表露的知不可而为之，与儒家思想汇合；楚辞里表露的天地间我独往，与道家精神汇合；楚辞里表露的发慈悲弘大愿，与佛家理念汇合。楚辞之美，圆融之美。

二十九、楚辞的香草美人传统与花鸟画

楚辞反复借香草、美人抒发感情，是《离骚》的首创特色。诗中出现的香草有木兰、杜若、江离、芷（zhǐ）、申椒、菌桂、蕙、茝（chǎi）等。诗人把这些缤纷的香花美草作为世界上美好事物的形象，比喻自己的道德修养和人格高洁。而诗中的"美人"则象征贤明君主，诗人通过对"美人"的热切追求，来表达自己对贤明君主的渴慕。

楚辞的香草美人传统，对中国艺术的发展产生了潜在影响。比如中唐以后，花鸟画成为独立画科，到两宋时期，与人物、山水鼎立而三。

三十、气化、气韵

天地万物由一气派生，一气相联，世界是一个庞大的气场，万物浮沉于一气之中。气化流行，反映了中国人根本的宇宙观。我们生活在一个气化的世界，这气化的世界就是生命的世界。一气流行，生命是整体的、浑沦的，无不有气贯乎其间，故生命相通，世界因气而相互联系，世界在气化中存在，生命在气中生存、流动、变化、生灭。

中国美学重"气"，到六朝时，与"韵"结合起来，凝固成"气韵"这一重要范畴。

气韵强调艺术要有活泼生命感。表现的任何对象，都是在气化世界中浮沉的，无论是看起来"活"的东西，还是不"活"的东西，都是一个"活"物。即使枯木怪石，在艺术家的处理中都会转化为一个"活"物，艺术展现这世界活的生机、活的精神。天地因气而生生不息，艺术家的创造永远为生机所润泽。

所以，欣赏中国艺术，要发挥自己的想象力，在运动中、在流动中去体会和参悟。

三十一、氤氲

氤氲，形容烟或云气浓郁，氤氲二字最得中国艺术之韵。

中国艺术家面对气化的世界，于气化世界悠游，又以艺术表现这个世界。如在中国画中，画家与其说在画画，倒不如说在画气。

元人汤垕（hòu）认为，世俗画分为十三科，山水打头，界画打底。明代陶宗仪《辍耕录》所载"画家十三科"为：佛菩萨相、玉帝君王道相、金刚鬼神罗汉圣僧、风云龙虎、宿世人物、全境山林、花竹翎毛、野骡走兽、人间动用、界画楼台、一切傍生、耕种机织、雕青嵌绿。唐代山水画高居最上，中唐以后花鸟画也异军突起，这与中国人的气化哲学思想有关。

中国画不以人物画为主，而独重山水、花鸟，即因为山水花鸟画更能体现气化哲学的精髓。中国重视山水花鸟画，一般不画人体画，不画人物群集的场面，即使画人，人同芝麻黄豆般大小，这种绘画习惯，还可以用另外的思路予以解释缘由。一般认为，画什么，就是在重视什么，就是在爱什么，中国人一贯爱画山水、花鸟，说明中国人重视山水、重视花鸟；爱山水、爱花鸟。欣赏中国画，要用心，要用脑，要留心画外之意。对无生命的山水，对动植物的花鸟，尚且如此之重视、尚且如此之爱戴，那么，对万物之灵的人类同胞，将多么更加地重视和热爱啊！

万物都有外在之形，更有内在之气。山水、天地大物，如果仅仅停留在形的层次上，徒绘其形，筋骨毕露，就不能领略山川之大旨，不能发现山水之意韵。画画，要画出气，这气不是物质之气，而是生命感。

下面，我们从中国画的一些具体构图原则和基本技法入手，来理解氤氲之韵。

一是云烟飘动。明代董其昌在《画旨》中说："画家之妙，全在烟云变灭中。"所以中国画家又自称"耕烟人"。

二是元气淋漓。强调潇洒磊落，画面水气重、雾霭浓，有鲜活韶秀的生命感。在迷蒙中，回到生命原初。

三是气象浑沦。第一，气象浑沦体现了整体的生命美。第二，气象浑沦体现了元气周流贯彻、无所滞碍的生命精神，形成往复回环的生命世界。第三，气象浑沦加强了物与物联系的层次感，更显浑厚。

黄公望的山水画以气象浑沦著称。黄公望，号大痴道人，元四家之一，是元代很有个性的画家，代表作品《富春山居图》，人以"画中兰亭"来比拟。他也是一个有魅力的人，正像他的号一样，为人的确有些痴，据说他整天意态忽忽，在荒山乱石、丛竹深林中奔跑，有时候突然来了风雨，全然不顾。常常在夜晚，一人驾着小舟，顺着山溪而行，独自沐浴着冷月，有时忽然大哭起来。他在常熟虞山隐居的时候，每到月夜，喜欢携一瓶酒，一人坐在湖桥上，独饮清吟，酒罢，投瓶水中。

黄公望的《富春山居图》，在画坛有较高的声望。此画入明之后，先后为沈周、董其昌所得，后归一收藏家吴之矩，他死后又传给其子吴洪裕。吴洪裕生平喜爱智永的《千字文》和黄公望《富春山居图》，临死时，嘱家人焚之以祭。他在去世的前一天，亲手将《千字文》烧掉，后烧《富春山居图》，祭完酒、点着了火，看到这稀世珍宝在熊熊大火中，他痛哭失声，当时站在旁边的吴氏之侄实在不忍此宝就这样烟消云散，冲到火中，抢出此画，此画却已烧成两段。现在世间流传的《富春山居图》是两个残本，主体部分藏于台北故宫博物院，另一部分藏于浙江省博物馆。

三十二、龙脉

中国艺术不仅表现生命的气化氤氲之态，有一种蓬蓬勃勃的生命感，同时，还有一种重气脉的思想，就是强调内部绵延一条颤动不已的线，一泓水，有永不断绝的清流在流淌，伏脉龙蛇、气通万里，表现出独特的生命律动。中国艺术重视绵延感的思想，体现在龙脉学说中。

王献之的一笔书和陆探微的一笔画，在飞舞的线条中，重视气脉流动、一脉相通的气势。有气则笔断势连，无气则如断线残珠。一条颤动不已的线，时断时续，但气脉展张，未尝有一丝衰竭。一切都根源于"意存笔先"之妙。中国艺术讲意在笔先，不是说在下笔之前，就有先入的意念，这个"先"，不是时间在先，而是位置上为重，"意在笔先"即以意运笔，意为重，笔次之。意非概念，而是艺术创作时的生命状态，即生命的张势。"意在笔先"即以生命为重、气势为重。笔断势连的一笔书、一笔画，是来自心灵中的一脉清流。神闲意定，意在修得内在气脉畅通、内气旺盛，促使灵气飞动。

明清以来，气脉学说又发展为独特的"艺术龙脉说"。龙脉是隐藏在有形世界背后的潜在气势，是天地中孕育的开合起伏的潜在动感、创造精神、生命搏动。

中国艺术的龙脉说，是一条虚灵的生命之线。中国艺术重视线条，但大自然中没有线条，线条是人对外在物象的抽象。中国艺术重视线条的表现力，是虚灵不昧的哲学精神影响所致。飞舞的线条是以追求超越的中国艺术之命脉。

三十三、人淡如菊，落花无言，大美不言

无言之美，不是以沉默的方式去表达，无言不是不说话，无

言乃是放弃"人之言",而达到"天之言"的境界。"天之言"乃不以人的知识去言说,而以生命的本然样子去呈现。

美是自然呈现的,美是不可言说的、不该言说的,可说则非美。

这样的美只能通过体验妙悟而获得,人只有没入存在之中,才能领略其大美。人不是通过"思"(概念的知识的把握)认识这个世界,而是没入这个世界,拥有这个世界,与世界同在,从而发现世界的意义、感受世界的意义。

《蒙娜丽莎》用笑意表情,在说话,在表达。中国画,一般却以此时无声胜有声的方式,以人淡如菊、落花无言和大美不言为艺术创作的主基调。

三十四、疏处走马

关注空白,是中国美学空间意识的核心组成部分。中国画很注意画面舒展,不给欣赏者以压抑感和强迫感,不以凝重和浓重的画笔震慑欣赏者。

侯宝林相声中有这样一段,一个人,什么都画不像,还喜欢卖弄。有人拿纸扇,请他画个画。那人说,我给你画个美人吧。好,那就画吧。他画了半天,画好了。一看,不太像。就说,那我给你改张飞吧。好,那就画张飞。张飞画好了,那画家说,这张飞胡子画得太多了,我给你改个怪石吧。怪石改好,请他画扇的人瞧瞧,说道,这也太怪了吧,又不太像。画家倒干脆,说,得,我给你涂黑了,你找人写金字去吧。

这个笑话讽刺了一个笨拙的画家,他犯了中国画的一个大忌,就是太实了，塞得太满了，由美人到怪石，由怪石再涂黑，越涂越满，终究没有用了。

元朝人饶自然有《绘宗十二忌》，第一忌就是忌"布置迫塞"，作画要上下空阔、四面疏通、潇洒通透，自有玲珑之妙，如果充天塞地，画了满幅，便无风致。一个生命体就是一个气场，塞满了，填实了，就没有生气进出的地方，这样的艺术就没有活力，就死了。空为活道，塞为死路，"空则灵气往来"。

虚实是中国美学一对重要的概念，虚实结合，虚中有实，实中有虚。在虚实二者之间，中国艺术对虚更为重视，认为实是从虚中转出的，想象空灵，故有实际；空灵澄澈，方有实在之美。

有形的世界只是走向无形世界的一个引子、一个契机，在艺术创造中，强调无形的世界，无形的世界成就了一切有形的世界；强调无色的世界，无色的世界蕴含着世界的绚烂。强调无声的世界，大音希声，无声的世界隐含着大音。

"用笔者天也，流美者地也。"（陈思：《书苑菁华》）中国人有天圆地方的说法，圆而神者谓之天，方以智者谓之地，天无形，地有形。下笔有痕迹，所谓地也，而此迹线乃依托于天而存，就是说，艺术有形之迹线是为表现无形之生命而存。一句话，为那个比实有更大的空空世界而存。都填满了，还哪里存放那个空空的更大的世界呢！

三十五、蹈虚蹑影

中国艺术空间，还是一个影的空间。

庄子讲过一个关于影子的故事。有一个人讨厌自己的影子，他动，影子跟着他动，他跑，影子跟着他跑，他拼命地跑，想摆脱影子，但就是摆脱不掉，最后累死了。庄子说，你为什么不到大树底下去悠闲地休息，在大树下还有影子吗？

在庄子看来，世人就是与影子比赛，与一种虚幻不实的力量角逐，所以，这样的世人、这样的世界即虚幻。疲敝的争斗，无休止地追逐，没有意义。庄子说，你就随世界同在吧，像水一样流淌，像云一样缥缈。

上述故事渗透出的思想，对中国艺术影响巨大。中国艺术家将世界虚化，抟实成虚，蹈光揖影，中国艺术中充满了太多的梦幻空花、苔痕梦影。中国艺术家正在做庄子讴歌过的大树之影，通过自己的绘画，给世人造好无限的大树之影，免得逃影之世人好端端被累死，实现了艺术的价值最大化，保住了无知众生的身家性命。

艺术不是写"实"，而是写"影"。为什么要写影？因为影比实的世界更灵动、更有风神意味，因为影是对世界真实现状的表现，影是对世人渴望的真正供给。

中国艺术的迥绝处，如空谷幽兰——在高山大川之边，画上一朵兰花，不起眼，它的谦卑和微小难以让人们注意它，它却散出淡淡的幽香，似有若无，似淡若浓，神秘而不可把握。空灵之至，缥缈之至，它是天际的一点鹤影，是山林中的一缕云烟。空谷幽兰的幽兰，就是用实画幽兰的方式，虚画出山谷世界的影子，此时，山谷为大树，幽兰为大树的影子。

三十六、无色之色

色空观念虽然由佛学所提出，但从广义上说，中国古代一直存在一种根深蒂固的色空思想，主要强调外在有形世界的虚幻不实。色的世界是表象的、欲望的，而无色的平淡素朴方是大道之本真。

中国在先秦时期就进入了所谓"色彩绚烂的时代"，孔子"恶紫之夺朱也"的感叹，就是针对当时迷恋于色彩绚烂的形式之风所发出的。老子从他的自然无为哲学出发，对色的世界进行猛烈的抨击："五色令人目盲，五音令人耳聋，五味令人口爽。"（《老子》）无色是谓天下之本色，以色追色，并不能带来真正的绚烂，而无色之色，才是根本之色。

中国艺术在空间意识上，对无色之妙颇多注目，这在各门艺术中都有体现。如在建筑艺术中，南国乡村传统的建筑多是"黑白世界"，白墙黛瓦，在青山绿水之中，勾出淡淡的素影，有一种令人难忘的美。

传统绘画被称为"丹青"，唐代绘画的重要事件是水墨画的出现，中国艺术对无色意义的认识莫过于绘画中使用水墨。水墨画是用墨在宣纸或白绢上直接作画，没有任何彩色。水墨画之于中国画，在世界艺术史上的价值不亚于油画之于西方绘画，水墨画在一定程度上成为中国画的代表。

中国艺术总是重视画外音、言外意。黑白两色水墨画，黑白两色而已，对最素朴的黑白两色尚且如此喜欢，对五颜六色，更将多么热爱啊。

三十七、疾涩之道

宋代郭熙《林泉高致》中有一段关于中国艺术的著名论述:"山欲高,尽出之则不高,烟霞锁其腰则高矣。水欲远,尽出之则不远,掩映断其脉则远矣。"这深藏抑扬顿挫的哲思,追求形式之内所包孕的"势"。

中国书法家可以说是制造矛盾的高手,他们为书,玩一种"捉对厮杀"的游戏。笔墨相生之道,全在于势。势者,往来顺逆而已。在书法中,"逆"几乎成为书道不言之秘。

清朝笪(dá)重光在《书筏》中说:"将欲顺之,必故逆之;将欲落之,必故起之;将欲转之,必故折之;将欲掣之,必故顿之;将欲伸之,必故屈之;将欲拔之,必故擫之;将欲束之,必故拓之;将欲行之,必故停之。书亦逆数焉。"

红花绿叶,蓝天白云,无论是逆而取势,还是疾而求涩,其理论依据即在一阴一阳之谓道的哲学。中国艺术的空间意识强调阴阳互补的动势,重视无色的世界、空灵的世界以及如梦如影的世界,空间被虚灵化、节奏化,虚灵不昧方为真实生命,虚空的世界方有大美藏焉,活泼泼的世界中方有生命的真精神。它说明,艺术的空间创造并不是写形出相,而是为内在生命超越提供一个阶梯。

三十八、艺术描写的三个关键处

真正的艺术不是陈述这个世界出现了什么,而是超越世界之表象。艺术的关键在揭示，揭示世界背后隐藏的生命真实，预知未来必然的人生真谛。

第一，艺术描写的迥（jiǒng）绝处，乃是一个新的世界。"迥"说其远，是对"时史"的超越；"绝"说其断，断的是一切外在的局限。艺术的"迥绝处"，包括两方面：一是从空间上说的孤。孤和群相对，在中国道禅哲学看来，群是人的看法，世界的联系性存在于人的意识之中，世界本身并没觉得与他物有联系，世界的本来面目就是孤。当然这孤并非孤独感，人的孤独感出自人有所依恃，但世界本身没有这样的依恃，它的孤是孤迥特立，不依赖其他，而不是孤独感。二是时间上的截断，没有了时间之流，三际（指过去、现在和未来）已破，静和寂就是截断时间后所产生的心理感受。静表面上与喧闹相对，而所谓归根曰静，意思是，在生命的深层，有永恒的宁静。静是一种超越的感觉。在宁静中，悬隔了世界的喧闹，悬隔了物质的诱惑，悬隔了悲欢的感受，所谓静绝尘氛，将自己和欲望世界隔开。归根曰静的思想说明：我们在静中体味到本真世界，获得了终极的意义，在心灵的悬隔之中完成了形上的超越，从林林总总的表象中撤身，在这里和永恒照面。而永恒是一点也不玄妙的事。永恒就是放下心来，与万物同在。

第二，艺术描写的寂寞处，没有声响，似乎是一个"无声"的世界。其实不是没有声音，而是无听世俗之音的耳朵，世界照样是花开花落，云起云收。我们似乎寂寞，但这寂寞就如同上面所说的孤独一样，与凡常的寂寞完全不同。这寂寥不是心中有所期待需要安慰，不是心中有目的地需要跋涉，它就是终极的家园，在这家园中似乎撇开了一切安慰和照顾，它是无所等待、无所安慰的，是一个永恒的定在，一个绝对的着落，是生命的永恒锚点。所以这寂寞，空空落落，却给人带来绝对的平和。正因此，寂寞之静，为中国艺术家喜爱，寂寞之静，为艺之极境。空山无人，水流花开，就是一种寂寞。一轮冷月，高挂天空，就是寂寞。皑皑白雪，绵延无尽，就是寂寞。

第三，艺术描写的永恒处，就在当下。无住哲学，是中唐以来影响中国艺术最为深远的哲学观念之一。无住哲学一方面强调随物迁化，另一方面强调不粘不滞。在佛家看来，时间没有实在性，故要超越；丢掉了过去、现在和未来时间观念的人，定能超越。人生短暂，转瞬即逝，如白驹过隙，似飞鸟过林，是风中的烛光，倏忽熄灭，是叶上的朝露，日出即晞（xī），是茫茫天际飘来的一粒尘土，转眼不见，衰朽就在眼前，毁灭势所必然。人生无可挽回地走向生命的终结，世界留给人的是有限的此生和无限的沉寂。人与那个将自我生命推向终极的力量之间奋力回旋，这场力量悬殊的角逐最终以人的失败而告终，人的悲壮企慕化为碎片在西风中萧瑟。与其痛苦而无望地挣扎，还不如忘却营营，所以在庄禅哲学中，消解时间的压迫给人带来的痛苦成了主旋律。宇宙多么广阔，时间无际，但留给人的是这样的短暂。作为时间的弃儿，人生"流幻百年中"，拯救自己的手就在自身，人不可能与时间赛跑，无限也不可在外在的追求中获得，那么，就在当下，就在此刻，就在具体的生存参与之中，实现永恒吧。至高的理想就在当下的平凡参与之中，就在此刻的领悟之中。"纵浪大化中，不喜亦不惧"（陶渊明：《形影神》），无生亦无死，此之谓永恒。

三十九、古意盎然

中国艺术具有一种普遍的"好古"气息。如在中国画中,林木必求其苍古,山石必求其奇顽,山体必求其幽深古润,寺观必古,有苍松相伴,山径必曲,着苍苔点点。中国园林,在于苍古,没有古相,便无生意。中国书法,追求高古之趣蔚为风尚,古拙成了书法之最高境界,等等。

将上述现象说成中国崇尚传统的文化风尚所使然,其实这是误解!

这里所说的"古",不是古代的"古"。崇尚"古",不是为了复古,它和文必秦汉、诗必盛唐之类的复古思潮不同,那是以古律今或者以古代今,而这里是无古无今。重古尚古,是要通过此在和往古的转换而超越时间,它体现的是中国艺术家对永恒的思考。

高则俯视一切,古则抗怀千载。高说的是空间超越,古说的是时间超越。高与卑对,古与俗对。崇尚高古就是超越卑俗和此在。

中国艺术源于文化沉思,尚古趣味,艺术史上罕见。此在现实,而远古渺茫迷幻;此在可视,而遥远难测;俗世时间可以感觉,而神化之境难以把捉。独特的艺术创造将人的心灵置于这样的流连之间,徘徊于有无之际,斟酌于虚实之间,展玩于古今变换中,而忘却古今。

四十、以小见大

外在的追逐并不能使人无限或者获得无限,西方哲学中那种凭自己的有限理性向外面追求无限的方式不同于中国的哲学思想。在中国人看来,无限不是一个可以通过理性把握的事实,而是在心灵体验中切入其中的生命时空,无限就在一丘一壑、一花一草之中。没有脱离有限的无限,有限即无限。

中国人的以小见大,不是一个数量的问题,更不是微缩景观,中国哲学的以小见大是心灵的超越。

小,是外在的物象;大,是内在的心象。从物上言之,何人不小!但从心上言之,心可超越,心可飞腾,身于小亭而妙观天下,泛荡小舟而浮沉乾坤。此心融于天地,此心即天地。中国哲学,是这样地将自己的有限连通无限。

我国先秦,以大为美。重视小的趣味,发现小的智慧,在六朝时即露端倪。趣尚由大到小的转换,反映出中国人文化心理上的变化。重视当下直接的体验,推崇简约纯净的美感,高扬淡逸幽微的气象,蔚然而成风气。以近追远,以小见大,以平和的愉悦代替外在的争夺,以细腻的体验代替粗俗的五官刺激。

大有大的气势,小有小的精微。以小见大思想并非代表衰落气象,流连于小的乐趣也并不一定就是偏安和狭隘,在方寸之间悠游回环,小中有心灵的大开合,有自在腾挪的空间,有悠柔含玩的意味。

四十一、体验以小见大

以小见大,说的不是物理的事实,而是体验的真实。山水画中的以小见大,所表现的不是一个物理事实,而是一个心理事实,一个生命体验的世界。

折枝画是中国画的重要形式,自中唐以来受到画家的喜爱,南宋时,折枝花卉几乎成为代表这个时代绘画之风的典型形式。画家们不去画满园春色,往往是花出一朵,叶出数枝,从画面一角侧出,就是画的全部了。画家不是追求事物真实的面貌,而是关心瞬间体验,将这一体验通过最简略的形式表现出来。

中唐以后,在道禅哲学的影响下,中国画家普遍重视心灵体验的真实,而不取写实之途。他们在绘画的构图上,不再追求山川无限的全景式的方法,而常常是山出一角,溪出一湾,尽量使画面简约,给心灵以腾挪空间。中国艺术表现的是一朵浪花,而隐藏的世界永远是一片海洋。

四十二、大巧若拙,枯槁之美

西方传统园林一般都有雕塑,主要是人物雕塑,内容又大都与宗教有关。

但中国传统园林很少有雕塑,更不要说人物雕塑了。其实,中国传统园林中的假山,就是园林中的雕塑,是中国艺术家精心构造的心灵影像。

中国人认为,石不能言最可人。这些表面上千奇百怪的假山,枯槁瘦硬，"僵死"的石头几乎没有任何生命的信息，但是中国人爱之如金玉，视之为神灵。

这种文化现象背后凸显的是中国人独特的哲学智慧——大巧若拙。在深山古寺、暮鼓晨钟、枯木寒鸦、荒山瘦水中，追求独特的美感，这是东方人贡献给美学世界的重要滋养。拙道即天道，大巧若拙中，体现了崇尚自然的美学精神。

中国人发现了枯槁之美。在中国哲学看来，生命的低点孕育着希望，而生命的极点就是真正衰落的开始。

从枯树来看，它本身并不具有美的形式，没有美的造型，没有活泼的枝叶，没有参天的伟岸和高大，此所谓"外枯"，但苏轼乃至中国许多艺术家都坚信，它具有"中膏"——丰富的内在涵蕴。它的内在丰满、充实、活泼，甚至葱郁、亲切。它通过自身的衰朽，隐含着并激发着活力；通过自己的枯萎，隐含着并激发着生机；通过自己的丑陋，隐含着并激发着无边的美貌；通过自己的荒怪，隐含并激发着无限的亲切。它唤起人们对生命活力的向往，它在生命的最低点开启新生命的里程。

从笔墨技巧上看，中国艺术家对渴笔焦墨非常神迷。渴笔，又称干笔，与湿笔相对，于画面多用勾勒、皴（cūn）擦，不用浓墨渲染。画诀中有"以渴笔取妍"的说法，就是于枯槁中求妍秀。

四十三、艺之老境

中国艺术推崇老境，老境也是一种拙。或许可以说，老境是对婴儿活力的恢复，是对生命童稚气的回归。

艺枯在润，艺老在嫩，在老中取嫩。老境并不是对沉稳、博学的推崇，老境有天成之妙境，有天籁之妙音。

老，在中国美学和艺术中代表崇高的艺术境界，这和崇尚古拙平淡的美学风尚密切相关。老境并不意味着额头上的皱纹和两鬓的白发，老境意味着成熟和天全、绚烂和厚重、苍莽和古拙。老境，就是一种枯树的境界。

人怕老，中国艺术却偏好老。在老境中，平淡，无色相，天真，淳朴，烂漫，衰朽中透出灿烂，平定中拥有智慧，去除规矩之后得到天和，如孔子所谓"从心所欲，不逾矩"。老境于稚拙中透出可爱，在平和中渗出潇洒。

四十四、天饰原则——谈中西园林建筑

中国园林巧夺天工，园林的最高原则是"天工"，体现大自然节奏，反映大自然精神，虽由人作，宛自天开——园林是人的创造，一切园林都是人工的，但中国园林的人工，强调无人工雕饰痕迹，做得就像自然固有的一样。做得就好像没有做过一样，这就是天工，这就是拙趣。

西方园林的设计者是建筑家，中国园林的设计者是画家。西方园林是建筑师的产品，中国园林则是诗人和画家的产品。中国园林是浪漫的，西方传统园林是古典的、理性的、秩序的。

西方园林多几何构置；中国园林是自然的，多曲线，野趣天成，很少几何构置。中国园林的曲和西方园林的直形成鲜明对比，有的人说中国园林建造得像个迷宫，绕来绕去。法国画家王致诚参与过圆明园的创造，他有一封写给巴黎朋友的关于圆明园的信，

他在信中写道，道路是蜿蜒曲折的，不像欧洲的那种笔直的美丽的林荫道，总是小丘挡住视线，有意地制造出曲线来。湖水的池岸没有一处是相同的，曲折蜿蜒，没有欧洲园林用方整的石块按墨线砌成的边岸。

人们到园林来是为了避开世间的烦恼，自由地呼吸，在沉寂的独处中享受心灵和思想的宁静。云墙、回廊、潺潺的小溪，体现出强烈的乡野气息，当然是首选之景色，而绝不是笔直的喷泉。

心理学

一、心理学概述

心理学是研究心灵的科学，学习心理学能够开启自我探索之路。心理学解读人生，改变生活。心理学探寻心迹、思想和行为，点燃心灵中的真善美。

心理学关注个体及其生理过程，如生理结构、发育和成熟，心理学更研究人的思维和人格。人是社会动物，所以心理学是社会科学。

我们可以从一段话里体会到社会学和心理学的不同："我们在提出某某论断的时候，会很自然地在较高层面（社会学）的理论和较低层面（心理学）的理论之间做出区分。"这段话意在表明，社会学虽然也研究个体问题，但更强调宏大叙事，把社会当成一个整体；心理学虽然也研究社会问题，但更强调个体叙事，把个体当成一个社会。社会学把个体置于社会中，心理学把社会置于个体中。

心理学分支很多，社会心理学是其中与社会科学最相关的分支，它研究个体行为与他人行为的相互影响，研究社会化、环境与遗传、适应与心理失调以及情绪、记忆、感知和智力等现象。

二、大学心理学专业主要课程

学科基础课：走进心理学、普通心理学、心理学史、心理统计学、心理测量学、实验心理学、发展心理学、生理心理学、社会心理学、教育心理学、MATLAB 技术。

专业必修课：变态心理学、人格心理学、认知心理学、多因素实验设计。

认知神经科学基础专业方向选修课：高级实验技术、项目反应理论、心理学研究方法、高级生理心理学、人体脑结构与功能、认知神经科学、脑科学初探、神经接口。

发展与教育心理学专业方向选修课：学习心理学、成人发展、学校心理学、行为矫正与管理、智力发展心理学、儿童认知与情绪研究、家庭心理学、人类性学、师生沟通技术、数学知识的心理起源、阅读障碍。

健康与咨询心理学专业方向选修课：心理咨询、团体辅导、生涯发展、家庭治疗、积极心理学、箱庭疗法的理论与临床实践、健康心理学、文化心理学。

社会与管理心理学专业方向选修课：管理心理学、人力资源管理、职业心理学、人际关系心理学、广告与消费心理学、社会调查方法、组织中的社会心理学、职业健康心理学、极端环境心理学、人事心理学。

三、心理学三大流派

心理学解释因与果，联系人与动物，接通自我与社会。如何解释因与果，如何联系人与动物，如何接通自我与社会？这涉及心理学的三大流派。

第一，精神分析论心理学：讨论言行及梦背后的无意识。以梦为例人约三分之一的时间在睡梦中，睡觉的时候，大脑的活动对人在醒来以后的行为和心理有重大影响并从这个角度来探讨人的心理和行为。

第二，行为主义论心理学：讨论环境和人的行为，究竟谁控制了谁。认为行为由别人所影响，这就叫环境论；环境塑造人，叫行为主义论。认为环境决定了一个人的情感，决定了一个人的判断，决定了一个人的内心世界，决定了一个人的外在行为。

第三，人本主义论心理学：讨论自己的选择自己负责，不要归因社会。我自己进行判断选择，我对我自己负责任，我自己规划我自己的人生，人生是我自己决定的，我自己是我自己的主人，我自己对一切负有更大的责任。

这三种流派并不矛盾，它们是心理学考虑问题的三大角度。

四、心理学研究的基本问题

心理学研究的基本问题包括认知（感觉、知觉等）、情感（情绪、情感等）和意志（意志、需要、动机等）三大领域。

五、心理过程与个性心理

一方面，如果没有对客观现实的认识，没有经历各种情感体验，没有实践过程中的意志行为，人的性格、能力、信念和世界观是不可能形成的。另一方面，已经形成的个性心理又影响着心理过程，使人的各种心理过程总是带有个性的色彩。

心理过程与个性心理的这种相互关系从整体上反映了人活动的共同规律和差异规律的辩证统一。例如，性格不同的人，其情感和意志的表现也不一样：性格坚毅者，善于克制自己的情感，表现出坚强的意志力；性格软弱者，则常被自己的消极情感左右，缺乏坚忍不拔的意志力。

六、需要：生物需要，社会需要

根据需要的起源，可以把需要分为生物需要和社会需要两类。

生物需要是指保存和维持有机体生命及延续种族的一些需要，例如，对饮食、运动、睡眠、排泄和性的需要等。生物需要又称为生理性需要、原发性需要，这种需要是人和动物所共有的，但人的生物性需要和动物的不同，因为人具有社会性。

社会需要是指与人的社会生活相联系的一些需要，例如，劳动、求知、交往和成就等。社会需要本身来自社会要求，因而也要受到社会生活条件的制约，具有社会历史性。

七、意志

在人的意志行动过程中，主要的意志品质包括自觉性、果断性、坚韧性和自制力四个方面。

自觉性。它首先体现在一个人在行动中具有明确的目的性，能充分认识行动的社会意义，并以此来调节、支配自己的行动，去实现目的。这种品质来自人的正确的世界观、人生观、价值观。与自觉性相反的品质是盲从和独断。

果断性。它是指一个人善于迅速地明辨是非，合理地做出决定，并执行所做决定的品质。与果断性相反的品质是轻率和优柔寡断。

坚韧性。它是指在执行决定时能坚持到底，在行动中能长期保持坚忍的毅力，克服过程中的困难的品质。和坚韧性相反的品质是顽固、执拗。

自制力。它是指能够完全自觉、灵活地控制自己的情绪，约束自己的动作和言语方面的品质。与自制力相反的品质是任性和怯懦。

八、意志和认识、情感关系密切

意志是人自觉地确定目的并支配其行动以实现预定目的的心理过程。能够自觉地确立目的，是人的行为的特征。意志行动是人的行动中最重要的一部分，具有积极的作用。良好的意志品质是一个人取得成功的重要保证。

意志的产生以认识过程为前提，而情感既可以成为意志行动的动力，也可以成为意志行动的阻力。总之，意志过程包含着认识和情感的成分，反之亦然。

意志品质是一个人在实践过程中所形成的比较明确的、稳定的意志特点，是人性格的重要组成部分。评价意志品质的好坏，关键要看意志活动的社会价值。

坚强的意志品质是克服困难、完成各种实践活动的重要条件。

九、气质

气质是人生来就具有的典型的、稳定的心理活动的动力特征。

古希腊医生希波克拉底在日常观察的基础上，依人体内四种体液（血、黏液、黄胆汁和黑胆汁）各人多寡不同的假设，把人的气质分为动作迅猛的胆汁质，性格活跃、动作灵敏的多血质，性情沉静、动作迟缓的黏液质，性格脆弱、动作迟缓的抑郁质。

我国古代也有人从类似气质的角度把人进行分类。孔子就把人分为"中行""狂""狷"三类，并认为"狂者进取，狷（juàn）者有所不为也"（《论语·子路》）。

十、人性

孔子在长期的教育实践中，逐渐形成了自己的心理学思想。提出"性相近，习相远"的命题，认为人性是在先天"相近"的自然本性的基础上，由于后天习染而发展起来的不同的社会习性。

十一、格式塔心理学

格式塔心理学是一种反对元素分析而注重整体组织的心理学理论体系。

研究表明，当一个人见到另一个人时，第一印象在前三秒就确定了，而且是在没有任何语言交流的前三秒，因为别人已从你的形象、气质中窥见了你的基础特征，这就是社会认知。它是个体、社会关系等社会性刺激所进行的认知活动。

十二、发现并善用优势品质

积极的心理品质人人都有，每个人身上都有优秀而独特的地方，这份优秀只属于你自己。一个人成功与否，取决于他是否能发现自己的优势，并全力将它发挥出来。只有了解自己的优势，最大限度地发挥自己的专长，才能登上人生绚丽的舞台。

有一个小男孩很喜欢柔道，一位著名的柔道大师答应收他为徒。然而，他还没有来得及学习，便在一次车祸中失去了左臂。那位柔道大师找到小男孩，说："只要你想学，我依然会收你做徒弟。"于是，小男孩在伤好后，开始学习柔道。小男孩知道自己的条件不如他人，因此学得格外刻苦。三个月过去了，师父只教了他一招。又过了三个月，师父反反复复教的还是这一招，小男孩终于忍不住，问师父："我是不是该学学别的招数？"师父回答:"你只要把这一招真正学好就够了。"又过了三个月,师父带小男孩参加柔道大赛。当裁判宣布小男孩是大赛的冠军时,他自己都觉得不可思议,只有一条手臂的他,第一次参赛就用一招打败所有对手。回家路上,小男孩疑惑地问师父:"我怎么会以一招得冠军?"师父答道:"有两个原因,第一,你学会的这一招是柔道中最难的一招;第二,对付这一招的唯一办法是抓你的左臂。"

优势品质需要挖掘与培育。具体做法有"欣赏并感激自己""欣赏他人"等。比如,坚持每天在睡觉前回忆并感恩发生在自己身上的三件好事,或书写感激自己和他人的日记,或定期做感谢访问等。同时,一个人要不断做善事,在积极付出的过程中,享受付出努力的过程,收获因你的付出而得到的快乐。

发现自己的优秀品格和优势能力,善用优势能力。有准确的人生目标,也有为之奋斗的能力。遇到难题时调动积极的品格去解决,在解决的过程中就能体会到"福流"(积极的体验),获得自尊,过有意义的生活。

十三、情绪没有好坏之分

情绪有强和弱、积极和消极、紧张和轻松、激动和平静之分,但没有好与坏、对与错之分。

不同的情绪有不同的功能:强烈的情绪可唤醒对方的共鸣,积极的情绪会鼓励他人,紧张的情绪可能会提高备战能力。

情绪只要被控制在适度范围内即可。喜怒哀乐都是人生所需要的乐章。情绪的表达会影响与他人的关系,每个人都要试着去做自己情绪乐章的指挥者。

十四、健全人格

正视现实,接受现实。
接受他人,善与人处。
理解自我,悦纳自我。
能适当地表达情绪。
心理行为符合年龄与性别特征。
承担责任,乐于工作。

十五、成就高的人大多属目标型人格

不同于关系型人格,成就高的人大多属目标型人格,他们的注意力不在普通人的感知频道,普通人所关心的他们未必在意。说不定他们会以另外一种方式回报养活他们的世界,回报与之朝夕相处的人们。

十六、行为的解释

心理学领域一个更大的争论是如何更好地理解行为。天性、后天养成之争只是其中的一部分,我们还可以从另外三个角度分析:认知研究方法(包括精神分析法)、行为主义研究方法和人本主义研究方法。

认知研究方法主要研究引发和决定行为的思维。虽然行为的认知研究方法有很多种，但最有名的是弗洛伊德的精神分析心理学方法，它关注无意识思维以及无意识思维与有意识思维及行动的关系。

第二种研究方法是行为主义研究方法，它关注行动而不是思维。行为主义研究方法得到了一种被称为生物心理学方法的补充。生物心理学方法是从生物学和心理学衍生出来的，它把行为简单地看成是对体内化学刺激物的反应。这种方法相信一个人的基因结构决定了他将表现的行为的范围，化学信使则在这个大范围内决定其具体行为，心灵只是物理世界的一个组成部分。

第三种研究方法是人本主义研究方法，它强调人的整体性和人与文化的相互关联。

十七、智力

智力是一个人理解所面临处境的能力，也是根据处境做出恰当调整的能力，这种调整有赖于学习和思考。智力低下会妨碍人们对自己的环境做出相应调整。

一个人越聪明，就越能够：

1. 整体地感知情境，而不是局部地或不完全地感知情境。
2. 快速地学习。
3. 有目标地学习和思考。
4. 独自或在他人的帮助下找出最佳解决办法。

高智商的人可能拥有相当丰富的想象力和创造力，思考并评估多种新奇方法，尽可能解决难题。

人工智能

一、推荐书目

推荐书目：徐英瑾：《人工智能哲学十五讲》，北京大学出版社2021年版。

二、人工智能（AI）学科的诞生

1950年，数学家、逻辑学家和计算机科学的奠基者英国人阿兰·图灵（AlanTuring，1912—1954）在哲学杂志《心智》上发表论文《计算机器和智能》，提出"图灵测验"(TuringTest)的思想，认为判断一台人造机器是否具有人类智能的充分条件，就是看其言语行为是否能够成功地模拟人类。即若一台机器在人机对话中能够长时间误导人类认定其为真人，那么这台机器就通过了"图灵测验"。在文末他乐观地预言，这样的一台机器会在50年内问世。

以今天的眼光，这篇论文无疑指出了AI科学的研究方向。图灵对于这种研究方向的揭示，在本质上是一种哲学工作——它牵涉对于何为智能这个大问题的追问，并试图通过一种行为主义的心智理论，最终消弭心理学研究和机器编程之间的楚河汉界，消弭机器与智能之间的楚河汉界。

这篇论文不仅是哲学史上的经典之作，也成为人工智能科学的先声。

三、为什么哲学重要

人工智能诞生的标志性事件是 1956 年于美国召开的达特茅斯会议。目前，美国和中国位列世界人工智能领域的前两名，更为残酷的事实是，中美两国的人工智能遥遥领先世界，使得这个领域短期内很难被其他国家追赶上。

因为 AI 研究在美国的相对成功，人们多看重美国经验，而忽略了他国的经验教训。在我国之外，历史上冲击美国的霸主地位的案例，至少有以下三个：第一是苏联几十年间对于美国计算机技术的跟踪与所谓的"控制论"研究，第二是日本的"第五代计算机计划"，第三是欧盟的"蓝脑计划"。这三次努力都有明显的共性：第一，这些努力都不算成功；第二，这些努力都由政府主导；第三，指导这些努力的决策方式都是基于错误的哲学预设，让错误的哲学预设进入各国的科学发展决策，从反面佐证了健全的哲学思辨对于正确的科技决策不可或缺的作用。

不是控制论思想让今天的人工智能获得成功，苏联的错误在于用控制论思想指导人工智能工作。其工作思路和原理属于对人工智能无效，这使今日的俄罗斯落伍于人工智能时代。

日本完全工科开发的第五代计算机，属于日本早期的人工智能，实际是专家系统与软硬件计算机合成的技术路线。即使在今天，我们的手机、计算机，也仅仅是硬件，仅仅是运算、存储、通信的设备，并不能在我们手头的手机和计算机里集成智能和智慧。日本的思路是不断提升计算机运算、存储、通信方面的能力，同步地提升智能和智慧的能力，把一个又一个专家系统不断地集成到最新生产的计算机里面，使这个计算机直接具有智能。然而，由于其野心过大，这样的计算机今天也未开发出来。日本错判符号人工智能思路和联结思路（深度学习、神经元网络技术等），恰恰20世纪80年代后，神经元技术突飞猛进，使得日本仅使用符号人工智能的思路彻底掉队。

所谓人工智能，就是模拟大脑来工作。欧盟的理想情怀和技术路线，符合今天人工智能的发展方向。问题是，欧盟不是搞渐进的人工智能，而是计划一下子搞成比大脑还要高级的大脑。过于高级等于低级，最终竹篮打水一场空，而且支撑该技术发展路线的哲学理念是混乱的，甚至也没有体现出欧盟所提倡的"可信赖的人工智能"应具备的任何特征。

该计划的核心思想就是在一台叫"蓝基因"(Blue Gene)的超级计算机上，构建一个数码虚拟脑，以便整合神经科学学界既有的对于大脑的数据，最终完成此类知识的"大一统"。

由于该计划兼跨神经科学、医药学与人工智能，所以，支持该计划的学术野心要大于日本的第五代计算机计划。但该计划在方案设计时就存在着一些难以修补的结构性漏洞，导致进展不顺，以失败告终。

"蓝脑计划"并不是建立一个简化版本的大脑，而是一个等质等量的大脑摹本：这个摹本的细节会一直落实到其构成的神经元之上，落实于神经元之间的电传导，甚至是落实于在神经元内部的那些起到开关作用的基因机制。

其实，仅仅将不起眼的隐杆线虫（一种约1毫米长的雌雄同体的小线虫）的区区302个神经元加以图像化并建模，就已经足够难，更不用提对我们的颅腔内的860亿个神经元进行建模，欧盟的"蓝脑计划"简直是天方夜谭。

苏联、日本和欧盟的人工智能计划,失败在科技规划上面,失败在指导科技规划的哲学思想上面。

四、"蓝脑计划"蕴藏的哲学矛盾

"蓝脑计划"在哲学上预设两个彼此矛盾的前提:"生物学还原主义"和"功能主义"。

生物学还原主义认为,人脑的高层次心理机能,可以被还原为与之相关的底层生物学事件。对大脑神经元数码建模,是人工智能的正确道路。

问题是,无论计算机对于大脑的数码建模精细到何等地步,其物理实现方式依然是"硅基"的,而非人类大脑的"碳基"物质。

人类的大脑是碳基的,电脑芯片是硅基的。所谓的最底层,也未必真的到达了最底层。目前,已经有不适用硅基芯片的计算机,比如量子计算机等,得弄出来碳基的计算机才可以还原。

"蓝脑计划"仅还原大脑神经元这一种物质而已。大脑里面,参与智能活动的物质很多,还不包括未知的。在已知的物质里,比如,肾上腺皮质激素、下丘脑激素、多巴胺等化学物质是参与人类智能系统运作的。还有,是人类大脑860亿个神经元数量10倍之多的胶质细胞也参与人类智能系统的运作。这些物质,"蓝脑计划"都没能还原,所谓的还原连完整性都没有,根本不能叫还原。

不论开始、不论过程,从发生的原点那里无法还原,改为在结果的地方，仅仅从功能、结果上还原。那么，弥补上述理论和实践漏洞的唯一办法，就是引入"功能主义"的哲学立场，即认为某种生物机能，虽然我们人类暂时还不能还原，但可以通过其他方式，实现间接的还原，即"多重可实现性"。

这时，激进的功能主义则完全可以从另外一个角度攻击"蓝脑计划"：为何执着于在神经元突触联结的层次上进行大脑建模呢？为何不在高于神经生物学的心理层次进行这种建模工作呢？人类的语言机能、推理机能，若被还原到神经科学的层面上，难免会陷入"只见树木，不见森林"的尴尬境地。将研究的层次一下子拉到心理学的高层面上，通过心理学理论自身的简洁性，将以更直接的方式对人工智能产生更为直接的帮助，岂不更好？

这样，如果认真执行"功能主义"的研究思路，就要直接跳过大脑神经元建模的研究，在心理学层次上进行人工智能的开发，这才是类脑工作，符合通用人工智能的特征，具有科学性和实用性。

如此，无论还原主义还是功能主义，人工智能的研究都产生了哲学悖论。

面对激进的生物学还原主义与激进的心理功能主义的两面夹击，"蓝脑计划"为何还如此执着于神经元突触模型呢？答案就只能建立在对于一个关键现象的膜拜之上，即"电"。

我们知道，计算机设备当然由电能驱动，而生物组织也会在自身的活动中发生各种电位变化，由此释放生物电。因此，电就成了将生物脑与计算机进行联系的某种神秘通道。

然而，从哲学功能主义的角度看，对于生物大脑而言，电的产生只是一系列复杂生物化学反应所导致的外围性现象，而这些复杂的生化反应在功能上却未必就只与脑电的产生相关。譬如，乙酰胆碱在突触之间的合成固然能够促进神经电的释放，但此类化学物质也能扮演别的（甚至完全相反的）功能角色，如在心脏组织中的乙酰胆碱就具有抑制神经传递的效果。与之相反，计算机集成电路则一刻也离不开电。换言之，既然电流的存在之于集成电路的功能性意义不同于其之于神经元的意义，那么，不少神经科学家对于生物电现象的强调本身可能就建立在对于偶然现象与本质性现象的哲学混淆之上。而这些混淆本该是能够通过耗费较少的哲学活动就可以加以澄清的。

所以，"蓝脑计划"的最后一根救命稻草——电，对于神经元的信息传递而言不是唯一的动力。但是，电对于计算机来讲，是唯一的动力，电不是人脑和电脑的共同且唯一的"上级"。

击穿"蓝脑计划"的膜拜物——电，"蓝脑计划"就只剩一地鸡毛。

五、深度学习技术（人工神经元网络技术）

输入单元层从外界获得信息之后，根据每个单元内置的汇聚算法与激发函数，"决定"是否要向中间单元层发送进一步的数据信息，其过程正如人类神经元在接收别的神经元送来的电脉冲之后，能根据自身细胞核内电势位的变化来"决定"是否要向另外的神经元递送电脉冲。

工程师调整系统的微观信息传递活动的基本方法如下：先让系统对输入信息进行随机处理，然后将处理结果与理想处理结果进行比对，若二者彼此的吻合度不佳，则系统触发自带的"反向传播算法",来调整系统内各个计算单元之间的联系权重,使得系统给出的输出能够与前一次输出不同。两个单元之间的联系权重越大,二者之间就越可能发生"共激发"现象,反之亦然。然后,系统再次比对实际输出与理想输出,如果二者吻合度依然不佳,则系统再次启动反向传播算法,直至实际输出与理想输出彼此吻合为止。而完成此番训练过程的系统,一般也能够在对训练样本进行准确的语义归类之外,对那些与训练样本比较接近的输入信息进行相对准确的语义归类。譬如,如果一个系统已被训练得能够识别既有相片库里的哪些相片是张三的脸,那么,即使是一张从未进入相片库的新的张三照片,也能够被系统迅速识别出来。

或者说,系统所做的事情,就是在各种可能的输入与输出之间的映射关系中随便选一种进行胡猜,然后将结果抛给人类预先给定的理想解,看看自己瞎蒙的答案是不是恰好蒙中了。如果真蒙中了,系统则会通过保存诸神经元之间传播路径权重的方式记住这一次蒙中的结果,并在此基础上继续学习。而这种学习的低效性之所以在计算机那里能够得到容忍,则是缘于计算机可以在很短的物理时间内进行海量次数的胡猜,并由此遴选出一个比较正确的平均值解。一旦看清楚了里面的原理,不难发现:人工神经元网络的工作原理其实是非常笨拙的。

然而,基于深度学习机制的系统不可能是任何一种推理系统,任何能够投入运用的深度学习系统,经过特定领域内样本的训练,就会成为相关领域内的奴隶,而无法成为某种中立于各个特殊领域的一般推理机制。

ChatGPT偏向语言文字的人工智能与SOAR偏向图像视频的

人工智能之所以能获得成功，大约是其基于深度学习的推理机制在各个领域取得足够的成功，近似于取得了中立于各个领域的一般推理机制，附加上使用更有效的人工智能理论和算法，获得了接近实用的人工智能技术。

深度学习机制与人类的自然智慧之间的确存在着巨大的差距。这种系统的工作原理虽然貌似模仿了人脑的神经元网络，但它缺乏人类心智系统的高阶构建，难以胜任真正的人类工作。

六、人工智能不能太指望深度学习

深度学习技术是人工智能领域的热点技术，但深度学习并非人工智能真正的康庄大道。深度学习机制的根底，是对人类专家数据归类能力的肤浅模仿，在某类输入信息与某类目标信息之间建立起特定种类的映射关系。

深度学习以大量人类专家提供大量优质的样板数据为逻辑前提，不深入理解和模仿人脑对于信息的内部加工过程，带有知其然而不知其所以然的弊端。在人类专家无法提供大量样板数据的地方，深度学习机制自然难有用武之地，在前人没有全面涉足的领域，人工智能难以做出创造性的贡献。

我们甚至可以从深度学习的本质特征出发，分析出其大规模运用对于人类文明可能造成的潜在威胁：

第一，某些掌握数据调配权限的训练员完全可以控制系统的数据归类方向，由此固化人类自己的某些偏见。比如，在人脸识别系统中对于具有某种面部特征的人群"犯罪倾向"的归类，最终造成负面的伦理后果，威胁到人类文明的多样性。这个问题也被称为"算法偏见问题"。

第二，与基于规则的人工智能不同，基于数据采集的深度学习系统本身的运作很难通过线性的公式推导过程而在人类语言的层面上被解释，其结果更像某种神秘的"黑箱"运作后的输出。由于这种非透明性，此类人工智能系统若被纳入以"说理"为基本交流方式的人类公共生活中，会导致与人类既有社会习俗与法律系统的大量碰撞。这个问题也被称为"算法透明性问题"。

第三，深度学习系统的大量运用会在短期内对特定领域内的人类工作岗位构成威胁，由此也会对人类专家的稳定培养机制构成威胁，并使得深度学习未来的智慧汲取对象变得枯竭。由此，滥用深度学习技术的人类社会，在吃光该技术所能带来的短期红利之后，可能最终会走向文明的衰落。对此，我们可以用一个类似的例子予以进一步的解释。如果百度百科就是学术，那么人类就不用研究了，不用教学了，不用专家了。可是，百度百科吸取于外界，百度百科是死的，没有源头活水就会失掉自身的意义和价值。

第四，现有的深度学习架构都是以特定任务为导向，导致系统功能区分既不与人类大脑的自然分区相符合，也缺乏彼此转换与沟通的一般机制。比如，我们人类的大脑显然没有一个分区是专门用于下围棋的，而用于下围棋的"AlphaGo"系统的内部结构则是专门为下围棋量身定做的，不会做其他的事情。

因此，深度学习系统自身架构若非经历革命性的改造，缺乏进阶为通用人工智能系统的潜力，那么这个技术只能是人工智能发展中的阶段性技术，必将面临被替代的命运。

七、良好人工智能的节约性原则

自然智能采用经济方式回应环境，譬如，一只猴子辨认出它的母亲，不需要像基于深度学习的人脸识别系统那样先经受海量的猴脸信息的识别练习。我们也很难设想围棋冠军柯洁在获得能与"AlphaGo"一决高下的能力之前需要像"AlphaGo"那样自我对弈几百万盘棋局。

但是，节俭性还不是当前主流人工智能技术所具有的特性。相反，对于信息的过分榨取，使得当下的人工智能陷入探索—榨取两难境地——倘若不去海量地使用人类既有的知识，机器便无法表现出优异的智能；然而机器一旦无节制地使用既有的人类知识乃至上了瘾，则无法在任何一个领域内进行新的探索。

与之相比较，相对高级的自然智能却都具备在不过分剥削既有知识的前提下进行创新的能力，形成各种神来之笔和奇思妙悟。

那些真理性的认识，在刚开始诞生的时候，一般来说，都是弱小的、非主流的，一定到主流信息里，到获得强势地位的主张里面去，无法发现未来的真理。如果注意节约性原则，人工智能的探索性和真理性将会提高。

人类的智能、人类的认识和判断，并不是百分之百的正确，机器智能更没有必要追求那种绝对的正确。发挥人工智能的节约原则，可减少不必要的顾虑。

八、人工智能的另一种思路——小数据主义

大数据很笨，很消耗。烦难的模式，其实并不是人类大脑解决问题时候的样子。走捷径、尚智慧，并不完全依赖准确性和完备性，人类的大脑经常使用简单、节约的原则来工作、处理事情以及做出决策。

假设有这样一张考卷，上面有一系列分别由两个城市名字所构成的对子，如沈阳—铁岭，广州—珠海，杭州—宁波，等等。考生的任务便是从每个对子里找出那个城市居民比较多的城市，予以画钩。考生如果采用精确的办法，必然先统计清楚所有城市的人口数，然后予以准确作答。其实，考生实际做题的时候经常采用捷思法：选那个看起来眼熟的地名就是了，有名的城市，人口自然更多。这种看似"简单粗暴"的解题思路，成功率却丝毫不差。

那么，从大数据主义走向小数据主义，从消耗型的人工智能走向绿色人工智能，就是一条很好的道路。

九、展望小数据主义色彩的绿色人工智能之路

绿色的技术是对自然资源消耗更少且对自然环境破坏亦少的技术。绿色的人工智能技术是对现有的人类价值体系扰动较小的技术。具体而言，它必须对节俭、少打扰、尊重隐私、尊重公民权与人类的自由选择权等被大众普遍接受的价值标准抱有起码的敬意，并以此将技术异化的风险降到最低。

若按照这种标准去衡量，现有的大数据分析技术就很难被说成是绿色的技术。相比较而言，一种基于节俭式算法的绿色数据处理技术，则未必以大数据的获取为其运作的必要条件。

深度学习机制的本质，实际上就是将传统的人工神经元网络的内置层的层级予以规模放大的产物，比如，从一到两层的内置层扩展到七八十层，由此使得系统获得更为复杂的学习行为。它很难说是绿色的，深度学习技术与理想中的绿色的智能技术南辕北辙，却与同样迷信更多、更快之原则的大数据技术心有灵犀。

将话题缩小到中国文化上，那么，一种真正适应中国文化风土的人工智能技术，自然也就应当能通过技术手段保持住中国文化的某些特色，而不是摧毁之。儒家思想强调内敛、勤奋、中庸、节制，更支持小数据主义，中国儒家思想与小数据技术相互结合是可以的和可能的。

十、通用智力因素

通用智力因素包括很多要素：

流体智力（以生理为基础的认知能力，如知觉、记忆、运算速度、推理能力等，随年龄的老化而减退）、晶体智力（不随年龄的老化而减退，指学会的技能、语言文字能力、判断力、联想力等）、量化推理、读写能力、视觉处理、听觉处理、处理速度、反应速度。社交、动机、注意力、规划、学习、对自我/他者的建模、驱动、情绪、对量化表征的运用、交流、建造/创造。

在所有智力因素上面发展的人工智能技术，就是通用人工智能。

十一、通用人工智能

从字面上看，深度学习的前身——人工神经元网络——也是基于对于人类大脑的仿生学模拟，但是在专业的神经科学家看来，传统的神经元网络也好，结构更为复杂的深度学习机制也罢，其对于人脑的模拟都是非常低级与局部的。

与之相比，类脑人工智能的设计要好得多：它们要对人脑的整体运行机制做出某种切实的研究，并将其转化为数学形式，使得计算机也能够按照"人脑蓝图"来运作。考虑到人类大脑的整体运作——而不是局域神经网的某种低端运作——能够以"神经回路"的方式向我们提示出更多的关于人类智力整体运作的信息，比起深度学习技术，类脑人工智能技术的研究显然能够降低"盲人摸象"错误的概率。

十二、通用人工智能（AGI）的基本属性

AGI的基本属性为：反对生物还原主义，反对神经元功能主义模拟，主张心理层次的功能主义人工智能思路，建设通用人工智能。

AGI的研究将不得不在最起码的限度内参考认知建模的研究成果，也就是说，这样的系统将肯定具有人类心理的某些特征通用人工智能应该具备的基本属性，也都在不同程度上与心理建模相关。

第一，至少能够形成一些基本的心理表征，以便将自己区别

于一些单纯的物理对象，譬如具有"我相信……"这样形式的表征。换言之，这样的系统应当具有"意向性"。

第二，应当具有起码的自主性，并因此能够自主形成具有"我想要……"这样的心理表征。换言之，这样的系统乃是具有"意图"生成能力的。

第三，应当像人类一样具有"情绪"，以便在特定问题处理语境中具有迅速集中认知资源的能力。

第四，应当能在最起码的限度内理解并执行人类社会的伦理规范。换言之，它将是具有人类伦理的。

第五，应当具有按照正确的方式去做事的秉性，换言之，它将是具有人类德性的。

不从技术的角度，而是从社会科学的角度来探讨人工智能发展，也十分具有意义。人工智能与哲学、心理学、社会学、政治学、经济学以及历史学等社会科学相关，在庞大的社会科学的支撑下，建立起人工智能技术，让它起点正确、过程正确、结果正确，让它和人相伴相随，共同繁荣，共同发展。相信人工智能会拥有美好的明天。

宗教学

一、推荐书目和宗教学概述

推荐书目：[英]麦克斯·缪勒著，陈观胜、李培茱译：《宗教学导论》，上海人民出版社1989年版。张志刚：《宗教学是什么》，北京大学出版社2016年版。[美]约翰·B. 诺斯、戴维·S.

诺斯著，江熙泰等译：《人类的宗教》，四川人民出版社2005年版。其中，张志刚的《宗教学是什么》是本部分借鉴最多的书籍。

宗教有数千年的流传历史，有遍及全球的分布范围、错综复杂的表现形式、丰富而精深的思想内容。宗教是人类情感、思想和行动的重要领域，宗教学是神圣之域的理性探知。

人们相信自我的力量，人们也相信超自己且超人类的力量，宗教是人类和超人类力量之间的关系，在两种力量之间，宗教认为人类依赖于超人类的力量。

表达人类和超人类关系的方式多种多样，宗教的表现方式包括信任感或畏惧感、传说、神话、祷告、仪式，以及按宗教戒律生活。

二、宗教的三种含义

宗教的一种含义，指各种宗教传统，如犹太教、基督教、伊斯兰教和印度教的各种传统等。

宗教的另一种含义，则指向人的信仰天赋。

人有一种与任何具体宗教无关的信仰天赋，这是一种心理能力或倾向，它与感觉和理性无关，它使人感到有无限者的存在。没有这种信仰的能力，就不可能有宗教，连最低级的偶像崇拜或动物崇拜也不可能有。

在任何宗教中都能听到灵魂的呻吟，那呻吟力图认识不可能认识的，力图说出说不出的；那呻吟，是对无限和无限者的渴望。

宗教的第三种含义,是社会学观点下的宗教即神圣。

把世界分成两个领域,一个是神圣的事物,另一个是世俗的东西,这是宗教思想独具的特色。

在人类思想史上恐怕再也找不到两个范畴,能像"神圣"与"世俗"那样,把万事万物截然分开了。和这两个范畴相比,即使"善"与"恶"的区分也显得没有意义了,因为"善"与"恶"犹如一枚硬币的正反面,无非指相反的道德行为,或者说,"善"与"恶"作为对立的品行,如同健康与疾病,指的是同一事实或生命现象的不同状态。

然而,不论何时何地,"神圣的事物"与"世俗的事物"却总是被人想象成"两个不同的世界",二者毫无共性可言。

即善恶具有对立统一性,而神圣与世俗,虽然对立但不统一,也无法统一。

三、宗教和宗教学

任何一种宗教都认为自己包罗万象,是悲悯的、广大的、统一的宗教,它要求教徒非常虔诚,极度专一。教徒信仰和皈依一种宗教,就不能再信仰和皈依另一种宗教了。

然而,宗教学却不然。如果你只知道、只研究一种宗教是不行的,宗教学要同时研究多种宗教。

如同中国文化认为,真正的文明并不冲突,冲突的一定不是文明。所以,在中国文化的词典里,没有文明冲突这个词。同理,宗教是包容的,宗教在世界各地以及各个时期,各种各样的宗教都是和谐共生的而不是非此即彼的。宗教不是神学，而是人学。神无比较，人必分别。宗教也讲究辩论、斗争，严重的甚至发展到宗教冲突的状态。这样的比较、斗争，虽然激烈猛烈，也是宗教发展的必然，但是，借口宗教从而致力于从肉体上消灭异己，那它一定是有其他方面的原因了。

四、分析巫术

巫术相信两个或多个事物通过神秘的交感，能远距离地相互作用，以实现控制主导对方的目的。

巫术原理：一是相似律。相同的原因产生相同的结果。据此形成的法术可称为"顺势巫术"或"模拟巫术"，即巫师仅仅借助模仿来达到目的；二是接触律。相互接触过的事物即使分离后仍会产生相互作用。根据这个原则，只要某人接触过某物，巫师就能通过该物从而对该人施加影响，这类巫术可叫作"接触巫术"。

巫术都隐含一种信仰，即确信自然现象次序严格，自然界有规律、有秩序，事物的演变可预见、可推算。所以，巫师从不怀疑相同的原因必然导致一样的结果，他们相信特定的法术必定产生预期的功效。

由此可见，巫术在基本观念上与科学相近。但是，巫术曲解自然规律，误用思维原则。联想原则是人类思维的基本规律，若加合理应用可结出科学的果实，而滥用只能产生"科学的假姐妹"——巫术。

五、宗教与巫术的区别

宗教迎合或抚慰能够指导和控制自然与人生进程的超自然力量。宗教包含理论和实践两大部分,即对超人类力量的信仰以及讨其欢心、使其息怒的种种企图和种种做法。

"信仰"(理论)和"讨好"(实践)两个因素相比,首要的是信仰,即相信宇宙或世界的主宰是神灵,其次才有可能形成讨好的企图和行为。

1. 关于自然过程的可变性与不可变性。

宗教信仰相信自然事物的产生过程在一定程度上是可改变的,信仰者通过讨好或取悦自然进程的主宰,有可能说服或诱使神灵来按照人的利益改变某些事物。

巫术原则恰好相反,认为大自然的运行过程是客观的、不变的,因此,人为地讨好、哀求、说服、恐吓等手段一概无济于事。

所以,宗教和巫术表现的是两种矛盾的宇宙观。

2. 关于宇宙或世界的统治力量是有意识、有人格的,还是无意识、无人格的。

这是宗教区别于巫术的关键地方。

宗教作为一种取悦超自然力量的企图,其本身就暗示着那个被讨好者是有意识、有人格的,他的所作所为在某种程度上是不确定的,只要人们能投合他的兴趣、情感和意志,他就是可被说服的或被打动的。

这一点,巫术与宗教对立。巫师相信,自然过程是由机械的、不变的法则支配的，而不取决于任何意志或人格。虽然巫师常跟神灵打交道，可他们是用仪式和咒语来加以强迫或压制，而不是像宗教徒那样去讨好或取悦。总之，在巫术那里，一切有人格的对象，不管是人还是神，最终都受制于非人格的力量。

六、巫术—宗教—科学—后科学

因为巫术误用了最简单、最基本的思维原则——相似的或接触的联想，年复一年，日久天长，那些善于思考的原始人和巫师们终于察觉，靠巫术并不能获得如期的结果。这是人类思想史上的一次重大发现。人类逐渐认识到，巫术是徒劳的，并不能任意控制大自然。

宗教假定大自然的幕后还存在一种有意识、有人格的力量——神灵，人类于是改变方式，努力通过祈祷、献祭等温和诌媚手段以求哄诱安抚顽固暴躁、变幻莫测的神灵。"人格神"的概念比原始的相似或接触观念复杂得多，因此我们推断，宗教晚于巫术。

人类思想运动，大体由"巫术的"发展到"宗教的"，进而到"科学的"。在巫术的思想阶段，人依靠自己本身的力量应付重重艰难险阻，他相信自然界的既定秩序，觉得肯定可以信赖它、运用它以达到为自己的目的服务。当他发觉自己想错了，便伤心地认识到他所以为的自然秩序和自信能够驾驭它的能力，纯粹都是幻想的，他就不再依靠自己的才智和独自无援的努力，而谦卑地委身于自然幕后某一伟大而不可见的神的怜悯之中，并把以往狂妄地自以为具有的广大能力都归之于神。于是，在思想比较敏锐的人们心目中，巫术思想逐渐为宗教思想所替代，后者把自然现象的更迭解释为本质像人而能力无限超过人的神的意志、神的情感或愿望所规定的。

随着时间的推移，宗教的解释又不能令人满意。人们透过自然界的更迭现象，愈加感到它们严密的规律，绝对的准确，无论在什么地方观察它们，它们都是照样准确地进行着。我们的知识每取得一次伟大的进步，就又一次扩大了宇宙间的秩序的范畴，同时也相应地限制了宇宙间一些明显的、混乱的范畴。人们逐渐认识到，自然宗教的理论也是不适当的，有点回到了巫术的旧观点上：过去巫术只是假定自然规律，现在他们明确认识到自然界现象有其不变的规律性，周密观察就能有把握地预见其进程，并据以决定自己应采取的行动。总之，作为解释自然现象的宗教，已经被科学取代了。

然而，科学之后呢？如今，人类知道，要发现科学、利用科学、借助科技和科学。如今，人类已经拥有庞大的力量，这是人类自由的力量，因此人类愈加为所欲为，梦想变为现实的同时，人类也不断面临新的挫折、新的困惑和新的迷茫。如果这样的挫折、困惑和迷茫足够大以后，人类会把巫术、宗教、科学重新请回来吗？人类会探索出新的解决办法和迈向新的康庄大道吗？

七、宗教心理

真情实事和捕风捉影，皆可撼动人心。有些抽象的观念能决定我们的心理，这是人的性格中的基本事实。

由于这些观念"极化着"并"磁化着"我们，我们或转向它们或背离它们，我们寻求它们，拥有它们，憎恶它们或赞美它们，就仿佛它们是具体的存在物。

宗教的恐怖和我们黄昏时在森林或山峡里感到的紧张一样。

宗教的怕、宗教的爱、宗教的喜乐等，与非宗教原因产生的怕、爱和喜乐一样。

一般认为，没有根据来假定存在着某种单纯的、抽象的宗教情感和宗教心理，宗教心理与世俗心理并无二样。

八、宗教经验与理性主义

就特性而言，宗教经验是神秘的，可划归为神秘主义。在哲学上，与神秘主义相对立的就是理性主义。按理性主义的主张，所有的信仰均须提供明确的根据，这些根据主要包括：（1）可陈述的、明确的抽象原理；（2）来自感觉的确切事实；（3）基于此类事实作出的明确假设；（4）确切的逻辑结论。照此标准，宗教体验的那种不明确的模糊印象，在理性主义的思想体系里没有任何地位。

理性主义是理智的倾向，孕育了现有的哲学和自然科学。然而，如果观察和体会一下人的整个日常心理生活以及所有的深层心理活动，实际上，理性主义所能说明的只是其中的一部分，剩下的大部分都属于非理性主义的范畴。

对一个宗教徒来说，如果他以沉默的直觉来抗争理性的结论，那么，理性主义观点是无法使其信服或皈依的，因为他的直觉来自人性的更深层面，超出了理性主义的论辩范围。他的整个潜意识生活，他的冲动、信念、需要以及直觉等，早就使他胸有成竹：

我所信的东西比任何理性主义的喋喋不休更加真实。

九、人格与宗教心理

宗教功能在整个心理或精神活动中表现独特。信徒对"神秘者"的直接经验，常见的形式有梦境、幻象、偶然事件等。作为想象的结果，宗教经验同时有一种神秘感、一种难抗拒的吸引力，致使经验者在某种神秘的象征体系里感悟到了伟大而崇高的意义，让他们相信一旦委身便可安宁。

不论这个世界如何看待宗教经验，有这种经验的人便拥有一笔财富，一种使他发生重大变化的东西，这种经验变成了生命、意义和完美的源泉，同时也给予世界和人类新的光辉。

宗教经验可给人带来复杂的感受，像神秘感、威严感、崇高感、完美感、依存感、活力感、超越感等，促使人们转变生活态度，追求更积极、更美满的人生。

十、罗素批判基督教神学

英国哲学家罗素认为，宗教真实性的哲学思考归结为一个问题：上帝或神灵是否存在？借此，罗素批判基督教神学。

1. 最初起因。

它曾是一种最通俗、最流行的"上帝存在证明"。谁创造了我？答曰：上帝。有个难题人们接着要问：上帝又是谁创造的呢？这就是说，如果万物都有起因，上帝也不例外。如果某种东西没有起因，其可能性将被世界和上帝对分。

基督教神学所讲的最初起因，其实属于普遍的宗教成见。例如，印度教徒相信，世界被驮在一只大象背上，这只大象则被驮在一只巨龟背上。可谁能说清楚，那只巨龟又被驮在何物背上呢？所以，最初起因论荒诞且毫无逻辑。

2. 自然法则。

根据牛顿力学，行星按万有引力定律绕太阳运行。于是，神学家便论证，自然法则必有其立法者，他就是上帝。

根据目前的科学认识，许多自然法则带有随机性。比如，原子的活动过程并不像我们原先想象的那样有严格的规律性，物理学家所描述的原子运动规律还只是随机事件的平均统计。自然法则在很大程度上反映的是不断变化中的自然科学的暂时结论。如果真有上帝，也实在不必要、不需要插手自然法则。

3. 事先计划。

基督教神学认为：世界被上帝造成现在的样子，就是为了适于人类生存，否则的话，人类就不会存在。譬如，兔子生有长长的耳朵，是为了让人易于捕捉；人生有高高的鼻梁，是为了能架眼镜。如此种种荒诞的说法，在历史上不知出现过多少。但从达尔文时代起，人们开始接受了一个道理：生命不断适应环境，自我不断变化，而不是上帝预先造好了一切。

十一、批判罗素批判

罗素把科学知识作为唯一标准，唯自然科学主义倾向明显，他认为一切知识必来自自然科学方法，凡自然科学无法发现的必是不可认识的，符合科学才有价值，根本不存在道德知识。

然而，我们放眼世界，宗教信仰作为一种历史或文化传统，跟人类社会的过去、现在与未来有着错综复杂的源流关系。罗素所代表的理智论批判态度过于简单化、极端化。

现代生活确实已经离不开科技，物质生活是这样，精神活动也如此，但是，传统的宗教信仰仍在直接或间接地影响着我们的今天。

现在，科学昌明，技术发达，人类信仰科学，迷恋技术。然而，人类过去存在缺少科学、缺少技术的时代，思想混沌，迷信自然，敬畏自然。

理性有用，信仰理性；理性匮弱，信上帝神仙！历史长河，不能截断、截流。

当代的科学、技术、理性，难道不可以重新面临困境吗？又将如何面对？

信仰高于理性的时代以及理性高于信仰的时代，历史上已经交替出现，未来还可能还会交替出现。

十二、辩证神学

德国宗教改革家路德说"理性犹如妓女"，在信仰上诱使人倒向怀疑主义。

他认为，人与上帝之间距离无限，从人到上帝无路可通。辩证神学强调只有上帝才能证实上帝，上帝不可被证实，人不可证实上帝，人必须且只能信仰上帝。

辩证神学认为，从上帝到人却有通道，这就是上帝对人的恩典与启示，上帝是主动的，即只有通过这种恩典与启示，人才有可能获得认识，才能消除人与上帝的无限距离。

十三、科学与宗教的分离论

科学与宗教的关系问题是人文领域争论的焦点。主要有三种观点：对立论、相关论和分离论。这里讨论分离论。

自科学时代以来，从理智上，特别是从科学知识的角度曲解信仰的意义，人们开始疏远宗教传统，把宗教信仰看作证据不足的知识行为。

科学采用实验的与计量的方法，旨在说明宇宙的结构和联系。科学命题准确地描述现实事物的结构法则，而且这种描述经得起实验的反复证实，具有真理性。但是，人类对宇宙的认识和描述没有止境，一切真理也都具有不确定性，有待充实、修正或深化。于科学而言，这种不确定性不但不会贬低其论断的真理价值，反而可使科学家避免教条主义或绝对主义。

因而，如果像历史上的不少宗教思想家那样，借口科学论断的不确定性，为给宗教信仰保留地盘而拒斥科学真理，这无疑会在方法论上陷入穷途末路，因为这种做法会让宗教随着科学的不断发展只能节节让步，乃至无路可退。

宗教信仰不同于科学研究，二者所寻求的真理不属于同一个领域，理应区别对待。

科学无权干预信仰，信仰也无权干预科学。科学判处宗教死刑，或者宗教判处哥白尼死刑，都是错误的，一个领域不能干预另一个领域。要清醒地划分二者的有效领域，必须结束某种宗教观与某种科学观的冲突。科学只能与科学相冲突，信仰只能与信仰相冲突。

宗教信仰与科学真理不同，切忌用科学发现来证实信仰。这方面的教训太多了。譬如，量子论和不确定性原理一出来，马上就有人用来证明创世论、神迹说、自由观等。利用物理学理论，神学便混淆了信仰与科学的领域和范围。信仰不能用物理学、生物学或心理学的晚近发现来证实，正如它不能被这些东西所否定一样。

十四、宗教是直觉和情感

哲学、社会科学和自然科学等理性活动，对宇宙进行分类，探求现存事物的诸多原因，通过勾勒世界本身的实在性和规律性来推演现实事物的必然性，寻求最后原因和绝对真理。

以道德实践为代表的社会实践活动，从人性以及人类和宇宙的关系那里发展出了一种责任体系，靠社会的权威以及内心的良知来颁布命令，必须能做什么，不能干什么。

比如，宗教经常说什么上帝造世界；比如，宗教经常教人行善。宗教不能模仿形而上学和科学，按照本质来规定和解释宇宙；宗教不能如同道德，依靠自由的力量或通过某群人的神圣自由选择，来推动宇宙发展乃至完善。宗教似乎就是由科学理性和道德实践的碎片拼凑起来的，这是常识的宗教观和世俗的宗教观，已经离开了宗教的范畴。现在，应该废止这种宗教观，宗教应该有自己的领域，放弃那些属于其他领域的范畴。

哲学、社会科学和自然科学以及道德在整个宇宙中所看到的只是人性，人性是一切关系的中心、一切事物的条件和一切变化的原因。宗教的着眼点则是人性，也就是一切个体的、有限的形式，但宗教想看到的和想追寻的是无限：无限的痕迹和无限的显现。宗教跟理性科学和道德实践相反，它希望直观宇宙，专心聆听宇宙自身的显现和活动。宗教的本质既不是思维也不是行动，而是直觉和情感。宗教让人产生绝对的依存感，形成绝对的虔诚行为。

十五、直觉宇宙与宗教

从直觉与对象的关系来看，所有的直觉都发自"被直觉者"的作用，也就是说，先有直觉对象的独立活动，作为直觉者的人才能做出符合人性的把握、理解和表达。例如，如果光线没有作用于感官，你便没有光的直觉感受；但你所直觉感受到的只是"光的作用"并非"光的本质"，你所知道或相信的那种本质是远远超出直觉范围的。即"光的作用"是"让我看到，给我温暖"，而"光的本质"是"太阳燃烧质量，减少光热，跨越千万重到达地球"。

宗教的直觉也是如此。宗教的直觉就是透过"让我看到，给我温暖"想象类似"太阳燃烧，光抵地球"。

宗教的情感也是如此。人并非完全限于知识与行为，假若一个人以深切的感情，像直觉和情感，来感受周围世界，由于感受到世界的永恒本质而被深深打动，激起虔诚、畏惧、崇敬的情感，那么，这种情感状态可能比知识和行为还要有价值，而这尤其是那些有文化、有知识的人必须从头学起的。

有一种说法，"知识越多越反动"。这从一个侧面说明，世界不完全由知识构成，说明那些所谓的知识未必对，一切的知识也一定未必都对，所以，在正确的知识和错误的知识之外，可以再掌握些东西；在理性思维和行动实践之上，可以再附加些东西。

十六、宗教与意志，无限与虚无

是的，你非赌注不可。你早已委身，就别无选择。然而，你将赌定哪一面呢？让我们来看一下：既然非得做出一种抉择，只有看看哪一种抉择与你的利害关系最小。你有两样东西可输：真与善；你又有两样东西可赌：你的理智和意志，你的知识与福祉；同时你的本性又在躲避两样东西：谬误与邪恶。既然你非做抉择不可，你的理智所面对的已不再是选择这一面而不是那一面。这一点是我们早已明确了的。那么，就你的福祉而言又将如何呢？让我们估量一下赌注正面，即相信上帝存在所包含的得与失吧。我们可对两种情况加以估量：若赌赢了，你将获得一切；若赌输了，你并没有失去什么。还有什么可犹豫的，就笃定上帝存在吧！

上述"打赌说"见于法国哲学家帕斯卡的名著《思想录》。该书的第233条专门讨论"无限与虚无的关系问题"，通过这个重要哲学问题的讨论，《思想录》作者试图证明：就人类理智而言，我们完全有可能知道某物，包括无限物的存在，可同时对其本质一无所知。

例如，"无限大的数"存在无疑，然而，我们并不知道这个"无限大的数"到底是什么，我们只知道"无限大的数"肯定存在，但无法借助有限的数量递增关系来指出这个数。

同理可证，信仰者知道上帝存在，却不可能靠理性来认识上帝是什么，其本质究竟如何。正如一个有限的数并不能给"无限大的数"增加任何东西，我们的理智在无限的上帝面前也是这样。因为不论在什么情况下，一旦有限面对或融入无限，均将化解为"纯粹的虚无"。

敬鬼神而远之，孔子谈论鬼神比较少。孔子对于鬼神的观点，"万一有呢"是很少的表露。你还得好好祭祀父母祖先，如果没有来世，我们白忙而已，但是，万一真有，而我们却没祭祀父母祖先，那就不好了。

孔子，是几千年前的人，他言语洗练，言简意赅，野老村夫，一听便懂。直到1600年后，在西方才产生"打赌说"的相同思想，而且还有点晦涩绕口。

在这个问题上，中外都采用了实用主义，殊途同归。

十七、马克思和恩格斯论宗教的本质

从信仰对象上：一切宗教都不过是支配着人们日常生活的外部力量在人们头脑中的幻想的反映，在这种反映中，人间的力量采取了超人间的形式。这个观点围绕宗教信仰的对象来论述宗教的本质，同时还揭示了宗教信仰对象的社会根源和认识论根源。

从信仰主体上：宗教是那些还没有获得自己或是再度失去自己的人的自我意识和自我感觉。这一观点是从宗教信仰的主体层面上说的，将宗教视为人的自我意识和自我感觉的"异化"形式。

从宗教的功能上：宗教是人民的鸦片。这是就宗教的社会功能及其发挥功能的方式来说的，宗教的社会功能是消极的。

十八、宗教与科学

科学根据对事物的客观认识，通过将技术设备的转化运用于生产实践中，创造出各种财富以满足人的实际需要。它主要满足社会中人们的各种现实的物质需求。

宗教在对神的信仰和追求中，使人摆脱各种烦恼、痛苦和恐惧，获得内心的安宁和自由。它能够满足超越功利、超越现实的精神需求和价值需求。

宗教与科学都是社会需要的反映，它们不仅不是根本对立的，而且是相互补充的。当然，宗教和科学保持各自合适的界限，不要僭越，不要试图去包含另一方、消解另一方。

十九、宗教与艺术

宗教和艺术从起源上连在一起。在原始社会，很多属于艺术活动的东西，如歌舞、绘画、雕塑、建筑等，在当时主要是一种巫术活动或宗教活动，而不是单纯的审美活动。

宗教艺术在艺术史上是一个必然的阶段，并产生很多人类艺术宝库中的精品。比如，埃及的金字塔、希腊的神庙、法国的巴黎圣母院、印度尼西亚的婆罗浮屠、柬埔寨的吴哥窟以及中国的敦煌壁画、山西石窟和西藏布达拉宫等，无一不与宗教有关，都是宗教艺术的精品。而在艺术的各个领域中，音乐、绘画、雕塑、建筑、诗歌、小说和戏剧等都有宗教的题材，很多的艺术形式本身就是在宗教活动中形成和成熟起来的，在人类历史上形成了十分壮观的宗教艺术世界。

本质上，宗教艺术建立在宗教感情基础上，表现宗教观念，宣扬宗教教理，以宗教崇拜为目的，但宗教和艺术诸多的共通性，使得宗教艺术对人类艺术的发展起到了重要的推动作用。

宗教除了与科学和艺术相关，和经济有关系吗？古代宗教国家和地区，有"什一税"，教廷收税并掌握钱财。宗教与政治有关系吗？直到今天，美、俄及欧盟这样的发达国家和地区，以及阿拉伯、非洲等不发达地区，很多国家依然是宗教国家。宗教与军事有关系吗？国外部分地区经常以宗教的名义打仗，宗教国家之间的战争远远多于非宗教国家之间的战争。宗教还影响文化和法律等意识形态和上层建筑，无论过去还是现在，宗教和我们有千丝万缕的联系。

二十、邪教的特征

1. 世界末日论。大肆进行世界末日即将来临的恐怖宣传，作为驱使人们信教入教甚至殉教的手段。

2. 教主崇拜。神化教主，确立教主的绝对权威，要求教徒无条件绝对服从，一切听命于教主。

3. 神秘主义和神灵疗法。不仅荒诞不经，而且反人性、反道德、毒害心灵，使人们丧失神智，甘愿为教主牺牲财富、声望、家庭、肉体、心灵直至生命。

4. 聚敛钱财。无情剥削教徒，不择手段地聚敛钱财。

5. 超越物质领域，变为精神控制力量。建立内部的组织制度和纪律，而且极其严格、严厉、残暴甚至恐怖，邪教已经不是局限于物质领域，实际上成为控制教徒的精神力量。

二十一、道家与道教

道教是中国土生土长的宗教，"道"是它的信仰核心。它认为人们都有修道成仙的可能。因为"道"无时无处不在，只要认真修炼，就能得道；只要得道，人就可以"与道同久"，成为神仙。长生成仙是道教追求的目标。道教认为，修炼方术，如服食、行气、房中术、守一、外丹、内丹以及斋醮（jiào）（分为禳灾祈福的清醮与超度亡灵的幽醮两类）、符箓、禁咒等，是达到长生成仙的方法。道教将人的最高理想界定为长生成仙，然后围绕这一终极目标提出种种思想和方法。老、庄的道家思想并不是宗教，而道教借用了道家思想中的某些命题，加以抽象概括，使之成为脱离自然而追求永恒世界的宗教思想。

二十二、大科学家皈依宗教的一种解释

为中国航空航天和火箭导弹事业做出重大贡献的钱学森，可以说是新中国成立到改革开放前这段时间里，最重要的科学家，然而，钱老晚年也练练气功，从系统论的角度研究人体科学。我们不能说钱老晚年皈依宗教，相对于他老人家一生致力的事业，只能说他晚年增加了一个方向和发生了一点转向，关心了不同于航空航天和导弹技术的生命科学。

然而，另外两位大科学家就不同了。"我越研究科学，就越

相信上帝"，这是大科学家爱因斯坦说的。牛顿，如此伟大的科学家，到晚年，主要工作是在证明上帝的存在位置和大小。

为什么会有这种现象呢？他们大约一辈子专注于自然科学和技术科学，那些东西具有模式化、规律化、准确性、可重复、可实验，他们研究得太精了、太深了、太准了。这种模式和思维应用和扩散到生活的领域、社会的领域、人生的领域，容易产生规律化、操纵论。大科学家凭借自身的理性和智慧，掌握了自然规律，了解了自然法则，甚至发挥了改天换地的巨大作用，继续探索，超越自己的头顶，必然趋近和感应着超自然的力量。这些东西或者近似宗教，或者就是宗教。

二十三、宗教的治与乱

人们畏惧凌驾于人类之上的神圣力量，公民宗教促使人们"愿意臣服于政府的法律"，引导人们根据尘世的法律来生活，向往凌驾于人类之上的亲密力量，精神宗教只关心天国的事情，而鲜少关心这个现实世界发生的事。公民宗教和精神宗教一般都不会对国家造成威胁，且都能起到稳定社会的作用。

如果宗教的精神追求对世俗世界所发生的事感兴趣，并且不愿意接受尘世的法律约束，那么国家与宗教就会发生冲突，宗教将制造社会冲突。

二十四、几大宗教的主要内容

印度教：印度教没有创立者，也没有一套清晰的教义，而且，虽然印度教里有不少明确的救赎之路，但没有哪一条道路是独一无二的。印度教认为，灵魂在穿越宇宙的旅程中要接连，不断地栖居于各种身体，因而一切生命，包括昆虫和植物的生命都有灵魂。一切存在，甚至是神，都要在无尽的循环中死亡和重生。有些人相信，通过禁欲的苦修就可以摆脱这种轮回，他们在苦修中失去自我，与绝对者合而为一。印度教的特点是强调对范畴的计数、分类和创造，以便让个别现象各就其位。人们往往把它解释为一种让复杂的世界变得井井有条的方法，但同样也可以把它视为一种让世界更加混乱的手段，或者因其徒劳无功，成为证明世界无法被类别化的手段。

佛教：佛教认为，通过正确的思考和自我节制，人们可以到达极乐世界。佛教是从早期印度教发展而来的，它的首要目标就是要把人从转世投胎的无尽轮回中解放出来，这种轮回说是印度教教义的一部分。佛陀学说的核心是仁慈、怜悯、明理和节制。传道的内容包括冥想和舍弃，然后认识到"万事皆空"。

犹太教：犹太教是由古代希伯来部落的宗教发展而来的。在几大宗教中，犹太教第一个明确提出，作为宇宙的创造者和统治者的上帝只有一个。有些犹太人相信死后的复活，相信人们在进坟墓时必须清算自己的善行与罪恶，但和别的宗教不同，犹太教信仰肯定而不是否定现世，而且它要求人们享受生命，并发挥所长造福人类。

伊斯兰教：根据《古兰经》的说法，上帝只有一个，并且是永恒的，他既不是生父，也不是被生者。在阿拉伯语中，"伊斯兰"的意思是"顺从"，穆斯林是指遵从上帝旨意的人。虔诚的穆斯林的目标相当简单，就是像《古兰经》勾勒的那样，也像穆罕默德在其一生中所示范的那样履行自己的职责。穆罕默德去世后，伊斯兰教分裂为两个派系：什叶派和逊尼派。什叶派支持先知穆罕默德的表亲阿里，认为阿里是穆罕默德的合法继承人；逊尼派是传统主义者，认为穆罕默德的老伙伴艾布·伯克尔才是合法继承人。今天，逊尼派穆斯林大约占穆斯林总人口的85%，什叶派约占15%。还有一些伊斯兰教的小教派，包括苏菲派和瓦哈比派，虽然他们的人数很少，但在沟通伊斯兰世界和西方世界时扮演着重要角色。

基督教：西方世界最主要的宗教——基督教是从犹太教发展来的，基督教《圣经》（旧约）中有很大一部分就是犹太人的圣著。耶稣教导人们，最重要的事情就是相信上帝，遵从上帝的意愿，并相信耶稣是上帝之子。上帝是至善的：极为公正，也极为仁慈。因此，人们应该完全信赖他，定期地通过祷告来寻求精神帮助。耶稣还教导说，上帝要求人们彼此相爱，不分敌友。对虔诚的基督徒来说，这是最难以解释，也最难以用来实际指导日常行为的教导之一。

道教：道教发源于中国春秋战国时期的"方仙道"，是中国传统宗教。以"道"为最高信仰，认为"道"是宇宙万物的根源。强调顺应自然、无为而治，追求与道合一的境界。提倡清心寡欲、返璞归真，通过修炼身心来达到长生久视、超凡脱俗的目的。主要的修炼方式包括内丹修炼、外丹炼制以及通过集中精神，冥想特定的神灵或境界，以达到心灵的净化和提升。道教广泛影响了中国的传统文化，让中华文明带上了道教的色彩，中国哲学思想、文学艺术、医学养生以及建筑风格，也都受到道教的深刻影响。

社会学

一、推荐书目和社会学概述

推荐书目：[德]马克斯·韦伯：《新教伦理与资本主义精神》，北京大学出版社2012年版。费孝通：《乡土中国》，北京出版社2011年版。

社会学是人文关怀理想之学，高高山顶立，深深海底行。社会学刻画与解释社会规律，研究社会的兴衰治乱，为社会提供理论解释。社会学虽然研究个体问题，但更强调宏大叙事，把个体当成社会，把社会当成整体。

社会学研究个体与人际关系、群体与群体交往。人们在哪里聚集，人们如何社会化并形成组织，群体吸纳或排斥什么人，人们对所处环境做些什么，人们什么时候会面临政治、法律、财政、宗教、教育和社会压力的制约，人们为何改变。

社会学怀天下之心，察民生之本。解析社会分层，促进社会流动与社会公正；发现社会问题，提供政策建议；全球化思考，本土化行动，推进人类命运共同体建设。

社会学与社会现实紧密相连。

二、大学社会学专业主要课程

社会学概论、社会工作概论、普通心理学、社会心理学、西方社会学理论、社会统计学、社会调查方法、中国社会思想史、定性研究方法、组织社会学、经济社会学、农村社会学、城市社会学、家庭社会学、社会问题、当代中国家族研究、人类学概论、传播社会学、环境社会学、文化社会学、教育社会学、社会分层与流动、社会生态学、社区概论、女性研究导论、越轨社会学、宗教社会学、西方社会学原著选读、文化与全球化、成长小组、文化人类学、民俗学、人口社会学、人类学实地考察与写作、历史社会学、中国社会学史、社会资本与社会网研究、应用STATA做数据分析、犯罪学导论、中国社会变迁、社会热点问题的定量研究方法及应用、劳工研究与企业社会工作。

三、社会学的学科特征

社会学的研究对象是其他社会科学不研究的"剩余领域"。

在早期代表人物那里,社会学是社会现象的总论,包括政治学、经济学、法律学等社会科学。后来,政治学、经济学、法律学等成长起来并独立于社会学,社会学成为与政治学、经济学、法律学等并列的一门学问。

仿佛社会学只是个没有长成的社会科学的老家,某个学科一旦长了,羽翼丰满,就可以闹分家,独立门户了。因此,讥笑社会学的朋友为它起了个"剩余社会科学"的绰号。

关于社会学的归属和特征,还有一种说法:社会事件中激起硝烟弥漫的,是新闻;凝固规范运行的是政治;成为社会沉淀如陈年老酒的是历史——新闻不要,不是政治,不归历史,入社会学。这个形象的比喻,也帮助我们明晓新闻学、政治学、历史学与社会学的区别和联系。

四、社会学的研究特点

借助各门社会科学的知识内容，从多个角度研究社会系统的某个领域、方面，社会学研究具有综合性。

当社会学研究社会现象如自杀现象、犯罪现象时，绝不能就自杀研究自杀，就犯罪研究犯罪，应联系多种相关的社会因素，联系社会的整体，进行多方面和多角度的考察。从某种意义上说，社会学研究综合政治、经济、文化、心理、历史、宗教、哲学、艺术等多个学科，来共同研究某一个问题。

很多社会问题，也只有通过多学科的综合研究，才能够弄明白。综合研究，是社会学的研究特点。

五、社会学议题

从一个人出生开始，讨论人的成长、学习、工作、婚嫁、家庭、群体、组织、社会流动、对社会的整体认知等，都属于社会学研究的议题。

社会学研究的议题包括文化、族群、宗教、政治、城市、乡村、环境、社会结构、制度、组织、社会规范、爱情婚姻、家庭、教育、健康、信仰、宗教、劳动、经济生活、权力、时尚流行、自杀、犯罪等。

六、社会唯名论和社会唯实论

社会唯名论与社会唯实论代表了对社会本体的截然不同的认识。

唯名论的本质在于否定共性，否定超越于个人之上的一般社会规律。认为社会是由个人组成的，除此没有任何超个人的实体。社会、文化、结构、制度等都是不具有实体性的抽象名词，它们必须由个人的动机和行为来说明和解释，不能由整体性质来解释。

与此相反，社会唯实论认为，社会本身就是一种实在，它存在于个人之中。社会现象只能由抽象的、普遍的本质加以说明，而不能归结为个人因素。因为社会中存在集体意识和集体特征，它们具有外在性和强制性，必须把社会当作一种客观事物。唯实论重视整体研究，主张摒弃个人的主观因素，对社会现象做客观的描述。以唯实论观点而言，唯名论由于重视个人而容易陷入主观的和烦琐的细节分析，只见树木不见森林，无法把握社会和时代的脉搏。

七、社会问题的三个方面

社会问题应包括三个方面的含义：社会期望或愿望的事物被迫中断安排；破坏社会规定的正当东西；脱离以及脱节社会所珍视的社会模式与关系。

社会问题有社会解组和离轨行为两种表现形式，解组意味原有社会组织和社会习俗的消失或者暂时沉寂，离轨意味着保持着原有的社会组织，但已经从事另类目标的行为。

八、社会分层与社会不平等

社会分层是指根据收入、职业、权力、生活方式、居住地区、年龄、性别或种族上的差异，把人划分为不同群体。

1912年4月15日，当时世界最大的客轮——泰坦尼克号首航撞击冰山，后沉入大西洋海底，因为救生船有限，很多人遇难。由于船上乘客遵守"优先救助妇女和儿童"的社会规范，乘客中69%的妇女和儿童活了下来，而男乘客只有17%得以生还。

但是一项社会学的分析表明，按照性别和社会阶级（以舱位等级定）计算，三等舱的乘客只有26%生还，二等舱生还率是44%，头等舱则是60%。单从女性生还的情况看，头等舱的女性中有97%生还，二等舱和三等舱的女性生还率分别为84%和55%。

泰坦尼克号上乘客不同命运的例子，生动地展示了社会阶级和生活机会之间的联系。在社会分层的情况下，各类人有着不同的生活机会。

大多数社会都对其成员加以区分，这种区分导致社会不平等。社会不平等往往被构筑于社会结构之中，因而造成了社会分层。

当然，合理的社会分层结构对社会的发展和进步有积极意义。如果社会分化和分层不是简单的两极分化，社会分层的结构中，人们的利益多元，易于避免发生纠纷，从而保持社会的稳定和发展；同时，有适当的分层和差距，才能促进提高效率。但是，如果阶层差距过大，造成两极分化，而且分层机制和原因具有不公平性，就会影响社会稳定与和谐，也会制约社会的进一步发展。

九、马克思主义社会学

第一，社会冲突和社会革命不可避免。决定历史发展的关键是阶级冲突，即不拥有生产资料者与拥有生产资料者之间的激烈斗争。这场斗争只能以推翻占统治地位的剥削者，建立自由、人道的无阶级社会而告终。

第二，特别强调社会的经济基础。社会是现象，经济才是基础。经济基础决定上层建筑。

十、意识形态

意识形态是为重塑社会和建设社会而形成的思想体系，让社会更加有道理有目标。意识形态是思想、价值观和感情的综合体，相信某种意识形态的人往往对它有一种狂热的热情，它能激发最大多数人热情和力量方面。

共产主义、社会主义以及我国提倡的人类命运共同体，属于意识形态。法西斯主义、西方标榜的民主自由人权，也属于意识形态。一切意识形态，无论是非对错，都有各自的价值体系，虽然以不同方式组织和动员社会和世界，但都会掀起一定的社会运动。

非常遗憾，至今也没有出现任何一种意识形态，能实现其全部支持者即全人类所共同期盼的理想社会。如果某一种意识形态彻底实现社会重塑和建设的目标，意识形态将作为一个历史概念，彻底消失。

十一、颠沛流离的社会学，非社会化的社会学

上面，我们大致介绍了社会学的研究内容和研究范围。反思其研究内容和研究范围，我们发现，社会学的立足点和基本研究态度，表现出脱离和远离意识形态的特征和特点。研究内容和研究范围是一个学科的根本，决定了一个学科的命运。

在需要亮明意识形态观点的时代，却避而不谈意识形态，这本身就代表了一定倾向的意识形态观点。

很多社会科学必须亮明自己的观点和立场，否则必然面临姥姥不亲舅舅不爱、四面楚歌和到处碰壁的局面和命运。

下面，我们回顾一下社会学的局面和命运。

18世纪，在社会学早期代表人物法国学者孔德（1798—1857）那里，社会学是社会现象的总论，政治学、经济学、法律等社会科学都囊括在内，乃至物理学等自然科学，也是社会学的内涵之一，社会学是一等重要和一等伟大的学科。

奈何中国人的字典、词典里，干脆没有社会学这个词。近代之时，翻译家严复以群学代称社会学，在谭嗣同1896年出版《仁学》一书里，中国才第一次出现社会学一词。

19世纪，进入工业社会的早期阶段。在资本主义蓬勃发展的年代，社会学不彻底站在大资产阶级一边，不彻底为大资本家鼓与呼，此刻，马克思主义意识形态在西方社会已经掀起波澜，资产阶级激进护卫者们把社会学与社会主义混为一谈，资本主义社

会谈之色变，社会学遭到资本主义社会的普遍压制和打击。

20世纪四五十年代，苏联、美国两大意识形态对立国家形成两大阵营，呈现对立态势。资本主义世界转变态度，开始容忍社会学、发扬社会学、吸纳社会学。然而，相应之下，也许敌人的朋友就是敌人的原因，也许社会学不讲斗争不讲革命的缘故，社会主义国家却把社会学看作是资产阶级的意识形态，认为社会学是为资本主义社会辩护的工具。不仅苏联批判社会学，在中国，1952年进行高等教育机构改革时，干脆取消社会学学科。

1979年，中国恢复社会学。

十二、机械团结和有机团结

在成员具有很高同质性、个体之间差异不大、人们有着共同生活基础、分享共同道德准则和意识形态的社会，个体之间在精神和道德层面很自然一致，没有必要去另外寻找使人们协调一致的东西。人们共同的生活基础是社会团结的纽带，这就是机械团结。农业社会是这种社会协调机制的典型代表。

当工业革命社会化大生产渗透人们的社会生活以后，人们不再干同样的活，也不再因此有同样的生活基础，并且不再分享共同的道德准则和意识形态，个体之间开始分化。个体之间的差异影响到人们之间的协调一致，社会必须特意寻找和建立使差异个体在社会层面保持协调和一致的机制，经此机制形成的团结，是有机团结。它使得差异就像是有机体的器官，一方面各自发挥各自的功能，另一方面又是有机体不可缺少的部分。

十三、婚姻和爱情

婚姻就像围城，外面的人想进来，里面的人想出去。这是钱锺书先生《围城》里的话。然而，小说是小说，现实是现实。钱锺书先生和杨绛女士一直相濡以沫。钱先生曾写下："从今往后，咱们只有死别，再无生离。"杨女士也写道："我上清华，一为读书，二为锺书。"于我们而言，婚姻是彼此需要时的相助，是成长路上最好的助手。

爱情由三个基本成分组成：激情、亲密和承诺。激情，是指爱情中的感性本能和冲动的成分，是情绪上的着迷；亲密，是指在爱情关系中能够引起温暖的体验，是半感性半理性的；承诺，是指维持关系的意志和决定，甚至辅以社会化方式，以法律、经济等方式予以固定。

只有亲密，那是喜欢；只有激情，那是迷恋；只有承诺，不是爱情；亲密加激情是浪漫的爱；亲密加承诺是伙伴的爱；激情加承诺是慌乱的爱；亲密、激情、承诺组成完美之爱。

夫妻俩有着共同的价值观，他们不仅彼此相爱，而且互相尊重对方的能力与品格。同时，不是一定要符合什么条件，才能获得美满的婚姻。只要夫妻二人拥有共同的生活，共同工作、共同娱乐、共同抚养儿女、共同患难与共、共同处理家庭生活的问题，就能婚姻美满，家庭幸福。婚姻不是设计的，婚姻是实践的。

十四、社会像张"网"

世界狭小,即使我们不断地行走、超越,也依然身在人际关系的网络之中。

你能只通过五个人(只要这五个人,都愿意配合你的需求),就可以联系到并结识任何你想要认识的人。"六度分离"说明了社会中普遍存在一些弱链接关系,在互联网出现之前这或许只是一种理论,这一关系其实可以发挥非常强大的作用。

社会像一张关系网,连着亲戚、朋友、邻里等对个人生命有意义的重要他人。重要他人是人际关系网络的核心概念之一,指对自己生命有重大影响的人,这些人一旦离去,我们就会感到极其不适应。

按照关系的亲疏远近,社会关系网络可以分为强关系和弱关系两种类型。费孝通教授在《乡土中国》中用差序格局来概括,差序格局以自我为中心,以血缘的亲疏远近为半径画圆,形成人际格局。每当我们遇到重大事件,如结婚、生子,总是会找我们最亲的人,如父母、亲戚、好友等商量。差序格局强调由于关系的亲疏远近不同而形成差别对待的状态。以自我为中心,根据关系的远近不同可以分成不同的圆圈,第一圈里面是父母等直系亲属,第二圈可能是深交的挚友,第三圈可能是同学或者同事等交往频繁但是关系有些疏远的人。

当今社会的网,已然拓展到了互联网。同现实的网络一样,我们可以在互联网上获得各种有益的资源、信息等。现实网络中的关系往往亲疏不同,互联网中的关系与现实社会的关系并无二样,网络给你寒意、给你清凉,网络也给你力量、给你温暖。

十五、复杂、多样与统一

中国是一个超大型社会。我们的超大不仅表现在人口超大,地域超大,同时我们的历史也超长,我们的思想也特别沉厚,沉淀的思想也极多,每个道理都能在社会这个层面上找到证据,找到支持它的落脚点。越是这样,我们的国家越需要统一的国家意志,越需要真理,这是我们国家、我们中华民族在世界上绵延最长最久的一个重要原因。

我们尊重个性,尊重社会的丰富、复杂,但同时我们要把社会统领起来,团结起来,结成一个整体。

十六、社会问题

社会问题是指一种被认为损害大多数人的利益,并且相信有解决之道的状况。显然,承认社会问题的存在也就意味着承认改变和解决的可能性,无论情况有多么糟糕,除非我们确定有办法改变它,不然它就不成为一个问题。

比如,在原始社会,人们可能不认为干旱、饥荒和瘟疫是社会问题,因为人们对它们束手无策,只能接受。然而,如果人们相信有办法防治这些灾害,那么它们就会成为问题。

社会问题波及的人口众多而且个人无法彻底解决。社会问题的负面影响要由个人来承受,社会问题总会表现和转移为个人问题。

较大规模的社会包含多个重要的、不同文化模式的次级团体，这些次级团体可能是矛盾、紧张和冲突的，加快社会变迁的同时，也因社会变迁而加剧社会问题。一个大型的现代社会要比一个小型社会存在更多、更复杂的社会问题。

对于重大的社会问题，很少有什么简单的或一劳永逸的解决办法。造成问题的原因总是错综复杂的，要么很难找到切实有效的补救办法，要么办法难以奏效，如果附加大众的漠不关心和无知以及既得利益者的反对，都可能阻碍解决或延缓解决社会问题所必需的行动。不过，努力不会徒劳，一些主要的旧的社会问题将以某种形式，或彻底或不彻底地予以解决，但新的社会问题还会出现，社会问题会一直伴随社会而存在。

十七、美国的家庭

（一）如何当一个好妻子（引自美国1960年的家政学教材）

要了解美国家庭的历史状况，通过一本美国1960年的家政学教材，便可以获得当时情况的蛛丝马迹。

1. 在他下班回家前准备好晚饭，让他知道你一直在想着他，想着他需要什么。

2. 在他快到家时补补妆，打起精神。

3. 帮孩子们做好准备，洗洗他们的小手和小脸蛋。当他看到孩子们都是惹人疼爱的小宝贝时，他会很高兴的。

4. 在他到家前收拾好屋子，让他觉得井井有条、舒服自在的家就像天堂一样。

5. 在他进门时，消除一切噪音，用热情的笑容迎接他。

6. 让他先开口说话。

7. 千万不要抱怨。尽量理解他在外面的紧张和压力,要知道他回到家需要放松。

(二)美国家庭的变迁(引自美国人亨特和科兰德合著的《社会科学:社会研究导论》)

美国人的生活在20世纪发生了翻天覆地的变化,原因之一是社会的巨大转型,从一个以农业为主的乡村国家变成一个以工商业为主的城市国家。19世纪末20世纪初,由于人口不断地向城市大量迁移,城市的住房成本提高,家庭规模和住房面积同时缩小。人们不再以居家工作为主。虽然一开始,多数妇女待在家里操持家务,但家用电器的技术进步节省了家务劳动的时间,再加上计划生育,妇女们有了自由的闲暇时间,可以从事面向市场的经济活动。由于不再生活在农场里,父母便不再要求孩子房前屋后地帮忙。每个家庭平均拥有的子女数下降了,而且,由于城市里的娱乐设施多种多样,家长和孩子经常被吸引到不同的地方。

现代交通的发展让美国成为一个车轮上的国家,尤其是在20世纪20年代汽车普及之后。家,则成了一个睡觉的地方,睡醒了就离开。汽车的普及,以及拥有两辆汽车的家庭的增多,大大推动了"二战"后城郊通勤的建设。商业、广告和信用经济催生了战后的社会繁荣,诱惑着人们抛弃19世纪"不浪费就不缺钱"的清教徒伦理(当时债务就意味着耻辱)。家庭规模变小和双职工家庭(夫妻双方往往都有高收入)数量的急剧增长,使得人们开始从郊区生活向城市生活搬迁,因为住得近,上班路上就能少费时间。

随着妇女们在家庭以外扮演更加重要的角色，她们在生计上对男人的依赖减轻了。此外，还有许多其他因素促使妇女更加自立自强，并激励她们不仅在婚姻当中，也从婚姻之外寻找满足。如今，不管是男人还是女人，都对婚姻和配偶提出更高要求，这给现代生活增添了不少压力。思想平等的男人（寥寥无几）会和妻子共同做出重要决定，共同照料孩子、分担家务，但许多妇女发现，即使自己有全职工作，家庭责任的重担还是会落在她们肩上。在另一些家庭里，有大男子主义的丈夫会很难接受妻子的独立自主，尽管如此，许多丈夫还是做出了让步。

就算是共担责任，双职工家庭也无法全天候地照顾孩子。这样一来，学校就得承担更多的责任。许多学校不仅提供午餐，还提供早餐，甚至在放学之后仍然不关门，以便孩子们在其父母下班之前有地方可待。幸运的家庭可以找到好的托儿所，但好托儿所的地区分布并不平衡，而且一般都很贵。此外，好的托儿所大都已经有人在排队等着入托了。放学后，许多孩子回到空荡荡的家里，自己照料自己，有时甚至还要照看弟弟妹妹，直到父母回来。这些孩子被称为"挂钥匙儿童"，他们自己拿着家门钥匙，一回家就立刻把自己锁在家里。

20世纪60年代的性解放，以及男男女女们日渐增强的独立意识，使得社会放松了许多道德钳制。现代城市里的人员流动性大，隐姓埋名轻而易举，这让丈夫们和妻子们都可以扩大自己的交际圈。但是，这种自由往往造成他们不满足于只和一个配偶白头到老。结果，虽然一次只有一个，人们在一生中却有几个丈夫或妻子。由于每一个配偶都可能给新的婚姻带来一个或多个孩子，并且可能和前任配偶共同拥有那些孩子的监护权，所以家庭关系就变得错综复杂，也给父母的情感体验和家庭的物质资源带来压力。

尽管有种种变化，在美国，家庭仍然是个人生活的重要组成部分。从各方面来看，家庭一直在适应美国变化着的社会文化，我们估计，绝大部分人将来都会结婚，拥有家庭。许多已经告别家庭关系的人，现在正纷纷回头。

社会的变化引起家庭变化，家庭变化引起社会变化。家庭角色的不断变化给社会带来了难题。什么样的价值观将引导未来的几代人？谁将成为明天的父母？如何防止今天的家庭危机成为明天的民族危机和国家灾难？成年人能够在享受生活的同时，培养出同样幸福的、适应社会的后代吗？这些孩子能成长为可靠的公民而且也为人父母吗？不论男女，是否都能在家庭、工作和闲暇中获得满足，是否都能既拥有独立生活的自由与成功，又拥有婚姻生活的情感安全与天长地久？

上面几段话出自美国人亨特和科兰德关于美国家庭的娓娓叙述。美国发生的问题，同样也发生在我们中国。近些年，我们有所醒悟，社会、民族、国家、家庭、个人、集体的话题，在中美两国之间都已经提上重要议事议程，家国之事亦是天下大事。

人口学

一、人口学的研究范围

人口学是对人口数量和特征的研究。它不仅关注一个地区的人口数量，而且关注导致人口数量上升或下降的原因，包括务虚和务实的两个方面原因。务虚的方面包括社会习俗、大众心理、经济环境、教育养育等；务实的方面包括能让人安心舒心的生育环境、卫生设施和医疗服务水平、食物及其他最低资源的可及性等。另外，人口学还关心人口在国家和地区之间的分布，关心不同人群的生理、心理和文化特征。为此，人口学家根据年龄、性别、婚姻、职业、收入、国籍和民族等基本特征对人口分类和统计，便于掌握人口的分布以及不同人群的生理、心理与文化特征。

二、错误的马尔萨斯人口学观点

马尔萨斯认为生活资料的供应跟不上人口增长。人口会呈几何级数迅速地无限增长，生活资料只能以算术级数缓慢而有限增长，人口趋向耗尽粮食供给，随之而来的营养不良、饥饿、疾病和战争等因素将抑制人口增长。

马尔萨斯人口学观点建立在收益递减规律之上。以土地、劳动力和粮食产量的关系为例，收益递减规律指，在其他条件不变的情况下，如果一块土地上雇佣的人越来越多，虽然总产量可能持续增长，但当雇佣人数达到一个点之后，劳动力的平均产量将开始下降。

收益递减根本不是什么规律，过去、现在和将来，都不是规律。收益递减，今天也能解释一些经济社会现象，但它不是规律，更不是真理，马尔萨斯将自己的人口学观点建立在收益递减上面，难成永久的道理。

工业化吸纳新增人口，农民的后代不再依赖土地。土地的生产能力、劳动者的劳动效率都是变的，随着科技的投入、资源的投入，粮食产量不断攀升，到今天都不能预估粮食产量的顶点是什么……其人口理论禁不住解剖，禁不住实践检验。

1949年新中国成立后不久，马尔萨斯人口观点之风便吹到中国，仅引起讨论和争论，难掀轩然大波。倒是后来，影响了中国计划生育政策的制定。今天，我们在人口问题上面重回正途，让生育逐渐回归它应该有的样子。

马尔萨斯，英国人，生于1766年，死于1834年，其人口学著作和理论，在赞美与诋毁之间影响历史，影响现实，影响未来。我们后人，只是用其理论不停地表达和论证今天的判断和今天的需要而已。他不是现代人，是基督教教士。我们后人，应排解开情绪和成见，让马尔萨斯安息。

管理学

一、管理学概述

管理学是社会和谐的保障，是科学与艺术的统一。它运筹帷幄，干练敏捷，是人类进步的阶梯，提升效益的关键。

二、"管理"词义分析

中空贯通的长条物称为"管"，以后引申为规范、准则、法规；作为动词，"管"字又含有"主宰""主管""包揽"等意思。

"理"字古时为整治土地、雕琢玉器、治疗疾病等意思，以后又进一步引申为处理事务。由于管与理二字意思相近，又分别从不同侧面反映人们的一类社会活动，于是以后人们便逐渐把"管理"二字合为一词使用，其原始词义为管辖或疏通，即约束和指导之意。

三、管理学的研究对象

为了有效管理，管理学研究管理过程及其概念、理论、原则和方法，是管理实践的科学总结。

管理学来源于人类社会的管理活动，而社会管理活动的领域多样。有的从事企业管理活动，有的从事政府、军队、公安等国家机关管理活动，有的从事学校、文艺团体、学术团体管理活动。由于管理领域不同，人们研究管理内容的侧重也不同，形成了专门的管理学科，如工商企业管理、行政管理、军队管理、教育管理、旅游管理、医院管理、交通管理、物资管理、财务管理和国民经济管理等。

虽然各个领域、各类组织的管理活动各有其特殊性，但都蕴含着管理活动的共同基础，即都是为实现本组织的既定目标，通过计划、组织、领导、控制等职能进行任务、资源、职责、权力和利益的分配，协调人们之间的关系。专门管理包含共同的、普遍的管理原理和管理方法，构成管理学研究的重点和任务。

管理学研究对象不是社会科学中的某一个领域，而是一切领域中的管理现象。它揭示人类管理活动的普遍规律、基本原理和一般方法。

四、儒家管理思想

儒家管理思想的基本精神：以人为中心。

管理的载体：儒家管理哲学的中心概念是"仁"。"仁，亲也，从人从二。"

管理的手段：儒家强调"为政以德"，主张用道德教化的手段感化百姓，从而达到治理的目的。"道之以政，齐之以刑，民免而无耻；道之以德，齐之以礼，有耻且格。"（《论语·为政》）

管理的途径：儒家讲"为政以德""正己正人"，同时也就包含着管理者自身的德行修炼。"为政以德，譬如北辰，居其所而众星共之。"（《论语·为政》）所谓"修身、齐家、治国、平天下"（《大学》），从管理者的自我管理，再到家庭管理、国家管理和社会管理，层层推进，扎扎实实，不可或缺，不能跳越。

五、道家管理思想

管理的规律："人法地，地法天，天法道，道法自然"。（《道德经》）这里的"道"是指人类社会运行的规律。管理要按规律办事。

管理的方式："道常无为"，管理者要"处无为之事，行不言之教"。无为之治，不是什么都不干，该干的要拼命干，不该干的坚决不干。不言之教，不是闭嘴，该说的一定要仔细说，拼命说；不该说的，一言不发，不该听的，充耳不闻。

管理的艺术："反者道之动，弱者道之用。"（《道德经》）

"反"是"道"变化的核心动力,挫折、困难、图新,促使变化和变革。"弱"是道的根本属性,新生事物一定弱小,真理刚诞生时一定没有普及大众,"守弱"乃至助此"弱"长大变强,才是保持事物符合于"道"的手段。

六、法家管理思想(法、术、势)

管理的制度:主张"法治",反对"人治","上法而不上贤"。

管理的技巧:法家所谓的"术"相当复杂,韩非子在《储说》中提出统治者所必须采用的"七术":"一曰众端参观,二曰必罚明威,三曰信赏尽能,四曰一听责下,五曰疑诏诡使,六曰挟知而问,七曰倒言反事。"

管理的权威:帝王之所以为帝王,关键在于有"势"。"势者,胜众之资也。"(《八经》)

七、兵家管理思想

管理战略:以"谋略"为中心。依靠计谋取胜,"上兵伐谋,其次伐交,其次伐兵,其下攻城"。(《孙子兵法·谋攻篇》)故曰:"知彼知己,百战不殆;不知彼而知己,一胜一负;不知彼,不知己,每战必败。"(《孙子兵法·谋攻篇》)

管理策略:"因变制胜"。"水因地而制流,兵因敌而制胜。故兵无常势,水无常形;能因敌变化而取胜,谓之神。"(《孙子兵法·虚实篇》)

管理方略:"令文齐武"。提出分级管理的原则,即"治众如

治寡，分数是也"。(《孙子兵法·势篇》)

八、决策的准则

管理即决策。决策要遵循的准则，应该事先想清楚。

传统决策的最优化原则是一种超现实的理想境界。需用令人满意的准则去代替传统的最优化。

由于组织的外界环境不断变动，人的知识和能力也是有限的，所以在制定决策时，很难求得最佳方案。出于经济方面的考虑，人们也往往不去追求它，而是根据令人满意的准则进行决策。

九、突破管理的边界

要使组织成员的目标与本组织的目标一致，简单而表面的管理很难奏效。这要求管理者信念坚定，追求公平，不只关心工作成果，更关心员工成长，用脑和心来领导，以自信、宽容来运作，做刚柔结合、有血有肉的管理者。

情感管理：人有丰富的感情，情绪、情感是人精神生活的核心部分，情绪、情感在人的心理生活中起组织作用，它支配个体的思想和行为。因此，情感管理应该是管理的一项重要内容，尊重员工、关心员工是搞好人力资源开发与管理的前提和基础。

知识管理：知识管理就是通过知识资本的杠杆作用，实现知识共享，运用集体的智慧来提高企业的应变能力和创新能力。知识管理的手段不是管理知识本身，而是关注那些拥有知识的人才。

危机管理：危机无处不在、无时不有，危机就在我们身边，危机管理已成为21世纪企业经营的一门必修课程。

十、有限理性原则下的管理

古典经济学"经济人"假说，认为人绝对理性。这个"假说"不愧有个假字，真的错误。

人的知识有限，不可能对复杂多变的现实情况和未来的发展有完全了解；

人的计算能力有限，不足以对须臾万变的情况进行最优处理和跟踪；

人的时间和注意力有限，不可能同时应对和处理诸多复杂的情况；

人的想象力和设计能力有限，不可能把所有备选方案都一一列出，并从中择优；

人的价值取向和目标并不总是始终一致，往往互相矛盾，并没有统一的度量标准；

人的理性应该是介于完全理性和非理性之间的一种有限理性，现实决策环境高度不确定和极为复杂，事物不断地变化，理想的、客观的最优解也在变化，而人们追踪这种变化的能力却显得不够。所以，只能近似地管理，比如，以人的满意度为管理准则。

十一、战略权变与战略柔性：博弈与管理

在现实世界，人们行为的原因根植社会关系网络，包含着

他们的家庭、国家、职业和教育背景，甚至还包括他们的宗教和种族，影响着行动的手段，影响着行动的结果，界定着行动的判断。

对于决策者而言，他们不会被隔离在纯粹经济交易中，而是根植于浓密的社会体系。战略制定非常复杂，涉及人类认识最细微的内容，涉及人类认识的潜意识，涉及社会发展方面的大局观。

具体情况，具体分析，战略就是在外部机遇和自身能力之间保持平衡。没有最优的方法，关键是战略要与市场、组织和社会环境相匹配。

总之，经济的因素、社会的因素以及潜意识的因素，都会影响管理决策和战略制定，博弈之难，尽显管理之魅力。

十二、北宋丁谓修复皇宫一举三得：运筹与管理

北宋真宗时期，皇城失火，皇宫被毁。宋真宗派大臣丁谓（966—1037）主持修复工程。修复任务相当繁重，既要清理废墟，又要挖土烧砖，还要从外地运来其他建筑材料。

丁谓面临三大难题：一是取土难。皇宫附近没有土源，无法烧制修复皇宫所需要的砖瓦。二是运输难。大量建筑材料，比如木料、沙石等要运到工地现场，当时水路仅通到汴京城外的汴水，这些材料还要就地卸货，再经陆路运送到建筑工地，既耗时又费钱。三是清场难。皇宫修复后产生的垃圾，清运同样既费时日又耗金钱。

丁谓经过分析研究之后，确定方案：首先，把皇宫前面的大

街挖成一条大沟，利用挖出来的土烧砖；然后把京城附近的汴水引入大沟，利用汴水运进建筑材料；等皇宫修复之后，再把碎砖烂瓦填入沟中，最后修复成原来的大街。

丁谓不愧一代名臣，使用运筹学思想，尽显管理之绝妙。

十三、三种管理人才

魏文王问名医扁鹊："你们家兄弟三人，都精医术，哪位最好？"扁鹊回答："大哥最好，二哥次之，我乃最差。"文王再问："为什么你最出名？"扁鹊说："我大哥治病，治病于病情发作之前。一般人不明白他事先能铲除病因，他的名气无法传出去，只有我们家里的人才明白。我二哥治病于病情刚刚发作之时，一般人以为他只能治轻微的小病，所以他只在我们的村子里小有名气。而我治病，治病于病情严重之时。一般人看见的都是我在经脉上针刺来放血、在皮肤上敷药等大手术，所以他们以为我的医术最高明。"魏文王点头称道："你说得好极了。"

我们把扁鹊话里描绘的三位医生引申为三种类型的人才，引申为三种管理人。他们各有所长，都很重要。

民族学

一、民族学概述

民族学研究古今中外各个族群的社会与文化、不同族群的信仰和价值观、不同族群的生存环境与文化传统、族群之间的相互交流与沟通。

民族学与文化/社会人类学研究领域相同，侧重于古今中外各个族群的社会与文化方面的研究。

二、北方民族创造森林草原文化象征

我国古代北方森林草原民族创造了适应森林草原环境的文化象征。

匈奴在强盛时期生存在贝加尔湖地区以东的森林区域和萨彦岭草原的疏林区域，他们敬畏森林，每年定期祭祀树木。

回鹘（hú）、突厥流传着巨树之丘产生的男婴成为族群始祖的神话。

蒙古族传说中的树木大多是女性，能够生育儿女，象征女神生产万物。东北蒙古族崇拜参天大树，认为高高耸立的树木使人敬畏，它下与地的脐带相连，上可以伸至天际，是沟通天地的阶梯。巴尔虎部落蒙古人的神话认为：在宇宙之中心，大地的肚脐上，耸立着一棵最高、最大的树，树梢上住着天神，如果把牛一般大的石块从大树顶上抛下，要过50年后才能着地。

满族把柳树看作生命之神、再生之神。柳树被神化为族群的始祖女神。女神通过柳树创造了一个民族。柳枝是女神的象征，也是生命胚胎的象征。人和万物是由柳叶化生出来的。

人类学

一、推荐书目和人类学概述

推荐书目：[英]雷蒙德·弗思著，费孝通译：《人文类型》，华夏出版社2002年版。

人类学研究人的生物学特质与社会特征之间的关系，有时候被称为对人类的研究，它包括两大领域：体质人类学和文化人类学。

体质人类学研究涉及自然环境的演变对人类生理特征的影响以及人的进化。

文化人类学研究涉及考古学、前文字社会的组织、当今社会内部的次级群体或亚文化的特征。

广义地说，人类学包括体质人类学（又称生物人类学）、考古人类学、语言人类学及社会文化人类学。

人类学家感兴趣的话题包括：古代遗址发掘、化石、基因库、人工制品及其制作工艺、语言学、价值观和亲属制度。

人类学是特别注重体会和理解的学科，避免以昆虫学家采集蝴蝶标本的方式来讲述人这个复杂的故事。人类学不是不注重证据和实证，不是不重视"蝴蝶标本"——人的证据和实证，而是这种早期的证据和实证十分稀少，只能调动我们自己现在的、当下的感情和判断，来研究和理解过去之人。这是没有办法的办法，也是通达人类学的正确道路。

但是，事情也有另外一面，过度的体会和理解，让人类学的研究缺乏科学性和实用性，存在流于形式、臆断、眼高手低的问题。

二、牙齿、骨骼化石与人类进化和文化

研究人类的身体变化，主要的证据来自牙齿和骨骼化石，而前者的地位很高，因为它表现出了进化的矛盾色彩。

人类学家说，古人类的牙齿越锋利，他生活的年代就越久远。越古老的人类，越需要依靠锋利的牙齿来与其他动物搏斗，来咀嚼粗糙的食物。

随着人类智力的发展，人类可以用人造的工具和武器代替自然赐予的身体器官，于是牙齿越来越不需要被动用，变得越来越脆弱。

牙齿的弱化过程，也是脑容量增大、脑结构复杂的过程。随着时间推移，人与自然界斗争的能力越来越依靠智慧。人类学家将这种后生的智慧定义为文化。

于是，体质人类学研究的成就不单在论说人与自然之间的关系，时常也与文化这个概念相联系。人类学家认为，越原始的人类，人口的密集度越低，人与人之间相互形成默契的需要也越少，人可以发挥他的本能来生存。可是，随着人的进化，人的生存变得越来越容易。人口多了，就不仅要处理人与自然之间的关系，还要处理人与人之间的关系，形成社会风尚，人与人之间的"仁"——社会关系的文化表达——随之发展起来。

三、人一样，文化不同

人们经常将风俗、礼仪的不同，与种族的不同联系起来。

人类学家曾经致力于种族差异的研究，最初根据皮肤和毛发的颜色、四肢和骨骼的差异来分析种族之间的文化差异。后来，有人从血型的比较分析来为种族差异理论寻找依据。到最后，人类遗传学的发展则使我们看到，全人类的基因是基本一致的，人与人之间的种族差异其实都是表面的，不导致种族之间的智力、性格和文化的不同。

那么，怎么解释不同民族之间的诸多习性、为人处世方式、世界观、态度、道德、政治模式等方面存在的差别？

人类从生物的角度、从体质的角度看，是共同的，仅仅文化不同而已——一样的人，不同的文化，造成了现实性的差异。这样，回答上面的问题，只能转入文化人类学，转入人文科学和社会科学，从文化的角度来回答。

中国的民族观异于西方世界，从来不从囿于种族的角度来看待种族的表象。中国主张教化大同，尊重差异，共同建设，民族融合。

政治学

一、推荐书目和政治学概述

推荐书目：［德］马克思、恩格斯：《共产党宣言》，人民出版社2015年版。[古希腊]柏拉图著,郭斌和、张竹明译:《理想国》,商务印书馆2018年版。[意]马基雅维里著,潘汉典译:《君主论》,商务印书馆2017年版。[英]洛克著,翟菊农、叶启芳译:《政府论》,商务印书馆1982年版。

地理学家痴迷于空间及空间相关性,经济学家痴迷于市场激励,政治学家痴迷于集体决策。

政治学研究维护和平与秩序的社会安排。政治学研究政府,并关心以下问题:政治、法律、行政管理、国家的本质及其功能、国际关系。政治学既来自理论,也来自实践。它既审视有关政体的理论,也研究政府的实际运作,如:税收、禁令、调控、保护、服务。

善有个人之善、家庭之善和村落之善,还有集体(国家)之善。研究个人之善的学问是伦理学,研究家庭或村落之善的是经济学,而研究集体或国家之善的是政治学。

国际关系是人与人的关系,而人与人的关系本质上又是文化与文化的关系。通晓本国文化的博大精深,了解并尊重世界文化的丰富多彩,真正做到懂自己,懂社会,懂中国,懂世界。

二、大学政治学专业主要课程

政治学概论、行政学原理、管理学、政治经济学、经济学原理、公共经济学、政党学概论、国际组织学概论、比较政治学、公共政策分析、政治心理学、政治社会学、法政治学、宪法与行政法学、西方政治制度、当代西方政治学说、当代中国政治与政府、地方政府概论、中国近现代政治思想、西方政治思想、中国政治思想史、西方政治思想史、现代国际关系、国际关系概论、国际安全概论、外交学概论、当代中国外交、电子政务和应用统计学等。

三、政治 = 政 + 治

《尚书》中出现了政治的概念，古代中国把"政"和"治"分开，"政"指国家权力、制度、秩序和法令；"治"指管理人民和教化人民。

孙中山认为："政"是众人之事，"治"是管理，管理众人之事就是政治。

早期西方将政治混同在其他国家治理概念里，马基雅维利在1532年所著的《君主论》中才把政治与宗教、伦理区分开，使政治学获得独立的地位。

四、政治主体取得权力的主要途径

血缘继承。通过血缘关系继承政治权力，这是在奴隶社会和封建社会取得国家最高统治权以及诸侯贵族特权的主要方式。血缘继承在今天世界范围内，依然大量存在。

暴力夺取。维护政治权力本身就是以暴力为后盾，只要拥有一定的暴力手段，就可能夺取政治权力。历史上不同阶级性质国家的更替基本上采取这种方式实现。同一阶级的政治主体往往也采取这种方式取得国家的最高统治权，比如，以暴力和实力依托的宫廷政变就是统治阶级内部争夺权力的主要方式之一。

选举获得。这是实行民主政治的国家,政治主体取得政治权力的主要方式。一般来说,通过选举获得政治权力和实施政治权力的转移比较公平,易获得相对广泛认可,选举因此越来越受到各种政党和政治家的青睐。

上述三种形式虽然有所区分,但也可交叉运作,比如,以暴力为后盾通过选举形式的血缘继承,暴力和实力催促下的选举获得,也是大量政治主体获得权力的途径。

五、行使政治权力的主要方式

说服。用政治理论、政治价值观的宣传、倡导和教育,使人们的认识和理解发生变化,主动按统治者的意图思考和行动。

奖惩。通过物质、金钱的奖励或处罚,让人们期望奖赏、躲避处罚,自动接受支配。

选举。选举既是政治主体获取权力的方式,又是许多主体,尤其是公民行使权力的主要方式,比如各种形式的公投以及民意统计决定重大事项等。

制定法律、政策和发表政见。通过制定法律和政策去规范人们的行为,通过发表政见去影响人们的认识和行为。

压力。即采取震慑和威胁的方式迫使对方接受要求或改变行为。例如,国家展示暴力手段,使其处于张而不发的状态,迫使对方接受要求或改变行为;社会团体或人群形成大规模社会舆论乃至集会、游行和罢工等方式对外施加压力等。

暴力。暴力是获得政治权力的方式,也是行使政治权力的方式。暴力方式总是伴随着伤残流血和死亡，最轻的暴力也要实施人身强制。

上述方式可以分为和平的方式、压力的方式和暴力的方式。

六、截然相反的故事——八僧人庙里分粥；八战士上甘岭分苹果

七位僧人住在庙里，每天分一桶粥，每天都不够喝。他们决定抓阄分粥，每天轮换一个人。每周下来，只有一天喝饱，就是自己分粥的那一天。后来，推选道德高尚的人分粥。大家挖空心思讨好、贿赂他，搞得庙里乌烟瘴气。然后，组成三人分粥委员会及四人监督委员会，互相攻击扯皮下来，粥到嘴里全是凉的。最后，轮流分粥，但分粥的人要等其他人都挑完后拿剩下的最后一碗。为了不让自己吃到最少的，尽量分得平均。大家才快快乐乐，和和气气，过上好日子。

上甘岭战役，是整个抗美援朝期间最为惨烈的一仗。1952年10月，美军占领了上甘岭表面阵地，志愿军15军45师135团7连仅剩的8名战士只得退守坑道。由于美军的炮火封锁，志愿军物资补给送不上去，坑道里的8名战士只能依靠仅有的几块饼干充饥。他们历经万难千险得到一个苹果，8位战士谁也不吃，连长下命令让大家吃，苹果传一圈，还剩下半个。

七僧人的故事，说明社会治理和行政管理很重要，好的机制将抑制坏人坏事，让事情得到顺利圆满解决；上甘岭战士的英雄事迹，说明人间正道、社会正义和革命理想更重要，省却了一切的繁文缛节，完全致力于胜利。

七、为什么研究政治

西方自己同种同族自相残杀，信仰宗教国家间的战争更惨烈；德日意法西斯肆虐屠杀弱小民族；日本军国主义侵略、瓜分、掠夺周边国家；各国的内战，同根同种的人们反目成仇，同室操戈；因为种种不满，群众大规模游行示威抗议，直至演化为流血械斗；军人政变，依仗手中的枪杆子，将政府掀翻在地；政治丑行和腐败，种种冤假错案无数，百姓饥寒贫病交加，侵蚀社会正义良知；西方社会自从近代以来，好话说尽，坏事做绝，直至2024年的今日……

研究政治，让我们探索有没有可能组建一个相对公正的社会？建设一个相对公正合理的国际秩序？能不能避免战争和杀戮？怎样在解决冲突中减少流血和动荡？如何使决策更加合理有效以避免重大失误？如何防范腐败，使它及时得到惩治？如何减少冤屈，使它尽快得到补救？如何解决西方社会的欺瞒霸凌？

研究政治，就是研究如何不采取武力的办法，尽量解决上述问题。希望最大限度地避免采用战争和暴动手段，来解决社会问题、经济问题、政治问题。

同时，并不避讳暴力，如果使用暴力，战胜了邪恶，驱除了黑暗，为什么不可以使用呢？暴力就是政治的组成部分。实际上，西方政治学，他们回避和篡改了一个基本事实，西方的繁荣，就是西方自近现代以来依赖暴力路径结下的恶之花。

法学

一、推荐书目和法学概述

推荐书目：[法]孟德斯鸠：《论法的精神》，商务印书馆1961年版。

法学是秩序与正义之学，正义与权力之学。

二、大学法学专业主要课程

1.法理学、法理学 II（法哲学与法社会学）、中国法制史、外国法制史、西方法学流派、律师学、证据调查学、证据学实验、非讼纠纷解决机制、立法学、法学与公共政策、中国法律思想史、西方法律思想史；

2.法学与文学、法学与经济、法学与媒介；

3.宪法学、民法总论、刑法总论、经济法、民事诉讼法、刑事诉讼法、刑法分论、民法分论、商法、知识产权法、国际法、国际私法、国际经济法、物证技术学、证据法、环境法、行政法与行政诉讼法、劳动法和社会保障法、行政救济法、海商法、婚姻继承法、公司法、破产法、金融法、残疾人法、人权法、国际商法、国际税法、行政刑法、税法、保险法、反垄断法、规划和产业法、票据法、民事执行法、衡平法与信托法、国际商事仲裁法、国际商事交易法、反倾销反补贴法；

4.宪法案例分析、刑事案例分析、民事案例分析、公司法案例分析、行政法案例分析、经济法案例分析、民事诉讼法案例分析；

5.法律检索及写作、司法文书、法律英语、法律日语、英美法法律思维与写作；

6.美国法导论、英国法导论、英美民事诉讼法、英格兰和香港特别行政区法律制度导论、美国宪法、英美合同法导论、知识产权国际条约、世界贸易组织法律制度、联合国教科文组织版权法。

三、法学研究对象

人文科学研究人的社会主体属性，比如，哲学本体研究、美学审美主体感受研究等。社会科学研究人与人之间的关系。法学属于社会科学。

确立和维持人与人之间的关系，离不开规则。人类社会有多种规范社会关系、人与人关系的规则，如法律规则、道德规则、自治规则、团体规则等。

法律规则由国家制定或认可并由国家以强制力保证实施，以国家主权分配权利和义务，安排社会整体利益、群体利益、个体利益，决定社会中人与人之间关系的性质和状态，是规则中的规则，具有其他规则无可比拟的影响力，其是否公平正义直接关系到社会是否公平正义。

法学的研究对象是法律规则如何体现公平正义的问题。

四、法的价值

法的价值主体是人,是具有社会性的人。

法是人的创造物,人在创制法的时候,就赋予或确定了它应有的价值使命。法的价值状况关联着人的主观诉求。

法的价值包含人的期望、追求与信仰,人们运用法满足自己的期望、追求与信仰,对于法有着这样或者那样的精神寄托或精神索求。

法律的价值:承载人的目的和追求。

人的目的和追求包括正义和自由。正义是法的出发点,属于法律的理性价值;自由是法的落脚点,属于法律的目标价值。

五、法是人类社会阶段性的产物

原始时代依靠原始的习惯和方法解决争端。后来,随着社会发展,以前调整氏族组织机构的规范无法调整新的政治权力机构,人类必须创制新的社会规范,新的规则随之应运而生。

为促进人的进一步发展,便产生了法。从社会进步的意义上讲,法是人类发展进步的产物,服务人的进一步发展。

法是人的创造物,人在创造法时就赋予其多重使命,一旦使命完成,它也就应当消亡。否则,它就会从人的发展的促进器异化为人的发展的障碍物。

法的消亡的目的仍然是人的发展。法的消亡是人的发展的要求,它为人在更高层次的发展创造条件,是为人的发展而消亡。

当人类社会不通过法也一样可以正义，可以自由，甚至更正义更自由的时候，法就成为一个没有意义的东西了。法的使命完成以后，它自然就会消亡。

法律是上层建筑，法律会随着上层建筑的消亡而消亡，这应该算是一个人类的理想社会进程。

六、法学的三个世界

在法学的第一个世界里，会看见法律条文或法律文本，会看见大量的法律解释和法律案例。

法学的第二个世界：法律背后的人。法学并不仅是法律条文之学。法律条文规定人与人之间的关系，在法律条文的背后，是形形色色的人、形形色色人的利益纠葛以及由人组成的各种复杂社会关系。法学既是关于法的学问，也是关于人的学问。比如，一个时代对人的理解与认知，决定一个时代的法律精神，塑造一个时代的法律性格。刑法对绝大多数罪犯实行劳动改造，强调对罪犯的教育、挽救，强调"治病救人"，其实是把罪犯理解与认知为病人；刑法对极少数罪犯处以死刑，在这种情况下，罪犯就不再是需要治疗的病人，而是十足的甚至是需要彻底删除的坏人。

法学的第三个世界：法律与人背后的文化传统、思想根源。法律条文受制于特定的思想文化背景。比如，《老年人权益保护法》为什么要规定"经常看望或问候老年人"条款？这样的规定与中国传统的孝道、以孝治国有紧密的关系。中国的《宪法》在正文之前有一篇序言，从1840年讲起，如同历史，《宪法》序言为什么要写成长篇历史叙事？还有，我们的检察院为什么可以监督法院？而欧美的检察机构为什么不可以监督法院？我们的《宪法》为什么要确立人民代表大会制度？诸如此类的问题，都是由当代中国的历史发展、现状格局、思想根源与文化传统所决定的。对于法律与法学，不仅仅要知其然，还要知其所以然，探究法律背后的思想根源和文化传统。

军事学

一、推荐书目和军事学概述

推荐书目：毛泽东：《论持久战》，人民出版社1952年版。

军事具有高度的政治性、巨大的风险性、尖锐的对抗性、环境的多变性，军事认识领域充满了"迷雾"。

军事理论性与实践性极强，上至天文，下至地理，从自然科学到社会科学，几乎无所不包。

军事不能马虎半点，差之毫厘，谬以千里。优劣正误，咫尺之间，生死存亡所系，弄不好万千人头落地，付出血的代价，这是其他学科无法相比的地方。

用血与火写就的军事科学，直接关系到一个国家、民族的生死存亡，是人类知识体系中极其生动、极其丰富、极其活跃的门类。

钱学森指出，现代科学技术体系由军事科学和自然科学、社会科学、数学科学、系统科学、思维科学、人体科学、行为科学、地理科学、建筑科学和文艺理论等十一个并列的大部门构成。军事学放到了与自然科学、社会科学平起平坐的地位。

1983年，中华人民共和国国务院学位委员会将军事学与哲学、经济学、法学、教育学、文学、历史学、理学、工学、农学、医学并列为国家的11个学科门类。国家正式确认军事学为独立的学科。

二、地缘战略因素

任何战争都是在一定的地理空间中进行，受战略地理要素的影响与制约。地缘战略因素是以自然地理环境为依托而形成的战略性因素。一个国家的地理位置、国土大小和形状、边疆与接壤状况、自然资源、人力资源构成及分布、民族宗教和社会力量结构等自然地理和人文地理因素是构成地缘战略因素的重要内容。国家地理位置的自然分布对地缘战略关系的形成具有最基本的影响。

不同的战略地理特征，其战略力量的发展方向不同。

俄罗斯虽然濒临诸多边缘海，但均无法直接面向三大洋，为打破这种地缘限制，历史上，俄罗斯曾长期致力于解决出海口、走向世界海洋的问题。

美国作为世界上唯一的超级军事强国，独安美洲，顺连两洋，其全球战略始终以欧亚大陆为重心，力求首先控制欧亚大陆东西边缘地带，辅以控制太空和世界主要海上战略枢纽与战略航线，实施全球军事干预，实现对世界战略空间的全面控制。

三、战略文化传统

历史的延续性：例如，西方的分裂与扩张传统至少源于希腊罗马时代，中国的大一统的传统以及由此形成的更为关注国内秩序的传统，在秦汉时代便已基本定型。

文明的关联性：战略文化都是其文明特性的反映。游牧文明与航海文明表现为扩张、尚武的战略文化倾向，农耕文明表现出内向、和平的战略文化传统。

道德中心还是功利主义：中国战略文化传统重视道义的力量，具有强烈的是非观念。表现在战争观上就是强调"义兵""义战"，强调"以德服人"，这与中国文化中以道德为中心的影响分不开，与西方以功利主义为特征的价值观不同。

和谐共处还是有你没我：中国战略文化更多地表现"天人合一""顺天应人""睦邻亲仁"的同一性思维特征，而西方文化则更多地崇尚"生存竞争""弱肉强食"的社会达尔文主义丛林法则。

是否扩张掠夺：在战略目标的确定上，西方只要存在资源和机会，国家就必然扩张，利益的扩张是最高目标；而中国的战略目标历来是卫国土，保和平，求统一，制侵略，没有海外掠夺扩张的内在动力。

慎战还是好战：中国战略文化强调"慎战"与"不战而屈人之兵"，强调"后发制人""不得已而为之"，主张"上兵伐谋，其次伐交，其次伐兵，其下攻城"，这与西方战略文化中的绝对优势、绝对安全、绝对征服的极端思维与零和思维截然不同。

四、军事活动离不开特定的经济条件和经济环境

军事活动追逐经济利益，军事活动离不开经济支撑。

人类社会的经济发展方式从根本上决定了不同时期的军事面貌。从农业时代的冷兵器战争、工业时代的机械化战争、信息时代的信息化战争到人工智能时代的智能战争，军事活动相应地具有"体能军事""技能军事""信息军事""智能军事"的不同特征。

经济条件是军事活动的物质基础，决定军事活动的样式和军事力量的强弱，并成为决定战争胜负的重要因素。经济因素贯穿军事活动的全过程。

五、进攻与防御是军事运动的基本形式

战斗就是敌我之间进攻和防御的矛盾运动。一切战争都是武装力量之间采取暴力的、以进攻和防御为运动形式的冲突。战争的过程中，为达到保存自己、消灭敌人的目的，参战双方交替运用进攻和防御两种手段。任何战争，既离不开进攻，也离不开防御。

六、"以劣胜优"不是中国人民解放军的战法

不能把以劣势装备战胜优势装备敌人简化为"以劣胜优"。劣就是劣，劣不能战胜优。优就是优，优不会被劣所战胜。

装备优劣只是影响战争胜负的因素之一。装备劣并不意味着战争力量的其他方面都劣。中国人民解放军曾在抗日战争、解放战争和抗美援朝等战争中打败装备精良的敌人，这是因为中国人民解放军拥有最根本的人民战争优势，遵循了毛泽东提出的在战略上以少胜多，在战役战术上以多胜少的原则，集中优势兵力，歼灭敌人有生力量，积小胜为大胜。在全局或在装备上处于劣势的情况下，我们依靠高敌一筹的指挥艺术、集中优势兵力的作战原则、优良的军队素质、高昂的士气和人民战争所带来的最广泛的支持，在局部战场上创造出优势，再从整体战场上创造优势，最终才战胜了敌人。

七、军事思维的特点

　　军事认识的双向对抗规律。军事活动中，对抗双方的获胜企图相互排斥。对抗双方军事认识相互依存又双向运动。一方的认识需要建立在另一方的认识基础上，并且随着对方认识的变化而变化。同时，双方都掩蔽己方情况，尽力不让对方所认识，并尽可能干扰和破坏对方的认识能力和结果。

　　军事战略的政治性和目标性。历史上从来没有超国家利益、超政治目标的战略思维，也从来没有置于政治之外的战争。在一定的战略阶段内，无论战役方向如何灵活多变，战略方向始终保持相对稳定。军事战略目标服从和服务于国家政治目标。

　　军事战略思维的对应性。战争的原则，就是不要做敌人希望你做的事，就是要做敌人非常不希望你做的事。军事战略必须依敌我双方的变化而变化。

八、"保存自己、消灭敌人"是军事第一要义

保存自己、消灭敌人,就是战争的本质,就是一切战争行动的目的。从战争行动起,到战争行动止,都贯彻这个本质。

我们常人习惯于首先着重保存自己,也许井水不犯河水,也许相安无事,可是,对面是敌人,养虎为患,敌人怎么能善罢甘休呢?消灭敌人和保存自己,两个方面都很重要,但主次要分明,军事家的思维有时候是异于常人的。

只有大量地消灭敌人,才能有效地保存自己。消灭敌人是主要的,保存自己是第二位的,这是一条军事基本规律。

在作战指导问题上,以打胜仗为原则。战争指挥必须慎重,不能盲动。我军的十大军事原则首先强调不打无准备之仗,不打无把握之仗,每战都应力求认真准备,力求在敌我条件对比下有胜利的把握。对于战略或战役的第一仗,更要强调必须打胜。

在作战的具体谋划上,树立军事效益观念,不以巨大的牺牲和代价,去谋取有限的胜利和利益,而要把代价和牺牲减少到最低限度。力求以最小的代价实现战争目的,这是战争指导者高超指挥艺术的重要体现。

九、夺取和保持战略主动权

在战争指导上努力争取和保持战略主动权,是兵家制胜的关键。

《孙子兵法》里写道:"故善战者,致人而不致于人。"善于作

战的人,能调动敌人而不被敌人所调动。

毛泽东在《论持久战》中特别指出:"行动自由是军队的命脉,失去了这种自由,军队就接近于被打败或被消灭。"

战略主动权,指的是战争指导者和军队在战争全局中的决策自主权和行动自由权。高明的战争指导者总是在战略上独立自主,坚定灵活地组织和运用自己的力量,最大限度地发挥自己的优势,主宰战场,调动敌人,迫敌就范,而不被敌人所左右。一个仗打不打、怎么打,在什么时间、地点打,用什么方式打,主动权完全操之在我,这样,才能做到自保而全胜。

十、毛泽东十大军事原则

1. 先打分散和孤立之敌,后打集中和强大之敌。
2. 先取小城市、中等城市和广大乡村,后取大城市。
3. 以歼灭敌人有生力量为主要目标,不以保守或夺取城市和地方为主要目标。保守或夺取城市和地方,是歼灭敌人有生力量的结果,往往需要反复多次才能最后地保守或夺取之。
4. 每战集中绝对优势兵力(两倍、三倍、四倍,有时甚至是五倍或六倍于敌之兵力),四面包围敌人,力求全歼,不使漏网。在特殊情况下,则采用给敌以歼灭性打击的方法,即集中全力打敌正面及其一翼或两翼,求达歼灭其一部,击溃其另一部的目的,以便我军能够迅速转移兵力歼击他部敌军。力求避免打那种得不偿失的或得失相当的消耗战。这样,在全体上,我们是劣势(就数量来说),但在每一个局部上,在每一个具体战役上,我们是绝对的优势,这就保证了战役的胜利。随着时间的推移,我们就将在全体上转变为优势,直到歼灭一切敌人。

5. 不打无准备之仗,不打无把握之仗,每战都应力求有准备,力求在敌我条件对比下有胜利的把握。

6. 发扬勇敢战斗、不怕牺牲、不怕疲劳和连续作战(即在短期内不休息地接连打几仗)的作风。

7. 力求在运动中歼灭敌人。同时,注重阵地攻击战术,夺取敌人的据点和城市。

8. 在攻城问题上,一切敌人守备薄弱的据点和城市,坚决夺取之。一切敌人有中等程度的守备,而环境又许可加以夺取的据点和城市,相机夺取之。一切敌人守备强固的据点和城市,则等候条件成熟时然后夺取之。

9. 以俘获敌人的全部武器和大部人员,补充自己。我军人力物力的来源,主要在前线。

10. 善于利用两个战役之间的间隙,休息和整训部队。休整的时间,一般不要过长,尽可能不使敌人获得喘息的时间。

十一、把握重心,关照全局

战略指导者最要紧的是把自己的注意力摆在照顾战争全局上面,把握好对全局最重要、最有决定意义的战略重心,把全局联结成一个有机的整体,推动战争全局向着有利于实现战略目的的方向发展。

毛泽东曾深刻地指出:"战略指导者当其处在一个战略阶段时,应该计算到往后多数阶段,至少也应计算到下一个阶段。尽管往后变化难测,愈远看愈渺茫,然而大体的计算是可能的,估计前途的远景是必要的。"否则,"我们就只能跟着战争打圈子,让战争把自己束缚起来,而不能将其放在自己的控制之下,加之以调节整理,造出为战争所需的条件,引导战争向我们所要求的方向走去,争取战争的胜利"。

十二、我国积极防御的军事战略

积极防御,是毛泽东军事战略思想的基本原则之一,充分体现了毛泽东的人民战争思想和军事路线。

早在土地革命战争时期,毛泽东在分析中国革命战争规律时就指出"敌人是全国的统治者,我们只有一点小部队",我们的命运全看我们能不能打破"围剿"。在这里,"首先而且严重的问题,是如何保存力量,待机破敌"。只强调进攻而不采取防御手段,那就是"第一号的傻子"。对于革命战争来说,采取防御战略,不仅是军事上所必需,而且还有政治上的好处。"一切正义战争的防御战,不但有麻痹政治上异己分子的作用,而且可以动员落后的人民群众加入到战争中来",就是说,战略防御还能在一定程度上体现革命战争的正义性质,造成"哀兵"之势。所以,"战略防御问题成为红军作战中最复杂和最重要的问题",能不能正确地实行防御,关系到弱小红军的生死存亡。而正确的防御,只能是积极防御。毛泽东说:"积极防御,又叫攻势防御,又叫决战防御;消极防御,又叫专守防御,又叫单纯防御。……只有积极防御才是真防御,才是为了反攻和进攻的防御。"红军作战的基本原则是:承认积极防御,反对消极防御。毛泽东的积极防御思想,从理论上正确解决了中国革命战争的军事战略问题,为中国革命战争开辟出了一条走向胜利的道路。

作为一种战略思想,积极防御在性质上是防御的,而在作战行动的要求上则是积极的。积极防御的精髓就是它的积极性。毛泽东指出,从整个战争进程看,防御与进攻是两个性质完全不同的战略阶段,不能相互混淆。在敌强我弱的态势没有发生根本变化之前,中国革命战争在战略上只能是防御的;只有在取得了对敌优势之后,中国革命战争才能转入战略进攻,那时防御就是局部的了。但是,防御与进攻又不是截然分开的。积极防御的一般原则,就是以进攻达到防御目的。毛泽东的创造性在于,从战略与战役战斗的辩证关系上把防御与进攻结合在一起,提出了战略上防御和战役战斗上进攻的作战思想。

新中国成立以后,中国共产党领导的军事斗争由夺取国家政权向巩固国家政权和保卫国家安全转变,从此面临着一个更为广阔的军事斗争舞台。毛泽东积极防御的战略思想又有了新的发展。1955年4月,毛泽东在中央书记处会议上提出:中国的战略方针是:积极防御,决不先发制人。毛泽东说:"还是要诱敌深入才好打。御敌于国门之外,我从来就说不是好办法。"积极防御在当时的主要表现是,力求在战争初期,粉碎敌人的战略突袭,保存我军有生力量,制止敌人的长驱直入,掩护国家转入战时体制。然后,有计划地诱敌深入到预设战场,视情况的不同,通过规模不等的运动战,集中优势兵力,各个歼灭敌人。这个军事原则,落实为新中国成立初期的三线建设,对西北、西南,尤其以四川、重庆为重点的地区开展工业、农业和国防建设,扩张战略纵深,配合"深挖洞、广积粮、不称霸"思想,有效震慑帝国主义亡我之心不死的嚣张气焰。

当代，战争主要发生在边境地区、近海近岸及相关空域，作战空间有限。新中国成立初期的三线建设，以空间换取时间，用运动战消灭敌人的作战方式日益困难；高技术远程打击手段的广泛应用，使战争效能大大提高，战略、战役、战斗之间的区别越来越小，战略决策、战役指挥、战斗行动趋于一体化；战争进程日益加快，有时一场战争就是一次战役，寄希望于战争发起后从容应对，积小胜为大胜，逐步转换攻防态势，越来越困难。新军事形势下，拓展积极防御战略内涵，把战役战斗上的外线反击作战向战略外线反击作战发展，力求最大限度地发挥积极防御的积极性，达成战略防御目的，成为新时期积极防御思想的必然发展趋势。在积极防御战略下，中国承诺不首先使用核武器，不对无核国家使用或威胁使用核武器，但对来自任何敌人的核攻击将实行坚决的报复性核反击。

十三、"你打你的，我打我的"是我军战略指导的灵魂和精髓，是战略指导的最高境界

它不仅是以往我军的制胜之道，也是未来展开高科技条件下军事较量的根本指导思想。

"你打你的，我打我的"这一思想最早是毛泽东作为战役战术指导思想提出来的，随着战争实践的不断发展，它逐渐上升为一种战略思想和战略作战原则。

1965年在一次会见外宾的谈话中，集军事统帅与战略思想家于一身的毛泽东，把自己一生的用兵经验，高度概括为"你打你的，我打我的，打得赢就打，打不赢就走"。毛泽东强调，打仗

没有什么神秘，打得赢就打，打不赢就走，你打你的，我打我的。什么战略战术，说来说去，无非就是这四句话。他还说，我们的打法：我能吃下你时，就吃你；吃不下你时，也不让你吃了我。时机不成熟时，我主力不同你硬拼，同你脱离接触；等到我能吃了你的时候，就把你吃掉，一口一口地吃，最后把你吃掉。这是毛泽东对自己一生战略指导艺术的高度概括和科学总结。

十四、科学合理的体制编制是战斗力的倍增器

中国古代，有田忌赛马的故事："今以君之下驷与彼上驷，取君上驷与彼中驷，取君中驷与彼下驷。"（《史记·孙子吴起列传》）善用自己的长处去对付对手的短处，从而在竞技中获胜。

第二次世界大战中，法军、英军虽然拥有比德军多上千辆的坦克，但是没有认识到这一新式武器的潜力，在作战思想上只是把它作为进攻作战中步兵和炮兵的随伴兵器，因此，将这些坦克分散编配在各个步兵师中，或作为独立分队使用；而德军则进行了体制编制的改革，通过将数量有限的坦克集中编组为装甲师，有效发挥了坦克的火力、突击力和机动力。使其战斗力倍增。

如果说军事战略主要是解决战略目标的问题，那么体制编制所要解决的就是如何通过组织设计，建立科学合理的军事力量，从而为战争提供组织保证。

十五、战场管理

战场管理是为维护战场秩序，巩固和提高部队战斗力，保

障作战任务的完成，而对参战部队和战场范围内相关要素进行的管理。

战场管理的内容主要包括战场空间管理、战场时间管理、战场人员管理、战场信息管理、战场物资管理、战场交通管理等。

经济学

一、推荐书目和经济学概述

推荐书目：［德］马克思：《资本论》，人民出版社1975年版。［英］亚当·斯密：《国富论》，商务印书馆2015年版。［英］凯恩斯：《就业、利息和货币通论》，商务印书馆1999年版。

经济学探索财富之源，是经世济民之学，它以富民强国为己任，以担当道义为天职。

经济学研究人们的谋生方式，探讨人们如何通过社会组织满足对稀缺商品和服务的需求，其主题为：生产、分配、消费。涵盖的话题：供给和需求、货币和财政政策、成本、通货膨胀和失业等。

经济学研究经济资源配置和经济制度演化，总结经济变化规律和识别经济发展条件，为经济学科进一步发展奠定理论基础，为制定经济政策提供知识准备和智力支撑。

二、大学经济学专业主要课程

经济学专业包括财政学、保险学、金融学、经济学、经济学（数理经济方向）和国际经济与贸易（国际经济学）等。

经济学课程包括：计量经济学、博弈论、国际贸易、财政学、货币银行学、产业经济学、劳动经济学、发展经济学、投资学原理、当代中国经济、信息经济学、能源与气候变化经济学、制度经济学、公司财务学、区域经济学、农村与农业经济学、城市经济学、时间序列分析方法等。

三、经济

在中国古汉语中，"经济"指"经世"和"济民"，含有"治国平天下"的意思。内容不仅包括国家如何理财、如何管理其他各种经济活动，而且包括国家如何处理政治、法律、教育、军事等方面的问题。

"经济"一词的内涵是节约、节俭、理财和效益，主要指生产或生活上的节约、节俭。生产上的节约涉及资金、物质资料和劳动等生产要素的投入，要求用较少的投入获得尽可能多的产出；生活上的节约涉及个人或家庭在生活消费上精打细算，使用较少的消费品最大限度地满足自身的需要，因此，经济是少用人力、物力、财力、时间和空间，尽可能地多获得成果和收益。所以说，经济的本意不是如何赚钱，而是如何省钱。只有知道如何节约并有效利用资源，才能真正赚到钱。

四、西方经济学的两个基本假设

第一,经济人假设,又称理性人假设,这是西方经济学分析的逻辑起点。该假设认为,经济生活中的每一个人,其行为均是利己的,均是理性的,总是力图以最小的经济代价去追求利益的最大化。

第二,完全信息假设。该假设认为,每一个从事经济活动的成员都能够充分且对称地掌握经济活动的信息。

实际上,这两个假设,在现实中、在实际经济活动中,完全不可能,完全站不住脚,因其前提是假的。西方经济学大厦立于沙坑,问题不少。

五、经济学是社会科学不是自然科学,其科学性不是指它的数学化和模型化

西方经济学追求规范化和科学化,引向唯数学化和唯模型化,似乎如此经济学就可以更加科学。

社会经济是复杂而活跃的系统,各种经济变量之间存在复杂和随机的联系,并且这些变量的关系具有不可重复验证的特性,这就使建立在确定变量之上的模型只能形成对个别、具体经济关系的分析,并不能全面反映和揭示经济现象内所隐藏的问题。

所以,数学化和模型化,没有增加经济学的科学性,相反却使经济学在自然科学和社会科学之间处于尴尬地位。

自然世界的客观性和经济世界的主观性,自然世界物质对象

的稳定性和经济对象的能动性，形成直接的对立。经济学作为对于人类社会经济现象及经济行为进行研究的科学，在本质上是社会科学而不是自然科学。

经济学是社会科学。经济学对现存社会经济结构的批判，对人和人之间生产关系的揭示，对社会经济制度的揭示，对社会经济生活的直觉感悟等，才是经济学的核心和重心。

六、西方经济学理论

1. 重商主义

重视商品、贸易和货币，注重经济流通，认为商品流通、贸易交换是增加财富的手段。主张多卖少买，积攒钱财，财源滚滚。

2. 古典经济学

奠定劳动价值论的基础，是马克思经济学说的一个重要来源。强调工资和利润、利润和地租的对立。不借助对外贸易，劳动自身的工资积累和利润积累，是增加财富的手段。

3. 新古典经济学

改变价值源泉存在于生产中的古典经济学，从消费者行为研究价值问题，价值决定被看作个人的心理过程。这一转变，逐渐使经济学由一门主要研究整个国家如何致富的学问转变为主要研究个别消费者、个别厂商如何决定价值、价格的学问。在生产与消费之间研究经济，具有古典经济学的底色，因其偏向消费方面，所以称其为新古典经济学。

4. 凯恩斯主义经济学

货币不再局限于物物交换替代物和价格传导等传统功能，政府用货币，以行政的、垄断的手段，介入经济和经营活动，扩大政府干预经济的权力，采取财政金融措施，增加公共开支，降低利息率，刺激消费，增加投资，以提高有效需求，实现经济的充分均衡。

5. 新经济自由主义

反对凯恩斯主义，反对任何形式的政府干预。主张经济自由放任，减少政府作用，扩大个人在经济社会中的作用，主张自由竞争，大部分经济活动主要通过自由市场中的私人企业活动来进行。

总之，新经济自由主义是现代资产阶级右翼的意识形态。在西方经济学中，经济自由主义反对微观层次和宏观层次的政府调控，鼓吹市场万能，断言只要靠市场机制这一只"看不见的手"，就能使资源配置达到最优状态。

新经济自由主义，在西方处于巅峰时期散布给全世界，让众多发展中国家和贫穷国家深受其害。最近20年以来，中国奋勇崛起，西方渐落神坛。世人发现，西方的种种做法完全不是新经济自由主义，让信奉膜拜西方者万分迷茫，万分无语。原来，哪有什么经济学的理论，都是经济的生意。

七、马克思主义经济学与西方经济学

马克思主义经济学与西方经济学是经济学学科体系最基本的分类。以对社会制度合理性假设的不同，把经济学分为马克思主义经济学和西方经济学。

认为资本主义经济制度为合理制度的就是西方经济学，认为社会主义经济制度为合理制度的就是马克思主义经济学。

在"二战"后的西方经济学界，用整体主义和个体主义研究方法的对立，代替马克思主义经济学和西方经济学的根本对立，这是极其可笑的。各自的理论特征对比的结果才是根本的，而非研究方法上的对立。

认可资本主义社会制度的经济学理论基本上都以效用价值论或者发展了的边际效用价值论为理论基础；认可社会主义制度的经济学理论基本上都以劳动价值论为理论基础。

八、政治经济学

马克思主义的经济学，一般称为政治经济学。它研究生产关系（主要指人与人的关系），揭示生产关系的运动发展规律。

资产阶级的经济学，研究的不是人与人之间相互关系的本质，不是去揭露资本主义的矛盾和问题，而是有意地避开人与人关系的研究，只研究经济现象以及各种经济现象的关系。

九、中国经济学

独立发展中国经济学，终止西方经济学被当作真理膜拜的历史和现实。

西方经济学以及其他方面的经济学，必然存在大量合理、科学、真实、智慧的因素，我们拿来融会贯通，并与我们的经济理论和经济实践结合起来，用于总结中国经济的历史，用于指导未来中国经济的发展。

西方经济学以及其他方面的经济学，存在大量错误、荒谬、虚假的东西，我们应看清楚，记住这些教训、陷阱、深渊、悖谬，用于总结中国经济的历史，用于指导未来中国经济的发展。

我们应该在马克思主义经济学、西方经济学经验和教训的基础上实现民族文化在经济理性思维和学科体系化发展上的突破，建设中国经济学，使经济思想的理性成果在中国的大地上成长出中国经济学来。中国已经深入介入全球化进程，中国经济学，也是世界经济学的重要组成部分。民族的经济学，中国的经济学，世界的经济学，中国的经济学，四位一体。

现阶段，中国经济学着重解释和解决以下四个问题：

第一，什么是社会主义，如何建设和发展社会主义。这是中华经济学自立的制度基础。

第二，生产力落后的发展中国家如何成功地迅速赶超发达国家，其中所蕴含的经济增长和经济发展的规律究竟是什么。这是中华经济学的核心问题。

第三，计划经济和市场经济体制的配合协同、政府职能和市场体制的配合协同问题。

第四，协调处理利益分化与社会和谐、收入分配差距，反贫困以及共同富裕等问题。

十、经济活动

为了满足自身需要，人们从事经济活动。经济活动分为四种：生产活动、分配活动、交换活动和消费活动。这四类经济活动前后衔接，形成社会再生产过程的有机整体。

十一、制度经济学与数量经济学

制度经济学对社会制度以归纳法进行定性分析。这里制度的含义比经济制度广泛，包括心理、思想、习惯、风俗、文化、伦理、道德、权力、利益、技术、组织、法制等几乎所有社会现象，涉及历史学、政治学、社会学、心理学、伦理学、法学等社会科学。

制度经济学认为，不能限于经济谈经济，那些非经济因素对经济具有决定作用，应当成为经济学的研究对象。

早期的制度经济学反对纯经济分析和数量分析，它通过广泛的制度分析，指出资本主义社会的种种弊端，主张政府实行强有力的结构改革和社会改革。

近代兴起一种新制度经济学，从"交易费用"出发，研究产权理论、企业理论、委托代理关系、内部人控制、激励机制等问题，有时使用数量分析。早期的制度经济学批评资本主义，主张社会改革，新制度经济学看似更加激进，它彻底反对国家的任何干预，资本主义和社会主义都不要，其实质还是守护资本主义的基本盘而已。

与制度经济学相比，数量经济学在西方居主流地位。数量经济学泛指对社会经济运行以演绎法进行定量分析的一类经济学。它将经济学、统计学、数学和计算机技术结合起来，研究经济运行的规律，包括数理经济学、计量经济学、投入产出经济学、经济控制论、信息经济学、对策论等。

数量经济学将一定的社会条件作为假设，用现代数学方法模拟经济运行，解释靠定性分析难以表达的关系及趋势，提出预测和决策，号称"社会实验室"。数量经济学在西方居主流地位。西方经济学教科书、论文、决策，几乎都以经济模型作为工具。在诺贝尔经济学奖获得者中，四分之三以上是数量经济学家。

任何事物都有其质和量的规定性，没有无量的质，也没有无质的量。定性分析必须通过定量分析加以深化，定量分析又必须服从和服务于定性分析；两者是互补关系，而不是替代关系，必须紧密结合。只强调一方而忽视另一方，或者企图以一方代替另一方，都是片面的。

十二、实证经济学与规范经济学

实证经济学要解决"是什么"的问题，分析经济体系怎样运行，为何这样运行，然后预测将会怎样运行。它只是就事论事，说明是什么和为什么，明确事物之间的因果关系，以达到"如果这样，将会怎样"的目的。至于原因端和结果端，是好是坏，是对是错，不做判断，即价值中性。实证经济学的内容具有客观性，所得出的结论可以根据事实来检验。

规范经济学要解决"应怎样"的问题，对经济运行状态具有价值判断，要明确一个经济事物的社会价值，明确一个经济事物是好还是坏、应该怎样。规范经济学以主观论述为主，不同的人因价值观和立场不同，对相同的事物判断不同，但是，规范经济学有真理性，可以被实践检验其是非对错和真假美丑。

一般来说，越是具体的问题，实证的成分越多；而越是高层次，带有决策性、路线性、方向性的问题，越具有规范性。

实证经济学与规范经济学不是绝对排斥。规范经济学要以实证经济学为基础，而实证经济学也离不开规范经济学的指导。

实证经济学与规范经济学难以截然分开。规范经济学必须以实证经济学为基础，人们不清楚"是什么"，也难以判断"应怎样"。反过来，人们在实证"是什么"特别是"将怎样"时，也不可能完全排除价值的判断。

十三、微观经济学与宏观经济学

微观经济学采用个量分析法，以市场价格为中心，以社会福利为目标，研究家庭和企业的经济行为，研究怎样通过市场竞争达到资源最优配置。它只见树木，不见森林。

宏观经济学采用总量分析法，以国民收入为中心，以社会福利为目标，研究产品和货币市场、公共财政、国际收支的协调发展，研究怎样通过宏观调控达到资源的充分利用。它只见森林，不见树木。

十四、消费者行为理论中的两个系数

恩格尔系数。恩格尔是19世纪德国的统计学家，他根据长期经验对统计资料的分析得出结论：一个家庭收入越少，家庭收入或支出中用来购买食物的费用所占的比重就越大；一个国家越穷，每个国民的平均收入或平均支出中用来购买食物的费用所占的比例就越大；随着家庭收入的增加，家庭收入或家庭支出中用来购买食物的支出将会下降。

基尼系数。表示在全部居民收入中,用于进行不平均分配的那部分收入占总收入的百分比。该系数反映收入分配的公平状况,一般规律显示,基尼系数小于 0.2 为高度平均,大于 0.6 为高度不平均,基尼系数 0.4 是国际上通行的警戒线。

十五、生产

人们需要生产和消费的产品和劳务多种多样,诸如汽车、家用电器、住房、贺卡、服装、面包、电影、教育、理发、保险、卫生保健等产品和劳务是面向消费者生产的消费品;飞机、港口、高铁、矿产、技术咨询、物流服务等产品和劳务是面向投资者生产的投资品。在这些产品和劳务中,一个社会必须决定生产哪些产品和劳务;每种产品和劳务生产多少;应该生产更多的消费品,还是更多的投资品。

十六、机会成本

在现实生活中,经常碰到"要么这样,要么那样"的选择问题,可称取舍选择。

一项资源有多种用途,选择一种用途的同时就意味着放弃了这一资源的其他用途。取舍选择实质上是将有限的资源配置到一种特定的用途上,而其他用途产生的价值就构成了使用这一资源的成本,称为机会成本。

例如,你要配置的资源是时间,如果你选择去三亚,就放弃了在这段时间去峨眉山的机会。之所以选择去三亚，是因为去三亚的享受水平高于峨眉山。去峨眉山带来的享受就是你选择去三亚的机会成本。

机会成本不是实际成本，它不是在做出某种选择时实际支付的费用或损失，而是一种观念上的成本或损失。

机会成本是经济学中一个非常重要的概念，应当对比一项选择所产生的机会成本和实际收益的大小，只有实际收益大于机会成本时，该种选择才明智且效益好。

十七、经济体制

一个社会协调个体选择的方式被称为经济体制，主要有市场经济体制、计划经济体制和混合经济体制三种类型。

市场经济体制指以市场机制作为配置社会资源的基本手段，协调经济活动的就是价格。价格的协调方式既简单又直接：对于生产者来说，哪种产品价格高，就生产哪种产品；什么生产方式成本低，就用什么方式生产。对于消费者来说，哪种商品物美价廉，就购买哪种商品。

计划经济体制也称指令性经济体制。生产什么、如何生产和为谁生产的决策由政府通过集中计划、指示和控制来实现。

混合经济体制指既有市场调节又有政府干预的经济体制。目前，世界上绝大多数国家的经济体制是混合经济体制，其中市场经济成分占有较大比重。

十八、边际效应

一个人，需要四个馒头才能吃饱。吃第一个馒头让他立刻缓解饥饿感，因而其边际效应最大；吃第二个、第三个馒头的边际效应依次递减；到吃第四个馒头时，他已八九分饱，几乎可吃可不吃，故边际效应最小；当非要吃第五个时，馒头就产生负效应。共五个馒头，每个馒头的价格是一样的，但对一个人的边际效应是不一样的。

当其他投入固定不变时，连续地增加某一种投入，所新增的产出或收益反而会逐渐减少。也就是说，当增加的投入超过某一水平之后，新增的每一个单位投入换来的产出量会下降。

边际效应指导经济活动，应该管理产品时机，尽量在吃第一个馒头的时间点生产。应该管理产品的种类，尽量生产属于第一个馒头性质的必要产品。同时，避免发生无效投入和负效应。

十九、帕累托最优

资源配置是在资源的不同用途之间的选择，包括把资源投入到不同地区、不同产业、不同经济组织，甚至不同产品生产之间的选择。

给定资源和技术的条件下，提升资源配置效率，使资源从边际生产率低的地方流向边际生产率高的地方，从而实现资源利用的最优化。

一般来说，一个国家的资源如果配置合理，经济效益就会显著提高，经济发展就会显著加快；否则，经济效益就会明显低下，经济发展就会受到阻碍。

帕累托最优，也称为帕累托效率，指资源分配的一种理想状态：对于固定的一群人和固定的资源，当资源从一种分配状态到另一种分配状态的变化中，没有任何人的境况变坏，但至少使一个人的境况变好，这个过程被称为帕累托改进。

帕累托改进是达到帕累托最优的路径，即下一步实现让更多的人的境况变好，同时也没有让任何一个人因之变坏……

帕累托最优是不可能再有帕累托改进余地的状态。帕累托最优是评价一个国家经济运行是否进入效益和最佳状态的重要标准，是一个经济学意义的理论描述术语。

二十、贸易

贸易的基础，尤其是国际贸易的基础是优势，即一个国家通常用自己能够高效率生产的产品去交换另一个国家擅长生产的产品。这样，双方既互通了有无，又降低了生产成本。所以说，贸易是优势的交换。

二十一、市场失灵

市场失灵是指通过市场不能实现资源的最优配置，不能达到帕累托最优状态。

市场失灵的主要原因可以归纳为以下几点：

公共产品：公共产品具有非竞争性与非排他性，人们无须付款就能享用。在公共产品面前，市场机制没有用武之地。比如，国防决定的国家安全，自然环境决定的宜居宜业水平，社会治理决定的社会安定，皆属于公共产品，它强烈地影响经济和经营活动，强烈地影响市场和市场交易。但公共产品无须付费，不参与交易。

垄断：垄断隔离竞争，垄断凌驾市场。市场垄断，尤其是完全垄断，会严重影响市场机制在经济领域发挥作用，导致资源的配置缺乏应有的效率。

外部性：当发生利益关系的主体之间并非交易关系时，市场机制便无法发挥作用。钢铁厂排污水，造成下游渔场减产，钢厂和渔场不在一个市场中，必须借助其他机制，才能处置。

信息不对称：市场交易中，每个人所掌握的信息不同。当其中一方利用掌握的信息优势来损害另一方利益时，市场就会失灵。

市场失灵是经济学的重要概念，对于理解市场机制的局限性以及政府在经济中的角色具有重要意义。政府通常通过一系列的政策措施来纠正市场失灵，以实现资源的有效配置和社会福利的最大化。

二十二、政府干预

办法主要有直接管制、征税、补贴、建立可交易的排污许可证等。

直接管制：政府可以明令禁止某些经济行为来解决问题。

征税：向经济主体征税，抑制其发展。

补贴：纠正市场失灵，政府通过补贴的办法给予激励，鼓励其发展。例如，基础研究对一个国家来说非常重要，具有很强的正外部性，但是由于前期投入过高，研究者又不能得到研究成果的全部收益，投资主体的短时效益低下。对此，国家通过基金资助、发放研究津贴等办法，使其接近乃至等于社会收益水平，改进资源配置效率。

建立可交易的排污许可证：这是一种治理污染负外部性的制度。

二十三、国内生产总值（GDP）

国内生产总值（GDP），代表国家经济的绩效，是衡量一个国家总产出和经济实力的主要指标。

GDP 是指一个国家在一定时期（一年）内在本国领土上生产出的全部最终产品和服务按市场价格计算的价值总和。

GDP 不能全面地衡量与人们生活有更直接关系的经济福利，经济中发生的很多产生收益的活动也不能统计到 GDP 中，如闲暇时间、环境质量、社会公平等。

二十四、生产要素

用于生产物质产品的所有人力及非人力资源，它主要包括：

劳动力：人类的劳动。

自然资源：比如土地、水、矿产、生物、海洋等资源。

资本：或称生产设备，包括工具、机器、厂房，以及其他一切人类制造出来的，帮助人类更便捷高效地生产出最终消费品的各种物品。

新闻与传播学

一、大学新闻与传播学专业课程设置

这个领域，中国人民大学处于第一的位置。这里，以人大新闻学院的课程设置为资料来源。

第一，部类共同课。

法理学Ⅰ（法学导论）、社会学概论、政治学通论、传播理论。

第二，部类基础课。

1. 法学类

中国法制史、宪法学、刑法总论、民法总论。

2. 社会学类

人口概论、社会工作概论、社会研究方法。

3. 国际政治类

国际关系与大国兴衰、全球政治经济与国家风险、中国外交与全球治理、政治的视野与中国模式。

4. 新闻传播学类

新闻实务基础、战略传播、新闻理论。

第三，专业核心课。

1. 法学

法理学Ⅱ（法哲学与法社会学）、外国法制史、刑事诉讼法、民事诉讼法、刑法分论、国际法、法律职业伦理、行政法与行政诉讼法、经济法、物权法、债与合同法、商法、知识产权法、国际私法、国际经济法、物证技术学、证据法、环境法、劳动法和社会保障法。

2. 社会学

经济学原理、普通心理学、人类学通论、现代西方社会学、中国社会思想史、西方社会思想史、当代西方社会学、社会分层与流动、问卷调查技术与实例、社会统计与软件应用（初级）、定性研究方法、社会学前沿研究、数据科学与社会研究、文本分析、民族志。

3. 社会工作

经济学原理、普通心理学、人类学通论、管理学基础、社会政策、个案工作、小组工作、社会工作实验、社会福利思想、社区工作、社会工作实习、社会工作行政、人类行为与社会环境。

4. 公共事业管理（公共政策与人口管理方向）

经济学原理、普通心理学、人类学通论、管理学基础、人口统计学、公共管理学、组织行为学、微观经济学理论与应用、统计学基础、宏观经济学理论与应用、人口管理、社会保障与政策分析、公共政策与政策分析。

5. 国际政治

国际关系史、当代国际关系、国际政治学概论、比较政治制度概论、国际政治经济学理论、国际关系思想史、国际战略学概论、国际组织与国际关系、国际法与国际关系、对外政策分析、区域一体化理论与实践、专业英语口语与听力。

6. 外交学

当代中国外交概论、中国对外关系史、当代国际关系、比较政治制度概论、外交学概论、对外政策分析、国际谈判学、国际法与国际关系、发展学与发展中国家、专业英语口语与听力、日本政治与经济、美国政治与经济（英）、欧盟政治与经济、俄罗斯政治与经济。

7. 政治学与行政学

中国政府与政治、西方政治思想史、比较政治制度概论、中国政治思想史、中国政治制度史、中国政治传统与文明、社会调查理论与方法、专业英语口语与听力、当代西方政治思潮、政治学名著选读、政党与政党政治、行政管理学概论、地方政府与政治、应用统计学。

8. 新闻学

马克思新闻观与当代中国新闻事业、基础写作、影像技术、外国新闻传播史、中国新闻传播史、数字传播技术应用、传播研究方法、新闻传播伦理与法规、传媒经营与管理、跨媒体传播实验、新闻采访写作、新闻编辑、新闻评论、新闻摄影。

9. 广播电视学

马克思新闻观与当代中国新闻事业、基础写作、影像技术、外国新闻传播史、中国新闻传播史、数字传播技术应用、传播研究方法、新闻传播伦理与法规、传媒经营与管理、跨媒体传播实验、广播电视新闻报道、出镜报道与新闻主持、纪录片创作。

10. 广告学

马克思新闻观与当代中国新闻事业、基础写作、影像技术、外国新闻传播史、中国新闻传播史、数字传播技术应用、传播研究方法、新闻传播伦理与法规、传媒经营与管理、跨媒体传播实验、广告学概论、营销传播策划、广告媒体策略、公共关系学概论、数字营销。

二、传播的种类

1. 自我传播——自己对自己说话，自己和自己交流。反思、求知、回忆、写作，很多心理和学习活动，都是自我传播。自我传播要求自我控制和自我管理。

2. 永远的谜——人际传播。人和人之间的传播。人际传播注意表露自我，理解他人。

3. 不言而喻的社会存在——组织传播。组织传播注意组织纪律。

4. 点对面的社会化传播——大众传播。大众传播中，传播者应注意自己的责任，受众需要提高自己的分辨能力。

5. 想象的空间——文艺传播。借助艺术的作品或者艺术的形式，完成意义构建和价值描述。文艺传播要求受众能回到现实，并在现实与艺术之间自由穿梭。

6. 与陌生人说话——跨文化传播。检验一个人的真实境界，检验一个人的包容能力。

信息资源管理学（图书馆、情报与文献学）

一、大学信息资源管理专业主要课程

1. 管理学原理、信息管理学基础、数字人文导论、数据思维、信息论基础、中外图书和图书馆史、图书馆学基础、目录学概论、文献学概论、文献编纂实务、跨文化沟通与管理、阅读文化学、书评理论与写作、儿童图书馆学、公共文化服务概论、图书馆工作实务、图书馆学项目研究、知识创新与学术规范、知识管理、知识产权管理、信息管理研究方法。

2. 概率论与数理统计、离散数学、线性代数、运筹学、管理统计学。

3. 信息资源建设、信息组织、信息描述、信息素养、信息检索、信息服务与用户、信息咨询与决策。

4. C语言、Python语言、数据库原理与应用、程序设计语言、数据结构、计算机网络与应用、软件与系统安全、网络与信息安全、计算机图形处理、计算机系统与系统软件、语义网技术及应用、网页设计与制作。

5. 数字资源保存、数字资源管理技术、数字图书馆原理与技术、信息构建、管理信息系统、信息系统分析与设计、网络舆情信息分析、信息系统开发方法和工具、智能信息系统、决策支持系统、信息系统项目管理、企业资源计划。

6. 人机交互、实用机器学习与深度学习、应用机器学习、自然语言处理、文本理解与数据挖掘、数据可视化、信息可视化。

7. 数据科学与数据分析、数据分析与管理、大数据分析、大数据系统原理与应用、大数据安全与保密、数据驱动项目实战、区块链与金融情报分析。

8. 社会调查与统计分析、社会网络分析、社会计算、信息经济学、市场信息与调研、信息产品与服务营销、信息计量学与科学计量学。

9. 图书馆与信息中心管理、知识与科技产业管理、文化产业管理与实务、电子多媒体出版物管理、世界书业概论、IT项目管理、电子商务。

10. 信息政策与法规、密码学、保密技术概论、保密管理概论、定密理论与实务、保密科技、信息安全与保密法规。

二、中国图书馆分类法的22个类目

A 马克思主义、列宁主义、毛泽东思想、邓小平理论

B 哲学、宗教

C 社会科学总论

D 政治、法律

E 军事

F 经济

G 文化、科学、教育、体育

H 语言、文字

I 文学

J 艺术

K 历史、地理

N 自然科学总论

O 数理科学和化学

P 天文学、地球科学

Q 生物科学

R 医药、卫生

S 农业科学

T 工业技术
U 交通运输
V 航空、航天
X 环境科学、安全科学
Z 综合性图书

三、不同国家图书馆学的特点

1. 德国图书馆学的科学辅助旨趣

德国的科技一直发达，两次世界大战，均被重创，而后又能快速崛起。让图书资料为科研服务，促进科学发展，成为德国取得成功的重要因素。

2. 英国图书馆学的管理学派特征

工业革命诞生于英国。英国如同对待工厂、对待自己曾经遍布世界的"日不落"殖民地一样，对图书馆严加管理，通过管理出成效。

3. 美国图书馆学的实用主义倾向

美国以解决问题为中心，关心图书馆有什么用，而不是图书馆如何纳入什么体系，应该满足什么理念，要马上有用。在美国当年兴盛时期，一切快刀斩乱麻，一切要满足现实需求。

4. 俄罗斯图书馆学关注阅读的传统

俄罗斯是一个有悠久历史的民族。俄罗斯作家的作品卷帙浩繁，俄罗斯很注重基础和文化，是一个读长书、有耐心的民族。在图书馆的特征方面，也符合这样的特点。

5. 日本图书馆学的情报学派走向

日本早期学唐朝，近现代学西方。眼光向外，讲究四两拨千斤，将情报、信息的作用发挥到极致。

6. 印度图书馆学的人文主义色彩

印度有一位图书馆学家，整天不穿鞋，说这是爱图书馆的表现。印度在图书馆学方面，也表现了超现实的特征。

7. 中国图书馆学的兼收并蓄风格

中国比较中庸，能够兼收并蓄各种风格。

教育学

一、教育学概述

教育学具有开放性和大众性。作为有计划、有组织、有目的地培养人的社会活动，教育是人类最古老的事业，始终伴随着人类的发展。每一个人既是受教育者，也是教育者。生活即教育，教育具有广泛的参与性，每一个人都可以评说教育之得失和成败。教育活动的普遍性，让教育学科开放且大众化。

教育服务个体，服务社会，与多个社会方面发生联系。应用学科多样，甚至跨学科发展，教育学科与其他多种学科交叉、融合，教育从业人员的学科背景最多样。

教育学科的复杂性。在现代学科体系中，教育学既不完全属于人文学科，也不完全属于社会学科，应该将其归入综合学科。

二、大学教育学专业的主要课程

这个领域，北京师范大学处于第一的位置。这里，以北师大教育学的课程设置为资料来源。

比较教育、超常儿童教育、传统家训与传统文化、创造力心理学、大数据时代的个人知识管理、大学生职业生涯规划、大学生自我管理、德育原理、东亚文化与东亚教育、儿童心理学、发展心理学、个人知识管理工具与方法、公民教育的理论与实践、环境伦理学、环境与可持续发展教育、教师教育的理论与实践、教学论、教育财政基础、教育测量与评价、教育的生理基础、教育管理学、教育机构营销、教育见习与教育实习、教育领导学、教育社会学、教育统计学、教育行政学、教育学、教育哲学、教育政治学、教育组织行为学、聆听教师—认识自我、马克思教育思想研究、盲文、媒体理论与实践、平板电脑类智能终端支持下的移动计算及应用、人力资源管理、社会科学统计软件应用、社会心理学、摄影技术与艺术、世界教育改革与发展、世界著名大学赏析、特殊儿童病理学、特殊儿童早期干预、特殊教育概论、网络教育应用、网络素养—数字公民、集体智慧和联网的力量、微课设计与开发、未来教学的科学基础、现代大学制度与文化、现代教育技术基础、小学数学教学论、小学英语教学论、小学语文教学论、信息技术课程整合的理论与实践、学前儿童科学教育、学前儿童美术教育、学前儿童心理学、学前儿童音乐教育、学前儿童语言教育、学前教学技能实训、学前教育管理学、学前教育评估、学前教育学、学前卫生学、学前心理学、学前游戏论、学习障碍儿童教育、学校公共关系管理、学校卫生学、学校与社区、应用概率统计、英特尔未来教育核心课程、远程教育原理、在线学习分析与设计、职业教育学、中学数学教学论、中学语文教学论、超常儿童鉴别与创造力发展、传感器技术教育应用、多媒体画面艺术基础、儿童问题诊断与咨询、孤独症儿童教育、混合式学习、教学开发的项目管理、教学系统设计、教育法学、教育技术技能实训 I（音视频、开源软件）、教育技术技能实训 II（网络工程、信息技术装备）、教育技术学前沿、教育心理学、融合教育、学科教学设计与实施、学习科学概论、职业学习理念与方法、智能教学系统（人工智能教育应用）。

这里，我们把教育学不同专业的课程混在一起，上述课程不是每一位本科生面面俱到都要学。

三、教育学的意义

教育学关照人的成长，研究人的学习，内涵丰富。

教师若想实现专业化发展，除了要掌握所教学科的知识，还要掌握"如何教""教什么"的知识与能力。

比如，家长感叹，自己名牌大学毕业，却无法教孩子小学一、二年级的学习内容。"如何教""教什么"的知识与能力，恰恰是"教育学"的学科范畴与主要致力点。

如何遵循人的身心发展规律，根据每个阶段的身心发展特点进行学习？如何选择、组织与呈现所教授的内容？怎样根据启发性原则、最近发展区原则等实施教学？这些都是教育学应对现实挑战的求索。

因此,学习教育学的意义,就在于使教育者懂得学习者的身心发展规律,懂得教的规律与方法,让人发展得更好,让学习生活更加丰富和高效。

四、几种对立的教育观点

教育要"发展能力"还是"掌握知识",形成了"实质教育论"和"形式教育论"之争;教育要以"教师为主"还是"学生为主",形成了"教师中心论"和"学生中心论"之争;教育要培养"全科人才"还是"专科人才",形成了"通识教育"与"专业教育"之争。

对上述问题的不断研究,不断回答,形成了不同的教育思想和派别,推进了教育学科向前发展。

五、孔子的教育思想

"有教无类",即每个人都可以通过教育成为知仁明礼的人。

"性相近,习相远",强调后天教育的重要性。

"仁""智"并重,强调德行培养,肯定知识传授。

"启发式"教学,引导学生主动思考,探索求知,调动学生学习的积极性。

因材施教,根据每个学生的学习能力以及现有的知识水平,并结合其性格特点实施不同的教育,预设不同的期待,进行不同的指导。

"学而不思则罔,思而不学则殆",主张把学习和思考结合起来，两者都要加强，不可偏废。"吾尝终日而思矣，不如须臾之所学也"，主张以学习为主，思考为辅，在学习中思考，不是白日梦般空想。

教育与经济的关系，主张在发展经济的基础上重视教育，也就是先富后教的思想。饭都吃不饱的情况下，难言教育。

孔子的教育思想在很长时期一直影响着中国的教育活动，影响了广大教师，影响了中国教育学原理。

语言学

一、推荐书目和语言学概述

推荐书目：吕叔湘：《语文常谈》，生活·读书·新知三联书店1981年版。朱德熙：《语法答问》，商务印书馆1985年版。赵元任：《赵元任语言学论文集》，商务印书馆2002年版。[瑞士]费尔迪南·德·索绪尔著，高名凯译：《普通语言学教程》，商务印书馆1980年版。徐通锵：《语言学是什么》，北京大学出版社2007年版。

一只狗无论叫得多么起劲，它也无法告诉你，它的父母虽然穷却很诚实。——罗素

在中国人的观念中，"字"是中心主题，"词"则在许多不同的意义上都是辅助性的副题，节奏给汉语裁定了这一样式。——赵元任

语言学系统而科学地研究语言的本质、起源及运用。

二、大学语言学专业主要课程

语言学一般包括如下课程：语言学、逻辑学、语音学、句法学、语义学、语用学、认知科学导论、心理语言学、认知语言学。

拓展课程包括：社会语言学、发展语言学、神经语言学、应用语言学、语言文档、翻译、临床语言学、计算语言学、进化语言学、法医语言学、历史语言学、语言类型学、语言认知神经科学、语言与脑科学、语言与人工智能、语言符号学、语言与人类学、语言与社会文化等诸多领域。

三、语言学的意义

第一，人们对语言学的底层知识和深层规律还处于探索阶段。

每一个人都会、都知道的现象，我们却不一定懂得其中的道理。

苹果熟了会掉下来，这是人人都知道的现象，最平常了，但是牛顿见这种现象却感奇怪，问了个"为什么"，结果发现了地心引力的原理。

购物要支付，然后才能得到。每个人都买过东西，每个人都会，这是最平常的了，马克思却对此问了个"为什么"，结果发现了商品交换的规律，论证了资本主义的发生、发展和灭亡的规律，对社会的发展产生了深刻的影响。

语言与物体运动、商品交换相比较，要复杂得多，其中所隐含的"为什么"也要多得多，因而研究起来也要困难得多。几千年来，人们一直对语言感性地进行了很多研究，发现了很多规律，但仍然弄不清楚人类为什么能如此得心应手地运用语言进行思想交流，说不清楚语言中为什么有那么多的"可以意会，难以言传"。

现在能够说清楚的语言规律犹如地表层的规律，我们正在探索的是类似地幔层的奥秘，希望最终能到达地心，找到"以一驭万"的简单的统率性规律。

同时，也不要对语言学过分执着。也许语言学的大厦如同一块豆腐，上下左右，深深浅浅，没有不同。语言学没有自己的地壳、地幔、地心，我们也不要人为设置复杂，不要庸人自扰。总之，语言学也许就是多点散发，没有那种"以一驭万"的和一劳永逸的统率性规律。

第二，任何人从生到死，每天都接触和使用语言文字，有必要了解其规律和道理。

四、语言是现实的编码体系

语言、思维与现实三者关联。语言是人类最重要的交际工具，是人类认识现实的编码体系。

用发音器官发出来的音与某一类现实现象或者精神现象结合起来，"编"成语言的"码"，使之成为这类现象的符号。比方说"手"，它是人的四肢，汉语用 shǒu 音去表达，于是人们一听到 shǒu 就知道它的意义是指四肢，因而这种音义结合的"码"就成为"手"这一类现实现象的符号。汉语中如"天、地、山、水、狗、马、车、跑、跳、叫、桌子、苹果……"都是这一类的"码",人们将这种"码"的集合称为语汇或词汇。

将"码""编"成话语,进行交际,需要遵循一定的规则,而这些规则归根结底都是现实规则的反映,例如"猫、狗"等有生命的事物能够"跑、跳、叫",因而可以组成"猫叫""狗跳"这样的简单句,而"天、地、桌子"等无生命的事物就不能与"跑、跳、叫"这一类表行为动作的"码"组合。所以语言的"码"和组"码"造句的规则都会直接或间接地受现实规则的制约,这种规则人们一般称为语法。

五、语言的结构

语音、语义、词汇、语法是语言的构成要素。

语音,是语义的表达形式。语义除了用语音表现,还用词汇表现,语音、词汇和语义三者联动。语音的表达规则(说话)和词汇的组合规则(句、段、篇)统一为语法。

六、语言符号的音义关系

一种意见认为,符号的音义关系决定于事物的性质和特点,我们能说出概念为什么如此命名的理由;另一种意见认为音义关系完全由社会约定,说不出什么道理。前一种意见可以称为"理据说",后一种意见是"无理据说""约定说"。

中国语言学主张理据说,认为命名、字词以及字词的发音,有依据，有原因，有道理。可以用"名正言顺"这个成语来形容该主张。但是，不否认无理据说和约定说也适用很多场景。总之，中国语言学在这个问题上，原则性和灵活性统一，不是绝对的。

七、语言的系统性和平行性——以汉语和英语为例

汉语和英语，都必须首先面对如何表达现实的问题，进而从根本处彰显各自的特点。

汉语先把握整体，而后再用组字的办法表达它的下属类。例如"人"，它指称所有的人，而后用"男人""女人"等指称它的下属类。

英语的编码方式与汉语不同，human 不是汉语"人"的意思，英语等于为抽象的、总体的、不分男女的人，又造了一个词。英语没有和汉语的"人"相对应的词，只有 man（男人）和 woman（女人），它们加起来才相当于汉语的"人"。

这种差别说明，汉语社会和英语社会在观察、概括人的时候，角度不同。英语突出性别差异，汉语的"人"则忽视性别差异，只突出"人"与其他动物的区别。

这种差异深刻影响了语言的编码系统，使汉语和英语的结构不同，分属不同的系统，带上各自不同的系统性，且再无汇合的可能，使得汉语和英语处于平行性的状态。

比方说小孩儿，英语也分 boy（男孩儿）和 girl（女孩儿），以便与 man、woman 的区分呼应。man、boy 的代词需要用 he（主格）和 him（宾格）指代，woman、girl 用 she（主格）和 her（宾格）指代，相互不能混用；即使是猪、马、牛、羊之类的动物也

因性别的差异而使用不同的词，如公猪叫 boar，母猪叫 sow；公马叫 stallion，母马叫 mare；公牛叫 bull，母牛叫 cow；公羊叫 ram，母羊叫 ewe……汉语没有这种区别，猪、马、牛、羊等也与人一样，不作性别的区别。这种区别还对词与词的组配产生影响，如形容一个人长得标志／出众，man 要用 handsome，woman 要用 pretty，等等。

这些现象都说明，英语和汉语的语义结构是两个不同的系统。

汉语用结构单位组合的办法表达某一种现实现象，字义的系统性特点通过字义之间的关系表现出来，而不是用一个单一的"码"，这样，用基础字，能表达的东西却可以无穷。相反，英语要为很多事物单独命名，词汇量不管多么大，依然不能表达无穷。汉语的字和词汇的数量并不少，但是，再多也不浪费在无意义的表达上面，而是用于表达更加必要、更加深奥、更加丰富的世界，这使得汉语成为复杂且效率高的语言。

这种区别，实际上反映出不同民族认识现实的角度、途径和思维方式的差异。该研究在语言与思维的研究中占有重要的地位。

八、汉语属于未来文明——何新的举例说明

何新担任过我们国家的全国政协委员，探讨过很多领域的问题，他对语言文字，也表达了与上面类似的观点。

分别用两种语言记住俗语的六畜（猪马牛羊鸡狗），每种动物包括总称、公、母、子、肉。

汉语：猪，公猪，母猪，小猪，猪肉；马，公马，母马，小马，马肉；牛，公牛，母牛，小牛，牛肉；羊，公羊，母羊，小羊，羊肉；鸡，公鸡，母鸡，小鸡，鸡肉；狗，公狗，母狗，小狗，狗肉。总共需要记住：猪、马、牛、羊、鸡、狗、公、母、小、肉，共十个字。

英语：猪 pig, swine, 公猪 boar, 母猪 sow, 小猪 piglet, 猪肉 pork；马 horse, 公马 stallion, 母马 mare, 小马 colt, 马肉 horseflesh；牛 cattle, 公牛 bull,ox, 母牛 cow, 小牛 calf, 牛肉 beef；羊 sheep, 公羊 ram, 母羊 ewe, 小羊 lamb, 羊肉 mutton；鸡 chicken, 公鸡 cock, 母鸡 hen, 小鸡 chicken,chick, 鸡肉 chicken；狗 dog, 公狗 maledog, 母狗 bitch, 小狗 whelp, 狗肉 dogmeat。英文需要记住 33 个单词。

从人类文明发展的趋势看，作为表意文字的汉语，可以自由组合成新名词、新概念以至新思想，可以容纳信息，应对知识爆炸的冲击。汉语不仅属于古老的文明，更属未来文明。

九、印欧语系的双轨制语法结构（语词多，语法薄）

主、宾语（名词）—谓语（动词）—定语（形容词）—状语（副词）。

这就是印欧语系双轨制语法结构的大致情况，即，一轨是以"主语—谓语"结构为框架的句法，其中核心的规则就是主、谓语之间的一致关系；另一轨是和句子结构成分有对应关系的名词、动词、形容词的词类划分，二轨相互依存。

用演戏比喻，"主语—谓语"框架是舞台，名词、动词、形容词、副词好像是演员,而主语、谓语、宾语、定语、状语犹如演员所演出的角色,一个个具体的句子就犹如一出出戏剧;舞台、演员、角色和演出的戏剧在演出中相互依存,形成一个整体,缺一不可。

词法和句法的构造规则虽然很多,但核心的规则只有上面这一条,就是由一致关系所维持的"主语—谓语"的结构框架,因为其他的规则都需要接受它的控制。所以,印欧语系的语法结构相对简单。

十、字与汉语的语法(字词厚,语法多)

汉语的基本结构单位是字,字的构造规则就成为汉语语法的基本内容。我们对汉语语法的理解与以西方的语言学理论看法大相径庭,但根据"语法是语言基本结构单位的构造规则"的定义,应该毫不犹豫地承认字的构造规则的研究应属于汉语语法的范畴。根据这一理解,《说文解字》以"形"为纲的造字方法和清儒以"声"为纲的"因声求义"理论都是对汉语语法的研究。

《说文解字》和清儒的音韵之书,都是鸿篇巨著。汉语有语法,且语法规则很多。汉语和印欧语系的语法实属不同。

有人说汉语语法薄,是指汉语和印欧语系一样意义的语法没有或者很少。汉语的语法,重点在字及字的组合上,这里极为庞大,汉语语法厚也在此处。

据统计,在线新华字典现已经收录20959个汉字、52万个词语,英语现有大约60万个词汇。英语的词根、词缀等元素,很难与汉字比拟,英语的26个字母,不仅难与汉字偏旁部首相媲美，更难与汉字比肩，英语缺乏像汉字这样能够组词造句的20959个元素，在现存词汇量上，汉语基本与英语相当。所以，从词汇的角度，英语和汉语均比较多，可用"词汇厚"来形容。经过上面的分析可见，从语法上面，英语的语法简单，而汉语的语法复杂，汉语的语法可用"语法多"来形容。

十一、语言与文字的关系——认知现实的不同途径

　　语言与文字是不同性质的符号系统。语言是凭语音、听觉获取和传递信息的符号系统，话一出口，声音就消失（古代不能录音），无影无踪，没有留下任何痕迹；而文字是凭图像、凭视觉获取和传递信息的符号系统，可以留于异时异地，供察看、解读。这两种不同性质的符号系统，如将它们归入哲学的范畴，那么语言对应于时间，一发即逝；文字对应于空间，可以凭书画般的形体在不同的时空中运动。它们体现人类认知现实、获取信息的两条不同途径。

　　第一，文字远远"落后"且完全依附、完全根据于语言；第二，文字有可能是与语言相平行而独立产生的一种获取和传递信息的工具，把一切文字都视为被动地记录语言的符号系统是不对的，文字在人类认知现实的途径中具有独立的地位、作用。总之，文字与语言相结合的过程复杂，语言与文字是两种不同的人类认知现实的途径。

　　过去，人类无法留下秦朝的声音，无法留下唐朝的声音，即使距离我们很近的清朝，能保存下来的声音也很少。今天，互联网和信息技术成熟起来，大量的视频、音频文件，可以长久保存，

甚至永久保存。语言与文字一样,都可以跨越时间,跨越空间了,这对语言和文字的发展,一定带来新的影响。

十二、汉字无法拼音化,也没有必要拼音化

汉字没有借助于外来文字的启发,是自源性文字体系,自源性文字大都表意,音化极其困难。

鸦片战争以后,西学东渐,我国一些爱国志士认为,汉字难学、难认、难记和难写,导致教育落后,国力衰弱。他们提倡文字改革,将方块汉字改用拼音。不少语言文字学家为实现汉字的拼音化付出毕生精力,1955年还为文字改革召开过一次学术会议,讨论相关问题。

汉语的基本结构单位是字,单音节,一个音节要记录数量不等的汉字,因而语言中的同音字特别多。《现代汉语词典》里,dān 这个音节所表达的字有13个,而 yì 这个音节所表达的字竟有93个之多,一旦实现拼音化,这些原来用字形来区别的字便无法识别,势必会带来麻烦和混乱。

拼音文字虽然易学、易用,但也有它的弱点,因为它只能跟一时一地的语音挂钩,难以沟通方言;古人之音,今人不知,语音无法贯穿古今;拼音体系难以长期固定,过几百年就需要因语音的变化而进行一次拼写法的改革。所以,从文字的稳固性来看,汉字反而比拼音文字优越,方块书写,跨越时间,贯穿古今;跨越地域,沟通方言。

我国历史悠久,优秀的文化历史传统用汉字记载。如果废弃汉字,实现拼音化,就会中断我们的文化历史传统,其后果不堪

设想。

十三、反对偶像化索绪尔

索绪尔(1857—1913),瑞士印欧语言学家,他的经典论著《普通语言学教程》(印欧语言学教程)在他去世后由他的两个学生整理并于1916年出版,这本论著的汉译本在1980年由商务印书馆出版。这是现代语言学的奠基性论著,对语言学的发展产生了重大的影响,其中关于语言与文字的关系的论述将语言学引向排斥文字、排斥语义的纯形式的研究。将语言学的研究对象限制于口语,出现了所谓"语音中心主义",绝对排斥文字在语言研究中的地位。

语言是现实的符号,文字是语言的符号,也就是说,文字是符号的符号,"文字是记录语言的书写符号体系"是索绪尔概括印欧语系的结论。汉语表意,印欧语系表音,两种不同类型的文字体系呈现出不同的特点,不能用一种理论裁决两种语言实践。

我国的语言理论研究曾盲目跟着西方语言学走,索绪尔的语音中心主义一度成为我们遵奉的信条。一个多世纪来,我们遵循口语至上的途径研究汉语,将汉字和它所提供的信息完全排除出语言研究的范围,强使以视觉为中心的文字的研究传统转入"视觉依附于听觉"的轨道。我们比索绪尔走得更远,因为索绪尔在上引著作中还强调他的理论"只限于表音体系,特别是只限于今天使用的以希腊字母为原始型的体系",而汉语研究的"语音中心主义"比索绪尔以来的西方语言学的"语音中心主义"还要"中心主义"。这给汉语的研究带来了严重的消极影响,具体的标志就是中国的现代语言学中断了汉语研究的悠久传统。

索绪尔说:"对汉人来说,表意字和口说词都是观念的符号;在他们看来,文字就是第二语言。在谈话中,如果有两个口说的词发音相同,他们有时就求助于书写的词来说明他们的思想。"这说明语言语音的重要性没有书面汉字高。仔细回顾"文字是语言符号的符号"的理论,它诞生于西方,基于与重听觉拼音文字的认知途径相适应的,以这种文字形式为载体形成了"重语轻文"的文化传统。汉字与拼音文字不完全相同,它是自源性的表意文字,以语义为核心,重视觉,其本身就能意指某一类现象或意义;也就是说,表意的汉字本身就能构成一种符号,而不是"符号的符号",因而以它为载体的文化传统"重文轻语"。正由于此,汉字与语言研究的关系不同于拼音文字,人们可以利用文字提示的线索描述汉语"第二语言"的结构原理,揭示相关的规律。

十四、语言世界观的"主观性"和"片面性"

《尔雅》是我国最早的一部字典性的语汇著作,近似于今天的同义词词典,着眼空间,着眼名物,重语义,重静不重动,对现实的事物进行细致的聚合、分类与归类,进行确切的解释,即使是时间性的行为、动作、变化,也往往要借助于名物而限制它的范围,反映了汉语世界的特色。

印欧语着眼于用时间对现实的编码,着眼于时间,重动不重静,以谓语动词为中心,重形态变化。这是印欧语的特色。

十五、推理性思维和语法研究

思维以概念为基础，推理式思维的表述方式就是以概念为基础的判断和推理。印欧语系中，和概念相对应的语言基本结构单位是词，和判断相对应的语言形式就是句子。推理是从已知的判断（前提）推出新判断（结论）的过程，并通过语篇表现出来。

语言研究基本上局限于词和句的结构，就是一般所说的词法和句法，语篇的研究是新近发展起来的事情，为时尚短。推理式思维扎根于印欧语的结构，具体的表现就是词和句对应于推理式思维形式的概念和判断。这种对应，究其实质，把语言的语法关系等同于逻辑的推理关系了。

在语言结构基础上产生的思维理论一旦形成，就可以反过来成为语言研究的理论基础。印欧语系的语法理论体系，宽泛地说，就是亚里士多德的逻辑推理理论，用之分析语句的结构，从而得出主语、谓语和名词、动词之类的概念以及它们的相互关系。这些概念一直沿用至今，说明印欧语的句法结构和亚里士多德的逻辑理论确实存在着密切的关系。或者说，印欧语双轨制的语法结构的核心为什么是名、动、形、副的词类划分以及它们和句子结构主、谓、宾、定、状成分的有规律的对应关系，其基础就是推理式的思维方式。

十六、直觉性思维与语义研究

汉语的结构，找不出印欧语那样的句子和逻辑判断之间的直接对应关系。中国语言的构造上，主语和谓语的分别极不分明，例如"学而时习之，不亦说（悦）乎"（《论语·学而》），谁在学习？谁在温习？谁在高兴？学习、温习、高兴的人是一个人？还是学习、温习的是一个人，高兴的人是另一个？

　　因为主语不分明，遂致中国人没有主体的观念；因为主语不分明，遂致谓语亦不成立；因为没有语尾，遂致没有时态等语格，因此遂没有逻辑上的命题和判断。

　　扎根于汉语结构的中国人的思维方式不是推理式的演绎论证，而是直觉性的比喻例证。比喻例证的两个项之间的关系，即"A借助于B，从A与B的相互关系中去把握和悟察A和B的性质和特点"的论证方式，它既像判断，但又不是判断；既像推理，但又不是推理。这里没有"判断"这种基础性的思维形式，因而汉语的语法结构中没有印欧语那种和判断相对应的句法结构。

　　我们在思维科学里曾经介绍，思维方法分为演绎法、归纳法和类比法，其中的类比法更显重要价值。汉语里面的直觉性思维，即类比法，是自古以来就存在的重要思维方法，将继续发挥其思维工具的强大作用。

十七、为语言研究留一点非科学的空间

　　语言是自组织系统，语言规律是人们对这一系统自我运转的主观认识。如果主观认识与客观规律相符，那么据此制定的语言规范化的标准就很有效，反之，语言会不顾语言学家制定的标准而仍旧按照它自己的规律自行运转。

　　鉴于此，规范化的原则要服从社会的约定俗成原则。"打扫

卫生""恢复疲劳"之类的说法不合逻辑，建议废弃的呼声在20世纪50年代时颇为强烈，但由于群众普遍接受，因而现在也承认这些都是符合规范的用法。

语言中不乏这一类不合事理、不合逻辑的说法，例如"好得要死""甜得要命"之类，人们已经习以为常，如果要根据逻辑的标准加以废弃，群众是不会理睬的。

对汉语的研究还很不够，这种不合事理、不合逻辑的说法不一定是没有规律、没有根据的，理论上一时说不清楚的问题还是以从"俗"为好。

近年来，每年都统计年度网络新词和热词，一些词引入到正规的语言中，就是在尊重语言实践，在尊重语言的自我发展。

文学

一、推荐书目和文学概述

本部分内容主要借鉴了北大中文系周先慎老师的《中国文学十五讲》，该书是北京大学出版社2014年出版的"名家通识讲座书系"丛书之一。

周老师就是曾收入中学课本的《简笔与繁笔》一文的作者。《中国文学十五讲》，语言连贯，情绪饱满。尽管知道人皆会死，但是，2022—2023年，我读这本书的时候，一丝一毫都没往周老师去世的事情上面想，绝对没闪过这样的念想。读《中国文学十五讲》的时候，我知道周老师退休了，怎奈此书，生气太充裕，活力太奔放，令我满脑浮现老人家活动着的影像，屡次设想，说不定哪天燕园偶遇周老师呢！2024年3月18日星期一，我回来重新修改讲稿，无意到网上查一下，才知道：周老师2018年已经离开我们，当时，遵照其遗愿，家属没有惊动北京大学中文系，在一个细雨霏霏的日子，周老师静静地走了，离开了工作生活一辈子的北大、北京，骨灰还于家乡四川的一条河……于是，我在网上买来国家图书馆出版社出版的《周先慎先生纪念文集》，准备读一读。虽然不是周老师的文字了，但仍存有周老师的音容笑貌啊，是周老师微笑着向我走来。

语言文学，直指人心。

读和写是扩展经验最有效的方式。文学把日常生活中不可挽留之物保存在语言文字里。

文学能够让我们体认别人经验里的是非因缘，对别人的喜悦和痛苦感同身受，学会从不同的立场来理解世事人生，唤起我们对于经历过的和没有经历过的生活的向往。文学把我们带入虚构的世界，但是好的文学绝不会让人偏离生活，会让人面对生活真相时更加从容。

没有文学的人生虽然依旧是人生，但可能十分枯燥，十分粗糙。没有文学的人生不是高质量的人生，文学修养是人生质量的体现。

二、大学中国语言文学专业主要课程

中国语言文学专业指语言和文学两个专业。按照教育部对学科门类的划分，它主要包括语言学及应用语言学、汉语言文字学、对外汉语（汉语国际教育）、文艺学、中国古典文献学、中国古代文学、中国现当代文学、中国少数民族语言文学、比较文学与世界文学等二级学科。

课程设置：汉语语言学史、语言学概论、语言变异研究、语言与文化、中国语言学史、语言统计学、汉语方言学、语义学、社会语言学（从不同社会科学的角度研究语言的社会本质和差异）、实验语音学、语法专题研究、修辞专题研究、语体学研究（联系社会交际环境研究语言可变性规律）、文字音韵训诂学、对外汉语教学、文艺美学、西方文论、比较文学原理、古代文学文献学、中国文学批评史、经典文本选读、中国现当代文学专题、台港文学、海外华文文学、民间文学、戏剧文学、影视文学、创意写作等。

三、作家分三种

坏的作家暴露自己的愚昧，好的作家使你看见愚昧，伟大的作家使你看见愚昧的同时涌出最深刻的悲悯。这是三个不同层次。

我们为什么悲悯愚昧？那个深深的愚昧，与我们自身的联系，千丝万缕啊！伟大的作品，让我和主人公交谈起来，伸出彼此的手。无论高尚与卑鄙，无论愚昧与高雅，人类一家亲，人人都是兄弟姐妹，一起相拥着，一起奔赴更加美好灿烂的明天。

四、文学的意义

文学缺乏实际效益,文学不会带来实际财富。古代士大夫以及庶人们,写诗填词,彰显修养和交际,该做官还是去做官,该经营生计还是去经营生计,没有人把作文写诗当成职业。

文学从来不是一门职业,但是,它能帮助人们丰富感情世界,洞察人性的复杂,学习美、感受美、传播美,进而提高人的整体性修养。文学的意义在这里。

五、文学理性,文学作品感性

北大中文系教师给同学们上开学第一课,大都特别说明:中文系不培养作家——中文系研究文学规律。

这就表明,文学和文学作品,不是一个东西。

文学有固定的内涵和范围,文学是理性的,有特定的主题和命题;文学作品是感性的,任意、广泛、无拘无束。

我们日常口头以及书面表达里的文学,更准确地说,指文学作品。

六、两种文学:是镜子还是明灯

文学作品是一面镜子还是一盏灯?这是关于文学作用的比喻。如果认为文学是模仿,没有自己的创造和思想,那么,文学就是镜子,反映现实的一切,复原现实的一切。如果认为文学指引道路、指引人生,那么,文学就是一种启示和表达,提供给世人样式;文学就是一盏灯,就是一束光,照亮还处于漆黑之中的远方,让人们通过文学作品,把闪耀着光亮的远方,拉进人们的大脑中,激励人们为梦想、为理想、为渴望而奋斗不息。

这是关于文学的两个世界。

七、美与真

美的未必真,真的未必美。文学是美的还是真的?文学表达美还是表达真?

文学修饰了现实的真,将艺术的美丽奉献于人。

文学找到了现实的美,将真实的美丽奉献于人。

八、文学的愉悦功能

人们阅读文学作品,不一定为了娱乐自己,不一定为了获得快感,但一定不是为了听取训诫,一定不是为了承受压力。

文学作品以其独特的形象性、情感性和想象力,以"赏心乐事"的描写和可惊、可愕、可悲、可感的情感,让人"读之而生出无量噩梦,抹出无限眼泪"(梁启超:《论小说与群治之关系》),或者让人读后产生强烈的震撼和启发,使人徜徉在文学的天地里,得到精神的慰藉和情感的宣泄。

长期的文学欣赏活动还有助于提高人的审美趣味,塑造审美人格。梁启超曾经希望儿子梁思成"趁毕业后一两年,分出点光阴多学些常识,尤其是文学或人文学科中之某部门",并告诫说:

"我怕你因所学太专门之故,把生活也弄成近于单调,太单调的生活,容易厌倦,厌倦即为苦恼,乃至堕落之根源。"由此可见,文学作品能够培养健全的人格,促进人的全面发展。

九、文学的认识功能

文学作品能扩大人的认知领域,具体包括对自然界、人类社会以及人自身的认识。

中国周代有采诗和献诗的制度,以考察时政。从艺术的风格和内容上考察其中所体现的社会心理,借以了解政治的清浊、风俗的好坏。

小说、戏剧等文学作品从不同角度反映社会,触及时代本质,尤其是长篇小说,它是一个时代的百科全书,能够启示与丰富人的认知,让读者间接领悟丰富多彩的世界人生,对社会生活的了解逐渐加深。

文学是反映社会生活的镜子,是一定时代和社会的人类生活的艺术折射。一个国家、一个民族的历史和现状、命运和前途,人民群众奋斗的艰辛和血汗、精神的欢畅和灵魂的颤抖、对现实的抗争和对未来的向往,都会在文学作品中留下或清晰或隐晦的痕迹。我们从优秀的文学作品中,既能够真切地了解历史和现实生活的复杂性、丰富性,又能够了解无限多样的人性内涵。

十、文学的启迪功能

文学作品对人生和社会有所发现,表现了常常没有被领会的现实和思想,这种"诗意的判断",往往与某种新的生活方式、新的生存态度相伴随,与人应该如何生活的基本问题息息相关,容易使读者产生强烈的情感共鸣,不仅影响此一读者的言语和行为,而且可以影响更多的人。

十一、唐诗宋词的特殊魅力

一个热爱诗歌的民族应该是富有理想的民族,诗让人感悟、让人体味,诗能净化精神、升华精神。

一个善于写诗的民族应该是富有修养的民族,诗启发人理解自然、思考哲理;诗能展示人性的真实,促进人对于人类共同感受的认同。

唐诗宋词的永恒魅力就在于体现了我们民族的性格。

唐诗宋词恰逢农业文明时期,社会环境与今大不相同。当久居城市,不为温饱而劳作,吃外卖、用网络的一代人,是否还会诞生出自己的唐诗宋词?

千年古韵,一线丝连。这诗这词的永恒魅力就在于它体现了人类文明的本质。

十二、戏剧文学的审美特征

第一,戏剧的语言。

台词必须新鲜,必然出自剧中人物之口,令其无法忍住不说,而且只能以他们各自的方式说出来。

戏剧文学的语言要考虑演出效果,人物的台词一般不宜写得过长，剧本应避免冗长的对话，且每句话要从动作中表现出来。

第二，尖锐的冲突。

戏剧不是平白叙述，戏剧文学一般不允许从容地、缓慢地展开情节，也不允许详尽地铺陈，仔细地交代，而是随时发生矛盾，随时碰出火花，时刻令人心惊动魄。

第三，舞台的时空。

戏剧只能在有限的时间（最多三个小时）和有限的空间（舞台）内面对观众，戏剧文学务必在有限的时空内表现丰富的生活内容，并让观众的审美注意力保持始终。

十三、中国古典文学传统

这一传统逐步形成，它贯穿在从《诗经》到1919年五四新文化运动之前的中国古典文学的全部发展进程中，主要包括：强烈的爱国主义精神；关心和同情人民的疾苦；揭露社会黑暗，抨击邪恶势力；改革社会的强烈责任感和高度热情；歌颂光明，追求进步和美好理想；歌颂美好爱情，肯定婚姻自主；崇尚健康高洁的审美情趣。概括地说，歌颂真、善、美，抨击假、恶、丑，是中国古代无数进步作家的共同追求。

十四、古代第一部诗歌总集——《诗经》

《诗经》体现了"饥者歌其食，劳者歌其事"的创作思想。爱国诗、爱情诗、现实诗和讽刺诗众多，讴歌生活，情趣盎然。

十五、屈原和楚辞

屈原（约前340—前278）的诗体特征是："凭心而言，不遵矩度。"

他的抒情诗同时兼具政治诗和叙事诗的特质，三个方面融合无间地构成了一个和谐一致的艺术有机体。

在诗歌形式上，打破了以四言为主、短章复沓的体制，而创造出适应丰富复杂的抒情内容，灵活变化、参差错落的抒情长诗的艺术形式。

主客答问的形式、铺叙的手法、华艳绚丽的辞藻，对后来汉赋的形成产生了直接的影响。

十六、来自社会底层的歌唱：汉代乐府民歌

汉代乐府民歌作品，以《孔雀东南飞》为代表作。它们是民情风俗的反映，特点是"感于哀乐，缘事而发"，表现了人民的生活和思想感情，传达了人民的心声。

十七、田园诗人陶渊明

陶渊明（约365—427）深受玄佛时代影响，娴静少言，不慕荣利，但又攻读六经儒典，立志经世济民，甚至抚剑独行游，收复讨北方失地。

现实的情状使得陶渊明不能实现理想。社会不重视他，他难

以施展抱负,又不愿同流合污,因此保持自己的自然本性,归隐田园便是他唯一正确的选择了。他是儒者,是诗人,归隐田园之后,与老农一样,耕地种田,汗流浃背。

即使归入田园,心仍不能忘掉现实。这种曲折,映射在陶渊明的作品上,令其独具一格。陶渊明的人生,亦是千百年来的一类人生的模式。理想与现实的矛盾,淡泊胸怀与济世猛志的矛盾,出仕与归隐的矛盾,一生交织。

白居易赞扬陶渊明说:"人间荣与利,摆落如泥尘。先生去已久,纸墨有遗文。篇篇劝我饮,此外无所云。"(《效陶潜体诗十六首·其十二》)

好多人,要完全绝望后,才见到自己的惨象。陶渊明不然,还没至人生末途,已见各种不幸。

好多人,要临死之时,才觉万事俱灭,万念俱灰。陶渊明不是,繁华见荣辱,生时见死时。

十八、诗国天空巨星之一——"诗仙"李白

陶渊明在出仕与归隐的矛盾中,最后选择了归隐,安然地找到了自己的人生归宿。李白(701—762)的出仕与隐居并不完全矛盾,两者相反相成而能互补,隐居甚至可以成为求仕的手段。他一生经过多次的挫折,出仕之心仍然坚定不移,最终因事功不成而带着极大的遗憾离开人世。

十九、诗国天空巨星之二——"诗圣"杜甫

杜甫（712—770）生活的时代与李白相同而略晚，他比李白晚生十一年，晚逝八年。他们经历的都是唐王朝由盛转衰的时期，两人都经历过安史之乱动荡的八年。这八年的经历，对杜甫的生活、思想和创作产生了很大的影响，具有很重要的意义。

"诗史"之称则揭示了杜甫诗歌与时代和社会生活的深刻联系。杜诗提供了正史甚至野史所不能提供的充满生活血肉的生动细节，让人读后有身临其境之感，感受到当时的时代氛围。

二十、古典小说的成熟：唐代传奇

与占据正统地位的诗文相比，小说在中国古代文学中成熟较晚，真正符合现代小说观念的成熟的小说作品，到唐代才产生，这就是唐代的传奇小说。

二十一、艺术全才——苏轼

苏轼（1037—1101）一生由于政治思想上的矛盾，在新旧党争中屡遭打击，饱经忧患。但他在复杂尖锐的政治斗争中，光明磊落，刚正不阿。

在政治生活中，随波逐流或望风转舵之人，为苏轼所鄙弃和不齿。

苏轼的世界观比较复杂，他出入儒、释、道三家，兼收并蓄，融会贯通，形成了自己独特的政治态度和生活态度。

大体说来，在政治思想上以儒家为主，积极从政，宽简爱民，但也受道家任乎自然、不为而为等思想的影响。佛老思想成为他在艰险境遇中的一种精神支柱，成为他排除内心矛盾和苦闷的一种自我解脱的手段。因此，他在任何险恶的境遇中都能表现出豁达开朗的情怀，从不悲观失望。

二十二、忧愤诗人陆游

"死去元知万事空，但悲不见九州同。王师北定中原日，家祭无忘告乃翁。"（《示儿》）这是陆游（1125—1210）的绝笔诗，写于宁宗嘉定二年（1209）十二月二十九日他辞世之前。这是对自己的儿子说话，而不是对皇帝或官府说话，他倾吐的是内心最真实的思想感情，没有半点粉饰和虚假。一般人的遗嘱不外乎儿孙的立身处世或遗产问题，而陆游念念不忘的却是恢复中原，收复失地，他的思想多么崇高，感情多么炽热、深挚和执着！

二十三、戎马词人辛弃疾

辛弃疾（1140—1207）不仅是词人、文人，更是一个有抱负、有气节、有勇力、有胆识的英雄战士，同时也是一个有才干、有谋略的杰出的政治家和军事家。

二十四、人民戏剧家关汉卿

元代最杰出的杂剧作家关汉卿（约1210—约1300），熟悉生活，又有戏剧创作的经验，甚至亲自登台演出，不断创作出新的剧本来。关汉卿比英国戏剧家莎士比亚（1564—1616）要早三百多年。

关汉卿的生平事迹，保存下来的资料非常少。从流传作品来感知，关汉卿是一位生活落拓而不肯仕进的知识分子，是一位性格刚强而又多才多艺的艺术家。他在描写十分悲惨的社会悲剧时，从不悲观失望，而是表现出对生活的坚强信心，表现出高度的乐观主义精神。

《窦娥冤》宾白则更加口语化、性格化，几百年前写的语言，跟我们今天的口语相差不大。

二十五、汤显祖和《牡丹亭》

明中后期嘉靖、隆庆、万历三朝，政治十分黑暗腐败。汤显祖（1550—1616）天资极高，才华横溢，生于乱世，一生的命运操纵于登临高位的小人之手。

大约是现实给他刻骨铭心的感受，他提倡人要有真性情，反对假道学。他将人自然具有的真实的"情"和道学家提倡的虚伪的"理"对立起来，以"情"来否定"理"，强烈地反对道学家的禁欲主义，"情有者理必无，理有者情必无"。汤显祖《牡丹亭》的思想基础是"情""理"对立、以"情"反"理"。

有情人,情不知所起,一往而深。生者可以死,死可以生。生而不可与死,死而不可复生者,皆非情之至也。

汤显祖在《牡丹亭》中所热情肯定和歌颂的,就是主人公这样的一种为之生、为之死、出生入死、起死回生的天下之"至情"。

今日家长,今日孩子,似乎可重读《牡丹亭》,压一压过度的功利之心。

二十六、古代第一部章回小说——《三国演义》

《三国演义》是中国古典小说中对战争写得最好的一部,作者不是凭主观臆想写战争,而是对历史上的无数次战争进行艺术的概括,因而达到了艺术真实和历史真实的统一。

《三国演义》全书弥漫一个"义"字,气贯长虹,一叹三绝。

二十七、古代文言短篇小说的高峰和总结:《聊斋志异》

蒲松龄一生只在三十几岁时候,到南方一年,这为其创作奠定了重要基础。以后便一直在山东农村,曾在缙绅家坐馆三十多年。

《聊斋志异》是真正的美文学:思想美,形象美,语言美,意境美。

二十八、古代长篇小说的高峰和总结——《红楼梦》

《红楼梦》是中国古典长篇小说中最优秀的作品,是中国古典小说发展的高峰和总结。这部小说思想内容之博大,艺术描写之精深,在中国小说史上前所未有。

作者很少用夸张的语言、华丽的辞藻,而是普普通通、平平淡淡,有的犹如家常絮语,却在普通中寓深刻、于平淡中见神奇,使读者如闻其声、如见其人、如临其境。这正是曹雪芹的语言艺术超过任何一部中国古典小说的地方,是《红楼梦》卓越的艺术创造的一个重要方面。

二十九、近现代翻译的外国文学

图书馆学分类法原则之一是,对文学作品,按照作者的籍贯和时代分类,而不是按照作者作品描绘的地域和时代分类。比如,一个中国人,用汉语写了一部从头至尾都关于美国的小说,该书籍并不分入"美国文学",依然按照作者国籍,分入"中国文学"。

中国近现代翻译的外国文学作品,从图书馆学分类的角度,虽然要归入外国文学,但是由于它们用中国语言写作,可以把它们当成晚于清朝早于当代的中国文学作品来阅读。比如,把民国人朱生豪翻译的莎士比亚戏剧,当成比《红楼梦》更晚的中国文学作品来读,尽管我们知道,莎士比亚的戏剧早于《红楼梦》。

艺术学

一、艺术概述

艺术志于道,据于德,依于仁,游于艺。

人类要逃避世界,最好莫如透过艺术,人类要使其自身与世界连结,最好莫如透过艺术。——歌德

二、艺术的分类

1. 绘画
2. 书法篆刻
3. 雕塑
4. 摄影
5. 工艺美术
6. 建筑艺术
7. 音乐
8. 舞蹈
9. 戏剧、曲艺、杂技
10. 电影、电视艺术

历史学

一、推荐阅读和历史学概述

推荐文章：任继愈：《中华五千年的历史经验》，《决策与信息》2010年第7期。

历史学是对历史事件的研究。它尝试系统了解和查证发生过的事件，把这些事件彼此关联起来，把过去和现在联系起来，在这个意义上，历史学属于一门社会科学。每一事件都有其历史情境，通常必须在特定的历史情境下研究事件。历史学的论题可以是发生过的任何事件。历史研究需要采纳证明、归类、排序和模式化等方法。历史学的研究方向包括厘清事件发生的次序、了解变化、预测事件的可能性和认识到人类的局限性等。

一部中国历史实际是一部中国文明史，是中国物质文明、精神文明、政治文明、制度文明的演进历史。

历史学的任务是判断过去并且为了将来的世代利益而指导现在正在发生的事情。

二、大学历史学专业主要课程

主要包括：中国通史、世界通史、史学理论、中国史学史、断代史、历史地理学、文化人类学等。

三、历史研究中的几个问题

第一,全人类起源于非洲的一个老祖母。绝对不是。第二,中国是否经历过奴隶社会。应该没有。第三,一切以西欧为中心论。实乃荒谬。

四、多点开花、交融并进的中华文明
（多源文明,多元文明）

传说中的炎黄二帝,被后人以文字的形式记录在以《史记》为代表的早期史料中,后世考古的一些结果表明,这并非空穴来风。

马家窑文化:黄河上游地区的新石器时代晚期的考古学发现。马家窑文化是仰韶文化的分支,所以又被称作甘肃的仰韶文化。彩陶、花纹、舞蹈(留于陶盆)、一夫一妻合葬墓为其特色。

齐家文化:黄河上游西北高原的原始人群进入了青铜时代。铜镜、随葬品多寡不一。早期文明初现。

河姆渡文化:河姆渡文化是长江下游地区的新石器时代文化。年代大致为公元前5000年至公元前3300年。骨器制作技术得到比较突出的发展。

昙石山文化:福建的新石器时代遗址,多集中在闽江下游地区。

红山文化:出现在辽河流域,距今五六千年间一个在燕山以北、大凌河与辽河上游流域活动的部落集团创造的农业文化。

关于中国文明的起源，以往将黄河中下游中原地区看作"一元中心"的早期文明诞生的基地，后来又出现多元论，即所谓"满天星斗"说，认为中华民族最早的先民确实曾经如满天星斗般地分散在中华大地上，早期文明呈现多元分布的格局。中华文明刚在萌生的过程中，便有了颇为广泛的分布，在黄河中下游以外的地区，在新石器时代就已经有相当繁盛的原始文化发育。

在公元前4000年前开始形成，范围北自辽河流域，南到台湾和珠江三角洲，东自海岸，西至甘肃、青海、四川的相互作用圈，这圈内所有的区域文化，都在秦汉帝国形成之中扮演了一定的角色，共同形成了丰饶的中华文明。

五、历史学是科学更是艺术

历史活动离不开人的主观感情的参与。人的主观情感，无论是社会科学还是自然科学，都无法真正把握。

把历史学既看成是一门科学，又看成是一种艺术，在历史研究中就既能遵循实事求是的科学原则，又能有艺术的思维和创造精神。历史学既有科学性又有艺术性，它以独特的方式集合了科学和艺术的某些特征，它在知识的分类中具有独立的学科地位。

六、历史学的研究对象

历史学研究过去了的历史事件，即不以人的主观意志为转移的客观过程，另外，历史学研究人的思想，即主观观念。

历史不仅仅是个别偶然事件的堆积，更是人的有目的的活动，是以人的社会实践活动为基础的生产方式的运动,是生产力与生产关系、经济基础与上层建筑的运动。

七、历史学的认识功能

对事物的认识总是从现状入手,但是,要真正认识一个事物,仅知道它的现状远远不够。知道现状,只能说出它现在是这样,而不能回答它为什么是这样。

世界是一个有规律的客观过程,任何现实事物都是历史发展的产物,都有它的渊源和成因,只有了解它的历史,才能知道它为什么会成为现在这个样子,才能把握它的内在本质和发展规律。

认识事物的现状需要历史知识,预测它的未来也同样需要历史知识。人类社会的发展虽然是一个不断创新的过程,但这种创新永远离不开特定的历史前提和历史逻辑。历史犹如长河,过去、现在和未来不可分割,事物的过去不仅影响到它的现在,也在很大程度上也影响它的未来。

八、历史研究的分类

按记载历史的形式(即史书的体裁):纪传体、编年体、纪事本末体、政书和类书等。

按记载历史的时间:通史、断代史等。

按记载历史的空间(地域):世界史、国别史和地区史等。

按记载历史的内容:综合史(总史)、专门史、资料汇编、年表和历史地图等。

按记载历史的人物：个人、群体、地域群体和专门群体等。

按记载历史的专题：文学、艺术、宗教、神话、音乐、戏剧、影视和民间故事等。

九、秦朝之兴，浩浩荡荡（兴盛之因）

公元前247年秦王嬴政（前259—前210）即位时年仅13岁，太后和吕不韦执政。秦王嬴政成年，去旧都雍（今陕西凤翔南）的祖庙举行冠礼。公元前238年亲政。他喜读法家思想集大成者韩非的著作，任用李斯、尉缭，采用阻止六国合纵、各个击破的战略。前230年派内史腾灭韩；前229年派大将王翦灭赵，前222年赵亡；前227年派王翦攻燕，公元前222年燕亡；前225年派大将王贲灭魏；前224年派王翦攻楚，前223年楚亡；前221年派王贲灭齐。

秦王嬴政即位的第26年实现了统一。公元前221年，他在咸阳建都，称始皇帝，由此揭开了此后封建王朝的帷幕。

为什么是秦而不是别国统一中国？

秦国没有严格的宗法制度，国内改革的阻力较小。秦国商鞅变法取得了很大成果，"富国强兵"的法家政策在秦得到推行。秦国地理位置优越，攻守均得其便，战国时期，国都未曾被他国攻破的只有秦国。秦国内部纷争较少，从秦献公时起的150年中，献公、孝公、惠文王、武王、昭襄王、孝文王、庄襄王、秦王嬴政几代君主在位的年代都比较长，内部相对稳定。武王、孝文王、庄襄王在位时间短，但也没有因王位的继承而引起内部分裂。总之，秦统一中国是顺应历史发展要求，也是"天时、地利、人和"的综合优势造成的结果。

另外，我们从考古发掘的竹简里，得知秦朝的法律条款，也能发现秦能够一统江山、建立万古伟业的重要原因。比如，耕牛瘦了一寸，要报告，要追究责任人的懈怠之责。一滴水，可映太阳光辉。秦朝很认真，很实在，真抓，实干，应该是其兴盛的内因。

十、秦朝之亡，一声叹息（灭亡之因）

夺取天下与治理天下有异，应根据形势的不同采取不同的方针政策。然而秦却以夺取天下之策代替治理天下之策，这表现在以下四个方面：

第一，强化君权，严酷刑罚，企图建立"君主独制于天下而无所制也"的绝对君权专制统治。

第二，实施暴政。

第三，思想文化上不允许有不同意见和学派的存在，实施文化专制主义。

第四，苛暴的徭役征发。秦始皇统治的最后几年，连续组织了多项规模巨大的土木工程。秦始皇三十四年（前213）"筑长城"，三十五年（前212）"为直道"。又在渭河以南营造以阿房宫为主体的宫殿体系。秦始皇陵即骊山工程也有数十万人进行施工。

尽管秦国有强大的军事力量，建立了比较完备的中央政权组织和行政管理制度，在统一君主制国家的建设方面有所规划和设计，但是它忘记了两件最主要的事：一个是民心和民力，再一个是统一君主制国家的建设手段和方式，即文化传统。秦始皇用残暴的掠夺方式对付人民，用极端专制的方法对待思想文化，民心不可侮，这决定了秦朝的短命。

十一、汉朝之兴，一改前朝

刘邦的功臣多出身微贱，除张良家世高贵外，其余多为平民百姓。汉初的布衣将相们，了解民间疾苦，对自己有一定的约束。例如萧何以丞相之尊，置田宅时，挑选穷僻之处，经营宅第，并不大兴土木，强扰百姓。他说，后世子孙如果贤良，则会效法我的俭朴；如果不贤良，家产也不至于为强势之家所夺。

西汉王朝建立的政治基点，是对秦朝暴政的否定。文、景以后，汉武帝执政时期情况便开始有所变化，重启一些秦朝的治理特色。

汉初汉中，以黄老思想、无为而治为国本之策，休养生息。如果没有秦朝的严厉法令，如果没有秦朝的咬牙拼命干，怎么黄老？怎么无为？秦朝用力过猛，减到一半，再减掉一半，这样的努力，就够了，天下就可以大致温饱了。所以，我们不能因汉兴而贬秦。秦朝奠定了天下的根基，历史应该记住秦朝的励精图治，历史应该记住秦人的汗水辛劳。这是基础。没有这个基础，汉朝拿什么发展、怎么发展呢？

十二、中国历史上大时段的盛世

第一,西汉时期。西汉的文景之治,从文帝即位的公元前180年算起,到景帝去世的公元前141年为止。然而,文景之后,盛世并未结束,武帝即位后虽然改变了文景时期的政策,却把西汉的盛世推向高峰。武帝晚期虽然颇多失误,但国家元气未伤。经过昭帝和宣帝的调整,即"昭宣中兴",保持了盛世的延续。元帝即位时,西汉的户口达到了汉代的最高点。因此,西汉盛世的终结,以宣元之际(前48)为界,前后延续了一百三十多年。

第二,唐朝时期。唐代的兴盛是由贞观年间(627—649)开始的。经过高宗、武后、中宗、睿宗的过渡,到玄宗开元年间(713—741),再度出现盛世。天宝年间(742—756),各种社会矛盾开始激化。到安史之乱爆发,唐朝的盛世宣告终结,经历了一百余年。

第三,清朝时期。清朝立国后,经过顺治、康熙、雍正、乾隆几代人的努力,中国历史上出现了又一个盛世。旧史书一般称为"康乾盛世",当代史学家多数认为,雍正时期在康乾盛世的形成过程中有着承先启后的重要作用,应称为"康雍乾盛世"。康雍乾盛世的实际持续时间约一百年。

十三、交通

古代神话传说"愚公移山""五丁开道""夸父逐日",都依稀透露出远古先民们发展交通事业的艰苦努力。

黄帝是车辆的发明者,因此而号为"轩辕氏"。"轩辕氏"以及所谓"轩皇""轩帝"被用来作为黄帝的名号,暗示他在交通方面的创制,这很可能是这位传说时代的部族领袖诸多功业之中最突出的内容之一。

舜入山林川泽,暴风雷雨,而"行不迷";禹领导治水,"开九州,通九道"(《史记》)。他们圣王地位的确立,也与交通有关。

中国古代的交通,其先进和壮观,碾压世界,仅举一例:

明朝,从永乐三年(1405)至宣德八年(1433),28年间,郑和奉命率庞大船队7次出使西洋,比世界上所有著名的航海家的航海活动都早。

以郑和为首领的远航使团,出行规模多达两万七八千人。船队主体一般由63艘大、中型宝船组成。大型宝船长167米,宽60米。第一次下西洋,船队规模浩大,竟然拥有船舶208艘。

今天,中国交通又一次站在世界巅峰。我们的航天领先世界,我们已经有了自己的空间站。我们在航空领域,C919民航客机已经入列,大飞机项目已经启动,拥有进入世界第一的潜力。航海方面,我们的造船能力世界第一,海军新入列战舰规模,世界领先。陆路交通,高速路里程以及高铁雄踞世界第一。所以,中国综合的交通实力,目前又遥遥领先。这与古代的领先,遥相呼映,预示着中华民族已经或将要重新回归世界之巅的位置。

十四、华夷界限与天下一统

中国自古就是一个多民族的国家,中国现在的56个民族及其祖先，几千年来一直共同生活在中国这片土地上。除了俄罗斯族等少数几个人口较少的民族以外，绝大多数民族都是中国的土著民族，都可以在中国这片土地上追溯出两千年以上有文字记载的历史。这一点与西方很多国家不同。

　　历史上尽管有华夏和夷狄的区分，有民族歧视的观念和政策，如历代汉族统治者"非我族类，其心必异"（《左传·成公四年》）的思想，元代统治者对不同民族的等级划分，清朝统治者对汉族人的防范，等等，但是，几千年来，"夷夏一体、四海一家"的思想，"王者之于万物，天覆地载，靡有所遗"（《资治通鉴》）的思想，始终与这些民族歧视的观念并存，并且成为统治者制定政策的理论依据。所以唐太宗说："夷狄亦人耳，其情与中夏不殊。人主患德泽不加，不必猜忌异类。盖德泽洽则四夷可使如一家。"（《资治通鉴》）他还说："自古皆贵中华，贱夷狄，朕独爱之如一。"（《资治通鉴》）

　　事例一：唐朝皇帝家族与少数民族首领通婚共23次，唐高祖李渊的19个女儿中，近半数嫁给了少数民族首领。唐朝前期，中央政府中的官员几乎有一半是少数民族成员。唐朝后期，军队中的高级将领有一半以上来自契丹、突厥、回纥、高丽等少数民族。

　　事例二：女真人的金国（1115—1234）占据黄河流域以后，有"几百万口"女真军户迁入河南，结果全部汉化了。原居于东北的满族人，随着清朝的建立大部分迁入关内，到了清末，这些人已完全丢弃了满文、满语，他们使用汉语、汉文，饮食起居也与汉族没有什么差别了。

　　事例三：元朝统治者曾实行严格的民族隔离政策。但事实是，蒙古统治者为了统治的需要，在元朝建立的第二年就在燕京设国子学，让蒙古子弟学习汉语、汉文。忽必烈也曾下令诸王子及近臣子弟从汉儒学习经典，皇子皆受双语教育。有学者作过考证，元朝科举前后开科16次，共录取进士1139人，其中蒙古人300余人。元朝末年，很多蒙古人已改汉姓，从汉俗。元朝灭亡后，蒙古人的身份已失去了等级上的优势，大部分蒙古人很快融入了汉族人之中。

事例四：几千年来，汉族人融入少数民族和少数民族互相融合的记载也是很多的。如，秦始皇曾迁五十万中原人于当时的南越（今两广地区），其中很多人就融入了越人（今客家人）之中。隋朝末年，中原离乱，很多汉族人北逃或被掳入漠北突厥为奴。唐朝建立后，唐太宗曾派人携钱币丝绸去草原上赎人，前后赎回数万人。回纥、吐蕃、粟特和突厥等族的商人、使节来到中原后娶汉族妇女带回的记载也是很多的。如贞元三年（787），唐朝政府在长安一次就查出娶了汉妇的"胡客"（西域商人）四千人。也有汉族人被抢掠或汉族地区被少数民族占领后，汉族人被少数民族同化的情况。

两千多年来，我国尽管出现过多次分裂，但与统一相比，分裂的时间是短暂的，统一是中国历史的主流。中国的统一与辽阔的疆域，是各民族共同缔造开发的。中国的文化与历史，也是中国各个民族及其祖先在几千年的发展过程中共同创造出来的。其中汉族居于主导地位，每一个少数民族都做出了自己的贡献。

中国不是种族主义国家，中国是统一的多民族大家庭国家，不是分裂的种族型小联盟国家，主旋律永远主张融合、和谐共处、大一统。

十五、地理环境对民族关系的影响

统一的多民族国家,是历史的、人为的,更是自然的和天然的。

自古生活于中原四边的少数民族,一方面向外发展受到各种天然屏障和自然环境的阻隔与限制,另一方面中原温和的气候,辽阔肥沃而平坦的土地,丰富的资源和物产,特别是先进的文化,对他们有无限的吸引力。于是,几千年来,中国四边的少数民族,他们各种重大的政治、经济和军事的活动,都是向着中原的方向即黄河与长江中下游流域发展。这种地理环境因素,产生了中华民族几千年来不断内聚的总体趋势。

中国的地理环境,由于其天然特点而自成一个半封闭的、内向型的区域。这种环境一方面阻隔着同这一区域之外的交通联系,另一方面又保证着这一区域之内各地区、各民族之间的密切交往。中国虽然多次分裂,但最终总能归于统一,而且每次统一的版图都大体相似,与地理环境有密切关联。总之,这个地理区域的环境特点促成了多元文化的产生,又使多元文化在发展中逐渐走向一体,走向统一。

十六、"中国"一词的不同含义

在古代,称呼今天意义上的国家的概念是国号。从夏、商、周到清代,其国号都以朝代名称命名。如:"唐""宋""元""明""清"等。

在古代,"中国,京师也"。在商、周时代,中国是指商王或周王所在的"王畿",即首都的代称,"中国"不是一个国家的概念,它只是一个地域的概念。这个地域并不是国家的全部,而仅仅是这个国家的中心部分。

这样,"中国"一词,早在三千多年以前的商周时期就已屡屡使用,它所反映的时代和地域,最早是传说时代居住于黄河中游的尧、舜及其部落控制的区域;接着是夏朝、商朝和周朝的中心区域。以后,尽管中原王朝不断更迭,疆域不断扩大,"中国"一词的内涵也有所扩大,但始终以中原地区为主。

在古代,整个国家的概念以"天下""四海""海内"等词来称呼。"天下",既包括中原地区,也包括四边的少数民族地区,"天下""四海""海内"这几个词与"中国"一词同时存在和使用。"中国"只是天子的国都,"天下"才是我们今天所说的中国。

辛亥革命以后,成立中华民国,提出五族共和,"中国"一词才成为具有现代国家意义的名称。

十七、古代科举考试的一些细节

主考和考生,进入贡院后,要断绝与外界的来往,称为"锁院"。

先将卷面糊名,阅卷并复核无误后,方可拆封。宋真宗时又创立了誊(téng)录制,为防止考官辨认出考生笔迹,所有密封卷面一律由书吏照抄一遍,考官阅卷只能看抄本,判定取舍后再对照原本。

乡试入院时,要逐人搜检。考生所带考具及相关物件均有规矩,如帽用单毡,鞋用薄底,砚台不得过厚,笔管不得镂空,食物必须切开，木炭不过二寸等，以防夹带。

十八、官吏队伍构成上的"儒"与"吏"

从秦汉开始，在官吏队伍的构成上就有"儒"与"吏"的区分。从汉到唐，统治者儒吏兼用，长短互见。

到宋元时期，这种区分发展到了严重对立的程度。大致上，儒士经过多年读经陶冶，以信念见长，却不善理事；吏员经过长期实际操作，以干练见长，却操守较差。

宋代科举制度的发展，使儒士占据了官僚队伍的绝对优势，官员精忠报国者屡见不鲜，然而政府无能与此不无关系；元代轻视科举，排斥儒士，吏员和宿卫亲兵成为官僚队伍的主要来源，雷厉风行见效一时，然而官场腐化也与此高度相关。后人用"宋亡于儒，元亡于吏"总结。

十九、中国古代的政治制度、选举制度和法律制度

在政治制度方面，夏商周三代形成的礼制，确立了古代政治的价值取向；秦汉形成的帝制，构建了王朝时代的体制框架。秦汉以后，国家机构的"秦制"和文化传承上的"周制"渗透磨合，形成了中国特有的制度体系。这一制度体系一方面是君主集权，保证大一统国家的稳定运行；另一方面，君主也要受天命、祖宗成规、法律制度、文化观念的制约。以文官为主体的官僚制度与皇帝制度相配套，实现了政治秩序与伦理秩序的高度吻合。

在选举制度方面，由世卿世禄制，到军功、察举制，再到科

举制，不但建立了一套行之有效的人才选拔机制，而且推动了古代的社会流动，使社会等级具备开放性。

在法律制度方面，形成的中华法系具有鲜明的特色，以礼法并用的方式，把天理、人情、国法有机融合在一个法律体系之中，保证了传统社会的治理秩序。

二十、纠正一个错误的观点：中国不是法制社会

改革开放之后，有些西方人鼓动中国人说，中国是皇帝人治，不是法律治理。看看中国法律和法制发展史，马上就知道，这是一个错误的史观。

在古代，仅法律的形式，就有刑、法、律、令、典、式、格、诏、诰、科、比、例。

1975年12月，在湖北出土了大批秦简，反映了秦统一前后的法律状况。秦简中的秦律，涉及政治、军事、农业、手工业生产、市场管理、货币流通、交通运输、行政管理、官吏任免、案件审理、诉讼程序等各个方面，"皆有法式"。在法律的实施上，秦代坚持轻罪重刑，严刑酷法。针对不同的罪状，仅死刑就有车裂、定杀（溺死）、扑杀（打死）、磔（zhé）（分裂肢体）、坑（活埋）、斩、枭（xiāo）首（斩头示众）、凿颠（开凿头颅）、镬（huò）烹、抽筋、腰斩、囊（náng）扑等方法。

《秦律十八种》涉及的内容相当广泛。

例如，《田律》规定，降雨及时，谷物抽穗，各地应当及时以书面形式上报受雨、抽穗的耕地顷数以及虽开垦却没有播种田地的顷数。禾稼出苗之后降雨，也应当立即报告雨量多少和受益田

地的面积。如果发生了旱灾、风灾、涝灾、蝗灾和其他虫灾，使农田作物遭受损害，也要上报灾区范围。距离近的县，由步行快捷的人专程呈送上报文书。距离远的县，由驿传系统交递，都必须在八月底以前送达。

《厩（jiù）苑（yuàn）律》规定，在四月、七月、十月和正月评比耕牛。考核中成绩领先的，赏赐田啬（sè）夫酒一壶、肉脯一束，饲牛者可以免除一年更役。有关人员还可以得到相应的奖励。律文还规定，如果用牛耕田，牛因过度劳累致使腰围减瘦，每减瘦一寸，主事者要受到挨打十下的惩罚。借用铁制农具，因原器破旧而损坏，以文书形式作正常损耗上报，回收原器，不令赔偿。使用或放牧官有的牛马，牛马若有死亡，应立即向当时所在的县呈报，由县进行检验之后，将死牛马上缴。如果上报不及时，要受到相应的惩罚。如果是大厩、中厩、宫厩的牛马，应将其筋、皮、角和肉的价钱呈缴，由当事人送抵官府。

二十一、中国古代为什么重农抑商

民众务农不仅可以收获地利，更值得重视的，从政治文化的角度来理解，又可以"贵其志"，有益于端正民心民志。

《吕氏春秋·上农》记载："民农则朴，朴则易用，易用则边境安，主位尊。""民农则重，重则少私义，少私义则公法立，力专一。""民农则其产复，其产复则重徙，重徙则死其处而无二虑。"就是说，民众致力于农耕，则朴实而易于驱使，谨慎而遵从国法，积累私产而不愿意流徙。

在中国古代重农抑商，有利于维护统治。

二十二、弱宋的时代特征

宋朝是中国古代专制社会前后期的分界线，是中国专制社会由前期转入后期的决定性的关键时期。宋朝同过去一些专制王朝相比，在政治上的突出特点是实行高度的中央集权的专制制度。这主要表现在下列几个方面：一是实行内重外轻的军事部署，把军事力量集中在首都周围；二是高度中央集权的行政体制，重内轻外；三是采用优礼与钳制相结合的方法控制文人士大夫，造成重文轻武的社会风气。

这种政治生活的特征反映在军事方面，便形成了从本质上是消极防御的军事战略。此种战略构想，又与重文轻武的政治策略相结合，"弱宋"的地位由此而奠定。

所以，尽管宋代文治鼎盛，但还是改变不了其困于辽、西夏，亡于金、蒙古的命运。

国家盛衰，百年为期，1840年中华民族遭受奇耻大辱，根子也许萌发于宋代。

二十三、中国古代的著名战役

中国历史上，为实现国家统一，反抗外来侵略、民族压迫及统治暴政，各民族、各政治集团之间曾发生过无数次战争。其中许多关键战争，往往决定或影响了某阶段历史的演进和某些民族、王朝及政治集团的兴亡盛衰。指挥这些战争的人物，给后人留下了宝贵的经验。这些典型战例，主要包括秦赵长平之战、汉匈之战、赤壁之战、淝水之战、唐朝反击突厥之战、宋金和尚原之战等,在中国古代的战争中具有一定的代表性。

长平之战不仅是决定秦能否统一的关键,而且在战略决策、用间出奇、战术调整等军事行动方面具有典型意义。汉匈之战,标志着骑战成为战略手段,而且创造了农业民族打败游牧民族的奇迹。赤壁之战和淝水之战都是以少胜多的战例,并对中国后来的政权格局有着决定作用,但二者又有较大的差异,曹魏输在战技战法上,前秦输在人心向背上。唐朝反击突厥之战,是长途奔袭的典范。宋金和尚原之战,则充分体现了守御战中奇兵出击的配合作用。

二十四、秦汉时期社会风气的重要特点

秦汉时期,从贵族到平民,普遍讲气节,重信义,表现出一种积极进取、蓬勃向上的精神,是秦汉时期社会风气的重要特点。

例如田横在秦末与刘邦同封为王,后来刘邦取得天下,田横及其八百壮士耻事汉王,全部壮烈自尽;汉中人张骞,公元前138年应汉武帝招募,充当使者前往大月氏,历十余年,终于"凿空"西域。苏武出使匈奴,持节不侮(wǔ);杨震欲留清白,深夜以"天知、地知、你知、我知"(《后汉书》)却贿。

二十五、魏晋南北朝时期的社会生活

这一时期,主食稻米、小麦。在面食制作方面出现了很多变

化,有安乾、粔籹、豚耳、狗舌、剑带、案盛、酷鲑(guī)、髓烛等名目。它们有的由普通百姓发明,有的从外族传入中原。

中国菜肴的九大主味:酸、甜、苦、辣、咸、鲜、香、麻、淡等都已具备。汉代已知如何用曲酿醋。北魏时,用谷物制曲酿醋的技术相当成熟。先秦时只有肉酱"醢(hǎi)",汉人已用豆做酱,酱有13种风味不同的做法。本是胡人喜食的乳酪,也成为北方汉人广泛流行的副食。还有一种菜肴,叫"羌煮貊(mò)炙"。羌煮原是羌人的一道菜,吃法是将精选的鹿肉煮熟后切成块,蘸着各种调料制成的浓汁吃;貊炙是貊人发明的一种烤乳猪,做法是用火慢烤,一边烤,一边往上洒酒抹油,烤熟的乳猪色泽鲜丽,呈琥珀色,入口即化,汁多肉润,是上等美味。

两晋时期,饮茶之风盛行,待宾之礼,有献茶一项。酒也是当时人们的饮品,有几十种酿酒的方法。其中说有一种"稷(jì)米酒",酒味奇佳,但酒性很烈,饮过量即死。

讲究服饰之美。体衣(上下衣)、头衣(冠帽)、足衣(鞋袜)成为人们典型的装饰式样。当时服饰更新速度很快。胡服在当时十分流行。

整个魏晋南北朝是中国的乱世时期,饮食服饰如此这般,可见华夏人间,生机趣味盎然。

二十六、儒家和道家的史学理论

孔子认为,历史是继承和发展的统一,社会进步的标志是看人的性情是否得到合理的表现,社会是否变得越来越文明。史学家通过修史来宣扬自己的政治主张,应该富有敏锐的社会批判力,注重对历史人物和事件作道德和价值判断。

老子和庄子认为,历史应该是自然和人类社会相互统一的过程。衡量历史是否进步,关键要看社会是否变得更加自然。

考古学

一、考古学推荐书目和考古学概述

推荐书目:卫聚贤:《中国考古学史》,上海书店出版社1984年版。[英]保罗·巴恩著,覃方明译:《当代学术入门:考古学》,辽宁教育出版社1998年版。

考古学是研究如何寻找和获取古代人类社会的实物遗存,以及如何依据这些遗存来研究人类历史的一门学科。

考古学属于历史科学,但其研究的范围是古代,它与近代史和现代史无关。自人类的起源始,年代下限随考古学的发展而有所变化,又由于各地区文化发展的多样性和不平衡性,所以无法统一,各国考古学都有它们的年代下限。

考古学这一名词主要有三种含义:(1)从考古中直接获取的知识。指考古发掘出远古时期的竹简、铭文、书画,直接获得了历史知识,有时候还可以引申为记述这种知识的书籍;(2)考古方法和技术。借以获得这种知识的考古方法和技术,包括搜集和保存资料、审定和考证资料、编排和整理资料的方法和技术;(3)从考古材料中经后人发掘、发现和研究所形成的知识。指理论性的研究和解释，用以阐明包含在各种考古资料中的因果关系，论证存在于古代社会历史发展过程中的规律。

二、大学考古学专业主要课程

专业基础课：世界史通论、古希腊罗马史、古代东方文明、中国古代史、感悟考古、博物馆学概论、考古学导论、文物法规与行政管理。

专业核心课：中国考古学、田野考古学概论、文化遗产学概论、田野考古实习、科技考古。

专题类课程：中国古代陶瓷、中国古代青铜器、中国早期玉器研究、丝绸之路考古、中国石窟寺、考古学与古史重建、出土文献与先秦秦汉史、考古名家专题、世界史前考古、古罗马考古与艺术通论、明清考古、水下考古学概论、地中海考古、美术考古、古代民族考古、中国西南地区考古、考古史料学、世界遗产概论、南亚与中国佛教艺术和考古、佛教考古导论、中国建筑史、世界考古学、简帛概论、考古学和科技史、海上丝绸之路与陶瓷外销、欧亚古代民族考古。

理论、方法技术类课程：田野考古技术专题、社会统计学、普通统计学、应用统计学、高等数学、定量考古学、水下考古学概论、石器技术与人类演化、人体骨骼学、动物考古、植物考古、冶金考古、古文字学通论、体质人类学、中国文物建筑导论、殷周金文通论、战国文字通论、埋藏学、考古学与社会记忆、考古化学、古DNA与人类历史、分子考古学实践。

三、古生物学不是考古

恐龙的发现、最早的鸟的发现等，说起来像是考古学，但不是。古生物学研究不是考古。

四、考古的缘由

第一，人类对自己的过去好奇。文字和传说不如眼见、手摸身临其境。

第二，寻求历史资料。人们研究自己的历史，主要通过历史遗留下来的文献。但是历史文献有很大的局限性。人类大约99%的历史没有文字记录，即便有文字记录的历史，也只是历史的一部分。比如，中国的历史，二十四史连绵不断地记载，是全世界唯一一套没有间断的完整的历史记录。里边有宫廷的斗争，有战争，有制度，有各种各样的事件。但是老百姓的生活、当时的经济情况、贸易情况等，在二十四史里边看不到太多。在这种情况下，考古学是研究历史另外的一个办法。

第三，被动而必要的关怀。很多考古活动，非人为主动。自然灾害等巨大的环境变动，促使远古时期的遗迹暴露出来；人类建筑活动，挖掘触动历史遗迹；盗墓活动猖獗，必须抢救性整理……那是我们的祖先、我们的前辈存在的证据，我们不能置之不顾，无动于衷，必须予以保护、整理，把祖先和前辈告诉我们的话，尽量提取出来；把祖先和前辈留给我们的宝贝，尽量保存下来，为公所用，认真地予以理解、研究、保护、展示，继往开来,踏着祖先的足迹,继续前行。

五、考古的三类资料

考古学是通过过去人们遗留下来的实物资料做历史研究,主要包括三类:

第一,遗址。搬不动的,留在原地了,叫作遗址。

第二,遗物。可以从遗址里面拿出来,可以搬出来的,叫作遗物。

第三,自然遗存。考古学不限于遗址和遗物,除了人工的遗迹、遗物之外,还有与人类活动相关的那些自然遗存,比如说动物的骨骼,比如说遗址里边出土的植物。研究这些动物和植物,研究它们与人的关系,研究人是怎么利用这个植物和动物的,是做燃料还是做食物,研究当时人的环境等。

六、中国考古学的开端

考古学不是从来就有的。在中国,真正通过古物研究历史并将其当作一门学问,是从宋代开始的。

宋代发现可以通过对古物的研究来证经补史,证明这个经典正确与否以及补充史料的不足。宋人研究青铜器,还研究一些碑刻,比如说石鼓文。秦始皇巡守各地的时候刻了很多石鼓文,就是把文字刻在石头表面。宋人把石头上的文字拓下来,然后著书立说。宋代的一个大学问家叫作吕大临,著书《考古图》,是中国考古的鼻祖。

不过，在宋朝，把考古学叫金石学，可见宋人注重从青铜器、铁器和石头上面提取文字等历史信息。

七、古物研究的宏观脉络

第一，技术的角度。起初，人的技术能力只能用现成的石头做工具，这个时期叫石器时代。接着人发明了青铜，先是红铜，然后从红铜变成合金变成青铜，这个时期就是青铜时代。再接着才发明了铁的冶炼，才有铁的冶铸，这便来到了铁器时代。为什么铁器时代在青铜时代后边呢？因为铁的熔点比青铜的高，铁的冶炼过程中还有一个氧化的问题，所以它的技术复杂，发明的年代就要晚一些。

第二，地理的角度。田野里边，埋藏得越深的，年代一般越早，越上边的越晚，地理位置决定年代学的认识。

通过技术角度，依据石器—红铜—青铜—铁器的次序，通过地理位置，按年代归纳整理，得到的资料在一个年代里边，形成一个系统的资料，如此才能比较准确地去研究历史。

八、古史辨派弃置史料，考古活动重建史料

新文化运动提出"打倒孔家店"，要推翻中国传统的学术，对传统的东西重新整理、重新认识，来一场革命。

以顾颉刚为代表的古史辨派或称疑古派，孜孜以求，致力于斯。

他发现我们很多的古史，大家信以为真的古史体系，特别是

上古史实际上是靠不住的。他翻检整理了所有的文献，发现年代越早的文献，记载更早的那个传说的时候可能就是只言片语，语焉不详，说得模模糊糊的。比如说大禹，就是有那么个人，其他就没有了。到了越晚的文献里面，比如说汉代的文献里对大禹的记载，就丰满多了，各种事迹说得活灵活现。他发现这个历史是古人不断引申、附会添加进去的历史，而不是原本的面貌。

这样，中国人过去认为自己千真万确的历史体系，一下子崩溃了。古史辨派的贡献，是推翻旧的臆造的古史体系，但再重建一部中国上古史的体系的时候没办法了，没资料了。以前的资料全被他否定了，他也没有开辟新的办法。他的办法是否定那些资料的办法，而不是建设的办法。

在这个大背景下，瑞典人安特生恰好做了仰韶遗址的发掘。他根据这个遗址的发掘，提出了仰韶文化的命名。而且他根据发掘的这些实物资料，比如说这里边有很多的陶器、石器，唯独没有金属工具，所以他说这个是中国的远古文化，属于中国的新石器时代。他又看到遗物里边有鼎，鼎是中国的一个传统的器物，在全世界的范围很少有这种三条腿带耳朵的东西，仰韶文化就有。还有其他一些东西，比如说有一种石刀，长方形，上边穿一个眼，下边一个平的刃。这个刀在河南等当地的农村里面仍然有类似物，是用铁刀做成的，叫作"炙"或者"爪镰"。它是放在手上，拿一个绳勒上，作为农业收割的工具。所以安特生认为这是中国的远古文化。中国文化不是被否定掉了就找不到了，考古学功劳至伟。

今天，我们质疑一下顾颉刚们的古史辨派。早期史书的语焉不详也好，后期史书的添枝加叶也好，都值得尊重，都是史料。

应该分析甄别，否则要历史研究、要考古研究干什么？但一棍子打倒，实乃荒谬。

九、考古学"政治"

人类学是比较各地人的文化、习俗、社会等，人类学的发生、发展和西方殖民主义背景有关系。人类学为什么要去做不同社会的比较？这是以西方的殖民主义作为背景的。中国学术里边，无论是考古学也好，历史学也好，中国的文学也好，凡是涉及人文学科的，我们都没有殖民主义的背景，这是中国学术的一个特点。

考古学在中国的学术传统里，一开始就是研究历史的，放在历史学里边。美国的历史，不在美洲这里。在西方、在美国，就不把考古学作为历史学。考古学的对象在现代美国人眼里完全是一个客体——印第安人，跟自己没关系。这个和在中国不同，在中国这个土壤里边，我们是研究自己的过去，我们和自己脚下的过去是有血缘关系的、有血脉感情的。美国不是这样，所以他们把考古学放在人类学里边了。

总之，中国考古学属于历史学，服务于究天人之际和通古今之变的天下大同理想，美国考古学属于人类学，服务于殖民统治的一己私利。

十、考古学是交叉学科

考古学的研究技术，从学科门类上，属于自然科学。

几乎所有的前沿的现代科学技术，在考古学里面都有运用，如使用加速器、电镜、电子显微镜设备，使用各种各样的化学分析方法，对物质的材料做分析。把土壤做切片，是地质学的一些做法，也被用到考古学了。分子生物学的最前沿的部分在考古学上也有非常广泛的应用。

但是，考古学的研究有一个人文的目的——研究历史，考古学的目的是人文科学的，所以，考古学具有非常鲜明的文理交叉的特征。

十一、考古是艺术

考古的研究对象是艺术的。不仅能直面古人的大量艺术品，而且许多遗迹、遗物可以透视到的大量行为过程，含有已往人们崇高的追求和迷人的幻想，考古学家的研究要揭示出古人的这种心灵，教育和启发今人的心智。考古学家同时为追求科学和教育心智而努力。人类的文化活动，可划为科学与艺术这两大类。依照科学与艺术的分类界限，教育当然应归属艺术。把考古学理解为既是科学又是艺术，才符合实际。

作为艺术范畴的考古学，其价值的主要方面在于满足人们回忆的天生愿望，在于感知自己祖先天真稚气的童年、奔放热情的青年以及庆功的辉煌、失败的悲壮、丰收的欢悦、祭祀的虔诚等历史情景。由此而得到的当然不仅是心灵的安慰，还会有情感的熏陶、良知的培育、智慧的启迪、勇气的鼓励。

总之，第一，考古学是科学的，不停地进行资料的积累和证据的检验；第二，考古学是解释的，对获得的考古资料予以选择、分类和说明；第三，考古学是教育的，总在表达研究结果和强调启迪心灵。这样，考古学既是科学，又可看成艺术，是科学与艺术的完美统一。

十二、古今一体

考古学家俞伟超指出：理解古代社会的钥匙就是现代社会。考古不是跳到地下，而是注意现实。

理解历史，理解考古发现，设身处地地回到古代，回到远古去理解、解释吗？你回不去的。然而，现代社会，每个人自身的情感、思想、道德、认识、理性、感性，能够驾驭和把握，这些东西，这些近在身旁以及属于自身的东西，才是真正联系着远古的最真实、最准确的东西，就用这把钥匙开古代的锁头。

十三、考古地层学的基本原理

考古学中的"地层学"，就最基本的原理而言，同地质学中的"地层学"是一样的。

不过，地质学中的地层学，目的是研究地球形成历史，其资料是由各种岩石形成的一连串地层系列，形成原因是自然力量的作用。从总的方面讲，地球岩石的不同层次，有的因岩浆喷发而突然形成，有的则经过很长时间才形成，其空间范围很大。并且，地球上各种岩石的层次，因各种引力作用，可以发生大面积的升降、断裂、移动。这样，有许多本是连成一体的同一地层会分裂开，出现相错现象；原是同一水平的岩石层次，也会上下错离很远。

考古学中的地层学，则是研究人类出现以后，主要因人为力量而形成的各种文化堆积的形成过程和原因，它是科学地取得考古资料的理论基础。由人为力量而形成的文化层，则面积要小得多。同一地点不同时期形成的若干文化层，只会因雨水的冲刷、断崖的崩塌，或是人力的翻动等原因而错乱。总之，像岩石层次那样相错是很少的。拿由人力而形成的文化层同岩石的地层来比较，人类文化层的面积和厚度是很细小的。考古地层学就不能是地质学中地层学的简单搬用。

例如湖北黄陂盘龙城遗址，记录了当今武汉城市的由来历程，1974年曾发掘了1800多平方米，在城内东北隅的主要宫殿区，于生土层之上找到七个层次。当时据土质、包含物、遗迹形成和某些地层的分布位置，曾作出如下的初步推测：

最下面的压在生土之上的第7层，只分布在局部地段，是一种基本不含人工遗物的、很干净的棕黄色淤土，可推测是一片小水塘或一条小河道的遗痕；

第6层是属于二里岗上层期的当地最初出现的下层宫殿基址，往往直接建于生土上；

第5层亦属二里岗上层期的当地上层宫殿基址，这两座上、下两层的宫殿基址范围极大；

第4层是上层宫殿使用时居民们遗留下来的文化层，所以分布在宫殿基址的周围；

第3层是相当于殷墟阶段的遗存。在盘龙城内外，二里岗期遗存很丰富，而这种遗存很少，看来到了这个阶段，当地的文化已明显地衰落下去；

第2层为南北朝左右至明清的堆积。这个层次，还可分为几个小层次：它在盘龙城内中部略偏东北之地，是一个宋元时代的庙宇遗迹；其他地段则是一种包含物贫乏的堆积，大概是一种历经许多世代才形成的古代耕土层。第3层与第2层之间的一大段历史空缺，表明当地荒无人居；

第1层地表层，就是当代耕土。

十四、考古类型学

地层学是科学地取得考古资料的方法论，类型学则是科学地归纳、分析考古资料而加以分类的方法。如果说，前者是从地质学中引进的一种方法，那么，后者是从生物学分类以及图书馆学信息组织领域的分类法中得到启示而产生的一种方法。

类型学对考古发现的资料，以逐级排列的分类标准逐渐划分。例如容器，先以器物最下为圆底、平底、三足、四足诸差别，分别给以一个序号；再按上部的口径与器高的比例、器壁与底部的角度等差别，确定第二位序号；最后又以器物最大径的位置以及耳、鼻、柄、流等附着品的有无，给以第三位序号。由这三位序号构成的一个标识，就代表了某一种器物的某一个式别。

根据每一种考古材料自身的特征，建立分类标准，逐级展开，为每一件文物确定在历史材料体系中的位置，是考古类型学的目标。

十五、考古类型说怎样描绘分类

科学可以容忍怀疑、挫折而不能允许混乱无序，那么，秩序究竟是事物的客观属性呢，还是人们的主观认定？

我们最基本的假定前提是：大自然本身是有秩序的；人类的行为，包括其制作的物品也是有秩序的。

形态学的分类工作是人为的秩序化的活动，是人的主观认识对客观事物的描述。分类的目的是组织被处理的信息，使其符合自我感觉和自我理性认定的秩序。

关键是这种秩序是否符合演变的关系。其实，符合客观的分类，应当能体现出演化的秩序。

就人类的能力而言，审美感本身便能通向分类学，甚至审美感的直观性亦会预先显示出某些分类学的结果。成功的分类必有其美学价值，瓦、鬲、铜壶等物品的秩序化分类，在美感知觉上有其天然基础，分类学也似一门艺术。

分类类似艺术，分类也有某种任意性。分类工作本身是一种主体观念的设置，是一个心理过程，而任何心理过程都不能完全等同实在本身的本质和规律。换言之，分类是以概念来框定事物性质的，而概念只是思维的表述，它可以反映客体的一部分形态，但无法提供客体的全部真实形态，因而其属性只是思维的自身形式。一张严密的瓦、鬲、铜壶的形制演变图，尽管有内在的合理性，但只具有局部真理性。它不是对象的单纯摹本；它有一种原初的表达方式和趋向，有一种自发的符合美感秩序的生存规律。所以，分类是一种思维过程的表现，应当承认其主观性和任意性，但又不能把它看作杂耍技巧。它是物品形态演化轨迹的一种逻辑抽象。

十六、考古学研究中探索精神领域活动的问题

探索上古时期人们精神领域活动的状况,展现古人的精神文化,无疑是考古学研究范畴中的东西。但在我国的考古学界中,过去长期存在着一种非常片面的看法,以为考古学研究的内容,主要是甚至仅仅应该是物质文化。

考古工作者,首先应该从以物质文化研究为主要宗旨的思想包袱中解脱出来,多花些精力来研究考古学资料所包含的古代精神活动方面的问题。

走出了这一步,人们就会感到原有的考古学方法是多么的不足。考古学的研究方法绝对不应该局限于自然科学和科技方面的方法,考古学需要吸收新养料,特别是需要加强自己的哲学修养,而这正是使考古学研究提高到新阶段的最重要的思想基础。

十七、考古学文化的范畴问题

春秋、战国时期,各诸侯国存在着不同的哲学思潮、文学风格和艺术风尚,而同一区域内的哲学、文学和艺术乃至政治体制互为制约,又息息相通,存在着一种影响其哲学、文学、艺术等方面具有相同特点的"文化观念"。

在楚地,巫术盛行,发源自老庄哲学。屈原的《楚辞》,大量依托神话传说来表达其激愤之情,文采风格正与老庄著作相似,

弥漫着超脱人间的幻想。考古发现绚丽的漆画和姿态奇异的神灵图像，色彩明艳，远远强烈于黄河流域。

在鲁地，诞生了孔子和孟子。孔孟之道以阐述人间伦理道德观念为重，倡导中庸节俭。鲁地的工艺风格平淡而拘谨。

在三晋，诞生了法家学说，强调法治而力主耕战。就青铜器的装饰而言，表现等级差别的礼仪活动，正是流行的图像题材。强调法治和等级差别，当然就是这种观念的表现形式。

在秦地，法家思想占有统治地位，专制主义的控制比其他诸侯国要厉害。秦始皇陵墓区内出土的大量陶俑，除了为表现其武力强盛的目的以外，严厉的、沉重的表情，恐怕也就是那种专制主义精神的艺术体现。

十八、考古的目的——为今天和未来

寻找出人类过去历史的发展规律，是认识今后前进方向的基础。

作为一个伟大文明古国的考古工作者，应当认识到：悠久和光辉的中国古文化、古文明，是我们的财产，也是全人类的财产，我们无权损伤或失掉它。中国是地球上几大古代文明中心之一，这个古文化、古文明，曾对其他地区尤其是相邻区域发生过巨大影响；而且，她本身的连绵不断的历史过程，还包含着大量可说明整个人类文化发展规律的一般性内容。

尽快汲取国际范围内已经出现的考古新方法和合理的考古学新理论，保护好大片尚未被充分开垦的考古遗存，考古田野工作要认真地精耕细作，实事求是地探索我国古文化、古文明的具体发展道路,并从全球角度来提取其一般规律,自觉地从"为了今天"的目的出发来进行研究,应当就是当前我国考古工作者的历史使命。

十九、两则考古学家的话

(一)扫兴加尽兴;安卧加不安——每个人达到的只是他的一部分理想

一位著名考古学家,曾经对他的研究生们谈过两点人生感触。

第一,应该读点小说。如果自己能年轻三十岁,也会尽可能去写小说,因为写小说和搞考古,追求的目的都是一样的。

第二,此事(理想)古难全。历史上多少万年以来包括今后多少万年,可以说,没有一个人能全部实现他的理想。每个人实现的只是他的一部分理想。

墓穴,或白骨整齐、祭品周全,或一片狼藉、面目全非;建筑,或巍峨依旧、修旧如新,或歪倒倾斜、崩塌破败……一切的考古遗迹,一方面,向后人表达豁达、尽兴和安慰,它毕竟在这里!另一方面,总以自己的各种方式,向后人表达无奈、扫兴和不安,毕竟已成陈迹。

岂止考古学家感慨,此事古难全,谁不感慨,高处不胜寒!

(二)做人三层次

第一个层次,做事情希望一做就成功,并且得到满足。做不到就悲观失望。

第二个层次,做了事情,但因为做不成,心里感到委屈,只希望有些人能给予理解，而且只要能被理解就够了。

第三个层次，没有一个人理解也无所谓。如果你觉得做得对，理解也无非是得到一点精神上的安慰。何必呢？如果自己做得对，是真心，那么在客观上一定有人理解。不过你看不见而已。你何必要求人家当面跟你说呢。

考古学家是普通的社会科学工作者，但他们拥有特殊性。工作内容的原因，考古学家看到的过去比一般人更深远、深厚，知道得比一般人更真切，所以，在获得了洞察过去的能力的同时，也获得了一种看未来比一般人更深更准的能力。比如，上面说的第三个层次的观点——"没有一个人理解也无所谓"，恰恰就是考古遗迹的特点。一个墓穴、一个历史遗存、一个埋入地下的建筑、一个什么宝物，或者什么远古遗存，今人认为有价值，或小心翼翼地保护好，或众星拱月般置于博物馆，供人瞻仰，很好。相反，不认为有价值，弃如敝屣，或者没被发现，作为历史遗迹，继续接着在地下躺着也没关系。这就是考古遗物和遗迹的性格。

第四部分

社会科学的一般问题

一、价值如何影响社会科学

价值影响科学研究的一个方式是，它直接推动了对结论的选择。

二、社会科学不是研究客体，而是研究主体

存在说明爱的规律吗？民主、幸福、自由可以被测量吗？社会科学家很难测量、预测或说明这些关乎人类的事情。社会科学的研究对象不是客体，而是主体。主体拥有自身的想法、概念和视角。我们可以在不询问星星关心什么的情况下对它们展开研究，但是，这种方法并不能用于对人类的研究。

三、社会科学的干预与自然科学的干预不同

如果知道了因果关系，要想改变结果，就必须改变原因。这是自然科学的思路，当然，也是很多社会科学的思路。

但是，面对这样的因果关系：女性身份是工资低的原因，思

考怎样解决女性想要改变工资的问题，自然科学干预主义的做法，会认为应该进行变性手术！但这绝对不是社会科学家头脑里思考的因果关系和解决办法。相反，社会科学在干预此类问题的时候，重点在于解决雇主的歧视和女性固定工资的不合理问题，绝不会去解决女性的性别身份问题。

四、三大人文学科的精神实质

文史哲无壁垒，文史哲是一家。文史哲三大学科的内容、性质、旨趣可归纳为：哲学最为关注生与死，史学最当记述衰与荣，文学最宜抒发爱与恨。寥寥几笔，就像一幅惜墨如金的写意画，为我们勾画出三大人文学科的精神实质。

五、谁最大

昼夜分割，四季交替，日月星辰，运行恒定，不受人为约束，不受人的情绪影响。自然科学拥有固定的规律。

社会人文领域，也有类似自然科学规律那样的力量吗？也有，那就是风俗习惯、约定俗成的力量。这力量制约我们，决定我们，而不是我们决定那些力量，进而，我们也无法决定自己。决定我们的是潜移默化的风俗习惯和约定俗成的力量。

宗教呢？宗教认为，自己是自然规律和人文规律的制定者，是最高力量者，是源泉，是一切之母。

然而，逻辑能力（思考能力）、语言能力，要远远超过宗教吧。一定先有逻辑、语言，然后才有宗教吧。那么，逻辑能力、语言能力，便是一切的一切，一切的根本了。

六、社会科学研究的整体化趋势

所有的社会科学家研究的最终目标都是人，只不过各自研究的角度不同罢了。

经济学家是从人的利益去研究人，政治学家是从人的权力去研究人，心理学家是从人的思想去研究人，历史学家是从人的"记忆"去研究人，法学家和伦理学家是从社会规范去研究人，体质人类学从人的身体研究人，美学从人的审美眼光研究人，社会学从群体的角度研究人，民族学从种族的角度研究人，教育学从人的成长研究人，地理学从人的环境研究人，文化人类学从文化研究人，文学即人学更在研究全面的人。

从这里我们可以清楚地看到，研究对象的这种共同性质使得社会科学的各个学科逐渐走到一起来了，呈现出整体化的趋势。

引用和参考的书籍、笔记

书籍

1. 彭新武主编：《人文社会科学概论》，首都经济贸易大学出版社2009年版。

2. 吴柏青、张雪永主编：《社会科学导论》，电子科技大学出版社2007年版。

3. ［德］恩斯特·卡西尔著，关子尹译：《人文科学的逻辑》，上海译文出版社2004年版。

4. ［美］亨特、柯兰德著，康敏等译：《社会科学导论》，世界图书出版公司2012年版。

5. 朱红文主编：《人文社会科学导论》，教育科学出版社2011年版。

6. 方国武、孙超主编：《人文社会科学概论》，中国农业出版社2015年版。

7. ［美］马克·里斯乔德著，殷杰等译：《当代社会科学哲学导论》，科学出版社2018年版。

8. 崔卫国、汪建丰:《社会科学学导论》,中国社会科学出版社2009年版。

9. 刘戟锋主编:《社会科学概论》,国防科技大学出版社2001年版。

10. "人文社会科学是什么"系列丛书:〔共17册,包括《逻辑学是什么》(陈波)、《历史学是什么》(葛剑雄、周筱赟)、《美学是什么》(周宪)、《哲学是什么》(胡军)、《伦理学是什么》(何怀宏)、《心理学是什么》(崔丽娟)、《人类学是什么》(王铭铭)、《军事学是什么》(彭光谦等)、《图书馆学是什么》(王子舟)、《语言学是什么》(徐通锵)、《经济学是什么》(梁小民)、《宗教学是什么》(张志刚)、《社会学是什么》(邱泽奇)、《文学是什么》(傅道彬、于茀)、《教育学是什么》(励雪琴)、《管理学是什么》(张德)、《传播学是什么》(陈力丹)〕,北京大学出版社2006—2018年版。

11. 杨吉兴、韩艳、欧阳询主编:《人文科学概论》,华中科技大学出版社2017年版。

12. 童广运主编:《人文社会科学概论》,北京师范大学出版社2015年版。

13. 刘振霞主编:《人文社会科学导论》,高等教育出版社2021年版。

14. 尤西林:《人文科学导论》,高等教育出版社2002年版。

15. 罗炽、周海春:《人文科学导论》,长江出版社2018年版。

16. 张明江主编:《数理科学导论》,高等教育出版社2020年版。

17. 喻中：《法学是什么》，中国法制出版社2016年版。

18. "名家通识讲座书系"丛书［共18册，包括《宋明理学十五讲》（杨立华）、《语言学常识十五讲》（沈阳）、《中国哲学十五讲》（杨立华）、《中国历史十五讲》（张岂之）、《道教文化十五讲》（詹石窗）、《文学与人生十五讲》（朱寿桐）、《中国文学十五讲》（周先慎）、《哲学修养十五讲》（孙正聿）、《西方哲学十五讲》（张志伟）、《通俗文学十五讲》（范伯群，孔庆东）、《中国美学十五讲》（朱良志）、《唐诗宋词十五讲》（葛晓音）、《宗教学基础十五讲》（王晓朝）、《心理学十五讲》（黄希庭，郑涌）、《人工智能哲学十五讲》（徐英瑾）、《〈周易〉经传十五讲》（廖名春）、《政治学十五讲》（燕继荣）、《美育十五讲》（曾繁仁）］，北京大学出版社2002—2021年版。

19. 许崇德、于浩成、陈为典编：《什么是政治学》，群众出版社1985年版。

20. "走进大学"丛书：（包括《什么是哲学》（林德宏、刘鹏）、《什么是心理学》（于晶）、《什么是经济学》（原毅军）、《什么是管理学》（齐云丽、汪克夷）、《什么是教育学》（孙阳春、林杰）、《什么是民族学》（南文渊）、《什么是社会学》（陈劲松、仲婧然、陈含章）），大连理工大学出版社2021年版。

21. 孙昌武：《禅宗十五讲》，中华书局2016年版。

22. 陈先达：《马克思主义十五讲》，人民出版社2016年版。

23. 俞伟超著，王然编：《考古学是什么：俞伟超考古学理论文选》，中国社会科学出版社1996年版。

25. 赵辉：《考古学是什么》，北京大学出版社2018年版（电子书）。

笔记

笔记部分是我在 1995—1997 年在北京大学求学期间,记载的与《社会科学概论》相关的上课笔记(前面部分是授课教师姓名,后面部分是讲授课程。课程前没有标注姓名的,因为时间久远,已经忘记了授课教师名字)。

1. 谢龙、田老师、赵建文:《马列著作选读》(《反杜林论》与《建设有中国特色的社会主义的理论与实践》)。

2. 王博、孙尚杨、王守常、郭建宁:《中国哲学史》。

3. 《科学活动与科研方法》。

4. 楼宇烈:《佛典选读》。

5. 谢立中:《西方社会思想史》。

6. 《训诂学》。

7. 葛晓音:《唐宋散文研究》。

8. 韩水法:《西方哲学史》。

9. 《现代科学与认识论》。

10. 冀建中:《科学哲学》。

11. 朱伯崑:《周易导读》。

12. 《名著名篇导读》。

13. 厉以宁:《发展经济学》。

14. 陈波:《逻辑导论》。

15. 曹文轩:《思维论》。

16. 朱孝远:《史学概论》。

17. 王宇根:《比较文学原理》。

18. 许振洲:《外国政治思想史》。

19. 魏英敏:《伦理学原理》。

20. 《法理学》。

21. 夏学銮:《社会心理学》。

22. 曾志:《哲学概论》。

23. 王宗昱:《道教史》。

24. 《印度哲学》。

25. 《东方哲学概述》。